AF371251

TRAITÉ

DU

BEAU.

Où l'on montre en quoi consiste ce que l'on nomme ainsi, par des Exemples tirez de la plûpart des Arts & des Sciences.

Par J. P. DE CROUSAZ,

Professeur en Philosophie & en Mathematiques dans l'Academie de Lausane.

A AMSTERDAM,
Chez FRANÇOIS L'HONORÉ.
MDCC XV.

A SON
EXCELLENCE,

MONSEIGNEUR LE COMTE DU
LUC, MARQUIS DE LA MAR-
THE, LIEUTENANT DE ROI
EN PROVENCE, COMMANDEUR
DE L'ORDRE DE ST. LOUÏS,
GOUVERNEUR DES ISLES DE
PORQUERELLES, AMBASSA-
DEUR DE SA MAJESTE' TRES-
CHRE'TIENNE PRES DES CAN-
TONS SUISSES, LIGUES GRI-
SES ET REPUBLIQUE DE

*2   VA-

EPITRE.

VALAIS, ET SON PLENIPO-
TENTIAIRE POUR LA PAIX
AVEC L'EMPIRE AU CONGRE'S
DE BADE.

MONSEIGNEUR,

SI dans l'Ouvrage, que je prens la liberté de présenter à VOTRE EXCELLENCE, je me bornois à chercher les Causes de ce Beau, qui plait aux yeux, & qui a la force de surprendre notre Cœur par la douceur de ses Impressions sur nos sens, je trouverois moi-même, dans la petitesse de mon sujet, la condamnation de ma temerité. Mais lorsque je franchis les bornes, dans lesquelles la grossiereté des Hommes renferme cet Eloge, pour l'étendre à ce qui le merite mieux, & à ce qui est digne de l'estime & de l'admiration de ceux qui savent penser juste, je suis persuadé que tous ceux qui ont l'honneur de connoitre V. E. conviendront que je ne pouvois honorer mon Livre d'un Nom, qui eut plus de rapport avec ce que j'y traite, & je manquerois au respect que je dois à l'AUGUSTE ASSEMBLE'E, dans les mains de qui l'Europe vient de mettre les interêts de son repos, si je ne la croyois pas dans ces sentimens.

Dans

EPITRE.

Dans la crainte de me laisser éblouïr par quelque prévention, mon premier soin a été de m'occuper de mon sujet sans faire attention à qui que ce soit. J'ai tâché d'oublier que j'avois vû des Hommes, & que j'avois lû des Livres; J'ai écarté de mon Esprit toutes les impressions que j'y avois reçues, pour rentrer uniquement dans moi-même, & me reduire aux Notions les plus simples & les plus incontestables : Après en avoir tiré des conséquences qui m'ont paru établir en quoi consiste ce Beau, qu'on loue, qu'on goûte, qu'on admire, dans un si grand nombre de sujets si differens les uns des autres : Oserai-je vous le dire, MONSEIGNEUR, j'ai senti que j'aurois appris, en vous étudiant, les mêmes Veritez où j'étois arrivé par mes spéculations, & si mon Manuscrit n'avoit été lû de diverses personnes, long-tems avant que j'eusse l'honneur d'approcher V. E. on pourroit soupçonner, que je lui dédie aujourd'hui son propre Ouvrage.

Supposera-t-on encore que le Beau ne consiste que dans l'Imagination, & pourra-t-on douter qu'il n'ait des fondemens réels, quand de tant de personnes, qui ont l'honneur de voir de près V. E. quoique si differens en genie, quelquefois même si opposez en goût, & pour l'ordinaire si éloignez d'interêts, il n'y en a aucun qui ne se retire penetré d'admi-

* 3

ra-

EPITRE.

ration pour Elle, & qui ne lui faſſe hommage de ſon cœur. Formé d'un ſang des plus
Illuſtres , Allié aux plus Auguſtes Noms,
& aux premiers Souverains, chéri du plus
grand des Monarques, on voit, MONSEI-
GNEUR, que votre élevation ne vous eſt
chére, que par le plaiſir qu'elle vous procure de contribuer à celle des autres ; on ne
ſauroit ſortir d'auprès de vous, ſans être plus
content de ſoi-même, tant la ſuperiorité de
vôtre genie ſait prêter à celui des autres en
s'y accommodant , & les aide à s'élever.
Cette unité qui ſe ſoutenant, au milieu de ſa
varieté, forme, ſelon mes idées , un des plus
eſſentiels caractéres du BEAU, non ſeulement
ſe fait toûjours ſentir , lorſque Vôtre Excellence , ſans confondre ni les rangs ni le
merite, ſait également charmer ceux qui l'a-
prochent : On l'admire ſur tout dans les differentes relations , que V. E. ſoûtient, &
qu'elle remplit chacune auſſi parfaitement
que ſi elle étoit la ſeule, qu'elle ſe fut choi-
ſie. Toute à ſon Roi ; Toute à l'heureuſe
Nation, chez qui elle le repréſente, & toute encore à ſes Amis & à ceux qu'elle hono-
re de ſa protection.

   Miniſtre d'un Prince, qui ne trouve pas
moins de Gloire à proteger ſes Alliez, qu'à
abbattre ſes Ennemis , & plein du même
Eſprit , vous n'avez penſé , MONSEI-
GNEUR,

EPITRE.

GNEUR, qu'à faire servir à l'affermissement de notre repos tout ce que votre rang,
& tout ce que votre merite vous donnent de
pouvoir parmi nous. Rien n'a été capable
d'ébranler une résolution si sainte : V. E. a
pû rencontrer des obstacles à ses Intentions,
mais ces obstacles n'ont pû les rallentir, &
ce qui a retardé quelquefois le succès de ses
justes vûes, elle l'auroit moins senti, si elle
avoit moins aimé ceux qui n'en connoissoient
pas d'abord toute la pureté.

La fureur de la Guerre se répandant, comme une maladie, de Nation en Nation, a-
voit enfin gagné toute l'Europe ; mais Votre
Sagesse, MONSEIGNEUR, continuel-
lement attentive à nos interêts, s'est apliquée
à éloigner de nous cette contagion, & a sû
faire aimer la Paix à des peuples qu'on croit
nez uniquement pour la Guerre. Et lors
qu'après s'être constamment defendu, de prendre part aux querelles d'autrui, une triste
fatalité les a armez les uns contre les autres,
quels mouvemens VOTRE EXCEL-
LENCE ne s'est-elle point donnez pour arrêter le cours d'un Incendie que d'autres a-
voient allumé, & qui auroit eu à peine le
tems de naitre avant que de s'éteindre, si
les conseils de V. E. avoient trouvé dans tous
les esprits autant de créance, qu'ils en me-
ritoient ? Mais loin de se rebuter, on l'a

* 4

vûe

EPITRE.

vûe au contraire redoubler ses soins à mesure même qu'ils étoient peu secondez, & par
cette constance de son zèle , nous présenter
l'image d'un Pere apliqué à ramener le calme dans sa famille. Ceux qui la composent
peuvent oublier qu'ils sont Fréres , ils peuvent oublier qu'ils sont ses Enfans , mais il
ne sauroit oublier qu'il est leur Pere. C'est
de ce souvenir ineffaçable & toujours présent
à son cœur, que partent ce que ses sollicitations ont de tendre & ce qu'elles ont de plus
vif.

Chaque Allié, MONSEIGNEUR,
a senti , dès qu'il en a eu besoin, l'effet de
votre attention, aussi-bien que tout le Corps.
Quand, chez un Peuple Libre , un Particulier tranche du Maître , & sans respect
pour le Droit des Gens, non plus que pour
le Sang le plus Auguste, mesurant son pouvoir par ses richesses, il se croit permis tout
ce qu'il a la temerité d'entreprendre, ce sont
vos lumieres qui ouvrent les yeux, qu'il a-
voit fascinez ; c'est votre zèle qui rend aux
Loix leur vigueur , & aux Magistrats le
courage de punir celui qui les foule aux pieds
depuis long-tems, & par-là d'un seul coup,
V. E. vange son Roi, & affranchit d'opres-
sion ses Alliez.

Cependant VOTRE EXCELLENCE,
occupée de tant de soins , attentive à tant
d'in-

EPITRE.

d'interêts, ne perd point de vûe sa Patrie:
Il semble au contraire qu'elle n'ait établi son
séjour sur ses frontieres, que pour les garantir
d'invasion: La valeur des troupes destinées à
les défendre auroit pû se trouver inutile, si
les projets les plus secrets & les plus finement
concertez avoient pû se derober à vôtre vigilance; mais rien, MONSEIGNEUR,
n'échappe à vos lumieres; elles percent dans
l'avenir, elles marquent par avance, avec le
nombre des combattans, le lieu & l'heure du
combat, & par des prédictions, auxquelles
on s'attendoit si peu, V. E. conserve deux Provinces qu'il auroit fallu plus d'une Campagne
pour ramener sous l'obeïssance du Roi.

Parmi tant d'occupations publiques & de
la derniere importance, auxquelles peu de
gens même sont capables de comprendre qu'un
seul homme puisse suffire, à qui, MONSEI-
GNEUR, avez-vous jamais refusé audience, à qui avez-vous refusé du secours, quand
vous ne l'avez pas trouvé indigne de votre
protection?

Tant de Vertus ne sont point dans V. E. un
effet de contrainte & d'une dure loi, qu'elle
se soit imposée pour les occasions d'éclat. La
même étendue de lumieres, la même justesse
d'esprit, la même bonté, la même droiture de
cœur l'accompagnent par tout. Au sortir d'un
travail, dont l'idée seule est déja fatigante pour

                    des

EPITRE.

*des ames même au deſſus de la mediocrité, V. E.
fait connoître à ceux qui l'environnent que,
pour n'être pas au deſſous des grandes choſes, il
faut pouvoir les executer ſans effort, & il ſemble que ſes vûes ſe terminent à leur faire éprouver, d'une maniere digne d'elle & de ſon rang,
dans ſa magnificence, dans ſa politeſſe, &
dans les charmes de ſa converſation, tout ce
que la vie privée a de plus doux.*

Mais je ferois ſouffrir VOTRE Ex-
CELLENCE, *ſi je continuois à parcourir,
dans de ſemblables reflexions, les differens
articles, dont mon Traité eſt compoſé, & je
ſuis perſuadé qu'elle ſeule s'y reconnoîtra le
moins. Quelque imparfait cependant que ſoit cet
Ouvrage, vous aurez la ſatisfaction,* MON-
SEIGNEUR, *d'appercevoir dans les Veritez que j'y démontre, les fondemens impar-
tiaux des Eloges du Grand Roi, ſur qui votre attention s'attache tout autrement que ſur
vous-même. Des plumes dignes de ſon ſiécle
travailleront, en publiant ſa vie & ſa gloire, à s'aquitter d'une partie de ce que ſes
Peuples, & de ce que, chez toutes les Nations du monde, les Sciences & les Arts lui
doivent: Mais quand des Eſprits du premier
Ordre, elevez par ſes ſoins, polis par le commerce de ſon Auguſte Cour, & aidez de tous
les ſecours que fournit aux Savans la premiere Ville de l'Univers, en laiſſant des modé-*

les

EPITRE.

les pour les Ecrivains des Siécles à venir ,
nous apprendront que LOUIS LE GRAND,
n'est pas moins aimable dans la Paix , que
redoutable dans la Guerre; Quand ils nous
le décriront aussi ferme dans les Disgraces,
que moderé dans les Victoires , & faisant
sentir à ses Peuples , malgré la vicissitude
des évenemens, que c'est toujours la même
main qui les gouverne : Quand les Abus
corrigez , les Loix éclaircies , le Commerce
etendu , nous instruiront que rien n'échappe
à sa vigilance , que tout se ressent de son attention, & que les plus affreux tumultes de
la Guerre ne lui font rien oublier de ce qui
peut contribuer aux douceurs , & aux ornemens de la Paix : Quand on lira avec quel
succès sa sagesse a pû reformer les idées mêmes des hommes , & substituer dans leurs
Esprits les notions de la veritable Gloire, à
celles du faux Point d'honneur, tout affermies
qu'elles y fussent , par les exemples & par
le tems. Pourquoi trouvera-t-on ces détails
si interessans ? Pourquoi aimera-t-on a recommencer son Histoire ? Et pourquoi pren-
dra-t-on tant de plaisir à l'entendre redire
& à la repeter soi-même ? C'est que l'Esprit humain est né pour admirer ce qui est
effectivement BEAU , & que le GRAND
MAITRE DU MONDE a lui-même
gravé dans le fonds de nos cœurs, qu'il n'est

Beau

EPITRE.

Beau d'être Maître des Hommes , que quand on les gouverne ainsi: Que c'est dans ce dessein qu'il donne à la Terre des Heros, & que leur veritable Grandeur est celle qui se soûtient par tout , & qui, dans la varieté infinie des évenemens, où elle a part, se fait voir toujours la même.

Consacré à ce GRAND ROI *dès le commencement de votre vie; quand l'ardeur de vôtre courage vous eut mis dans l'impuissance de continuer à prodiguer sur la terre votre Sang pour son service, vous cherchâtes sur un autre Element de nouvelles occasions à le verser. Votre zèle a passé avec la vie dans l'heritier de votre Illustre Nom & de vos Vertus ; Oubliant qu'il se doit à la consolation de vos jours, dès qu'il s'agit d'exposer les siens , pour son Prince, l'ardeur de percer ses ennemis l'occupe seule au point de ne s'appercevoir pas qu'il est cruellement blessé : Et quand* VOTRE EXCELLENCE *, qui le compte parmi les morts, sent moins sa perte particuliere, parce qu'elle est plus occupée de la perte publique, la favorable attention du Maître, pour qui il cherchoit à mourir, & pour qui il respire aujourd'hui, le lui rend en quelque sorte elle-même, en lui faisant apprendre, qu'il est encore au nombre des vivans.*

Vous la servez maintenant , Monseigneur,

EPITRE.

gneur, cette **MAJESTE' SACRE'E**, dans ce qui doit toujours être le but des vrais Heros, l'affermissement de la Paix. Et qui peut mieux enchaîner la Discorde que Votre Excellence, à qui il est donné plus qu'à tout autre d'enchaîner les Cœurs, les seuls Trônes durables de la Paix, comme nous l'avons heureusement éprouvé?

C'est cette Paix qui va étendre. le Beau & le rendre plus brillant sur la Terre. Le Commerce rouvert entre les Nations leur donnera moyen de se communiquer les divers talens que la Providence a voulu partager entr'elles. Tous les Hommes sont capables de penser juste, d'étudier la Verité, de la demêler de l'apparence & de s'attacher, s'ils veulent, à leurs solides interêts: mais il y a des mains privilegiées, dans lesquelles tout devient plus aisé & tout s'embellit : Et ce naturel qui charme, & qu'on peut appeller le Chef d'œuvre du Beau, cette politesse qui répand l'agrément & la douceur sur les choses les plus abstraites & les plus profondes, sont une prérogative que les autres Nations disputent aussi peu à la Vôtre, **MONSEIGNEUR**, que les Romains contestoient aux Grecs le prix de l'Eloquence, la souplesse de l'Esprit & l'habileté dans les Arts. La Paix va rendre ces avantages plus communs, puisque le caractére de ceux qui les posse-

EPITRE.

poſſedent en propre, eſt d'aimer à répandre leurs richeſſes; qu'ils ne ſavent ce que c'eſt d'envier aux autres, ce qui les éleve eux-mêmes au deſſus de tout, & qu'enfin il ne tient pas à eux que chacun ne leur reſſemble. Ce genereux deſir croit à meſure que les connoiſſances augmentent, & s'il étoit auſſi facile d'atteindre à la perfection de ſes modéles, qu'il eſt naturel de le ſouhaitter, je préſenterois à VOTRE EXCELLENCE mon Ouvrage avec moins de timidité, parce qu'il répondroit mieux à l'honneur qu'elle m'a fait de m'en accorder la permiſſion, & que je ſerois plus digne de l'aſſûrer aux yeux de tout le monde, des ſentimens de reſpect & d'admiration, dont l'éclat de ſes Vertus a pénétré mon cœur pour jamais, & du profond devouement avec lequel j'ai l'honneur d'être,

MONSEIGNEUR,

DE VOTRE EXCELLENCE,

Le très-humble & très-obeïſſant Serviteur,

A Lauſanne le
1. Juin 1714.

J. P. DE CROUSAZ.

AVER-

AVERTISSEMENT.

UNe Converſation ſur la Beauté d'un Palais a été l'occaſion de cet Ouvrage. Pour établir plus nettement ce qu'on devoit penſer ſur ce ſujet, on crût qu'il faloit remonter à la ſource, & à la nature du *Beau*. Il ſe peut que la Méthode qu'on a ſuivie , pour en déterminer l'idée, ſervira à developper un grand nombre de Notions compoſées , les unes plus & les autres moins importantes, qui ſont le ſujet de mille conteſtations, où l'on ne s'entend pas aſſez, parce qu'on ne s'accorde ni dans l'aſſemblage des parties qui compoſent ces Notions , ni dans le choix de celles qu'on ſépare pour les conſiderer à part.

L'Ouvrage a groſſi ſous la main par l'application qu'on a crû devoir faire de l'Idée générale aux differentes eſpéces de *Beautez*, qui ont parû meriter le plus d'attention. Pour tirer de leurs vrais Principes les raiſons qu'on rend des Beautez de la Muſique , une longue Digreſſion Phyſique a été néceſſaire ; c'eſt ce qui a rendu le dernier Chapitre beaucoup plus long que les autres. Si les Principes qu'on y poſe ſont vrais, & que les conſéquences qu'on en tite éclairciſſent

le

AVERTISSEMENT.

le sujet, qu'on y traite, ce Chapitre pourra ne pas déplaire.

Si l'Auteur n'y cite personne, ce n'est point pour se faire honneur des productions d'autrui; mais c'est que, par une longue habitude à reflêchir sur ce qu'il lit & à le pousser plus loin, quand il lui paroit vrai, il s'est tellement accoûtumé à unir ses pensées avec ses Lectures, qu'il ne sait plus les démêler, & que rien ne lui paroit plus difficile, que de distinguer ce qu'il a appris des autres d'avec ce qu'il a tiré de son propre fonds.

TRAITÉ
DU
BEAU.

CHAPITRE PREMIER.

Dessein de l'Ouvrage.

I. **I**L Y A sans doute très-peu de termes dont les hommes se servent plus souvent que de celui de *Beau*, & cependant rien n'est moins déterminé que sa signification, ni plus vague que son idée. On le prononce à tout moment, mais on ne l'a pas encore défini, & on ne convient point du sens qu'on doit lui donner.

Obscurité de ce sujet.

A toute heure, & sur une infinité de sujets, les uns apellent *Beau* ce à quoi les autres refusent ce nom; d'où il faut, ce semble, conclurre, ou que les hommes n'ont pas la même idée du Beau, ou que

A   leurs

leurs Sens ſe reſſemblent beaucoup moins qu'on ne croit , & leur font appercevoir les objets très-differemment ; Car ſi un objet fait la même impreſſion & ſur celui qui y trouve de la beauté, & ſur celui qui n'y en trouve point, certainement l'idée du Beau, qu'ils ont dans l'Eſprit, n'eſt pas la même, & ſi cette idée ne varie point, il faut que le même objet ſe faſſe autrement ſentir à celui qui le trouve beau , qu'à celui qui ne le reconnoit point tel.

Si quelques-uns s'aviſent de ſoûtenir , qu'au moins en gros , le Beau eſt ce qui plait , d'autres s'élevent auſſi-tôt contre cette définition, & prétendent la renverſer par l'experience : On voit, diſent-ils, tous les jours , des gens qui charmés de certains objets , reconnoiſſent pourtant de bonne foi que la beauté leur manque, & qu'on ne peut les appeller Beaux que par exaggeration ; comme d'autre côté il y a des beautés qui ne frappent point, & n'ont aucun agrément pour ceux-là mêmes qui tombent d'accord que ce ſont des beautés. On donne donc quelquefois le nom de Beau, à ce qui ne plait pas , & on le refuſe à ce qui plait.

Si le Beau n'eſt qu'imaginaire. II. Q u o i donc, l'idée du Beau ſera-t-elle uniquement l'effet de la fantaiſie ? Le caprice ſeul diſpoſera-t-il de ce nom ? & les hommes ne trouveront-ils Beau que ce qu'il leur plaît de trouver Beau ? J'ai de la peine à me le perſuader , & les exemples mêmes que je viens d'alleguer prouvent le contraire. Quelquefois on reconnoit très-Beau un objet, dont on n'eſt pas

ſen-

senfiblement touché, quelquefois au contraire on aime , on voit avec plaifir ce en
quoi l'on ne trouve que peu ou point de
beauté. On a donc une idée du Beau, qui
ne dépend point du fentiment feul, & que
nous ne pouvons ni attacher dans le degré
que nous voudrions à ce qui nous plait le
plus, ni refufer à ce qui nous plait le moins.

C'eft cette idée que nous cherchons :
tout le monde l'a, mais comme elle ne fe
prefente prefque jamais feule , on n'y reflêchit pas , & on ne la démêle pas d'une
foule d'autres idées qui s'offrent en même
tems. Les fentimens, fur tout, qui l'accompagnent s'emparans de l'attention, ne
lui permettent pas de s'arrêter affez fur cette
idée pour la remarquer bien diftinctement.
Par là elle demeure vague & refte dans une
confufion qui donne lieu à une infinité de
mal entendus.

III. J'essaïerai de propofer quelque
chofe de précis fur une idée fi vague , &
de faire convenir les hommes, dans un fujet
fur lequel ils paroiffent fi partagez. Quelle
methode
on fuivra.

Dans ce deffein, j'éviterai foigneufement
de bâtir fur des principes douteux , je me
conduirai avec tout l'ordre & toute la précaution qui me fera poffible, je ne pafferai
point à une feconde penfée, fans avoir bien
établi la précedente ; & j'aime mieux charger mon difcours de quelques reflexions
fuperfluës, que de hazarder quelques fauffes vrai-femblances, & de laiffer quelques-
unes de mes Propofitions à demi prouvées.

IV. Il arrivera apparemment à mes
Lecteurs ce que j'ai éprouvé moi - même. Avis aux
Lecteurs.

A 2

Un

Un grand nombre d'idées se presenteront tout à la fois à leur esprit, sur un sujet si vaste, & mille difficultés venans à la traverse, empêcheront qu'on ne sente d'abord la force de mes preuves. Mais je les prie de suspendre leur jugement, & d'avoir la patience de lire jusqu'au bout ce Discours. S'ils lui donnent leur attention, j'espere qu'ils ne rencontreront pas de difficultés, dont la solution ne se tire sans peine de mes principes.

CHAPITRE II.

Idée generale du Beau.

La Beauté est quelque chose de relatif.

I. QUAND on demande ce que c'est que le *Beau*, on ne veut pas parler d'un objet qui existe hors de nous & separé de tout autre, comme quand on demande ce que c'est qu'un Cheval, ce que c'est qu'un Arbre. Un Arbre est un Arbre, & un Cheval est un Cheval, absolument, en soi-même, & sans qu'il soit necessaire de le comparer avec quelqu'une des autres parties que renferme l'Univers. Il n'en est pas ainsi de la Beauté, ce terme n'est pas absolu, mais il exprime le rapport des objets, que nous appellons *Beaux* avec nos idées, ou avec nos sentimens, avec nos lumieres, ou avec notre cœur, on enfin avec d'autres objets differens de nous-mêmes ; De sorte que pour fixer l'idée de la Beauté, il faut déterminer, & parcourir en detail les relations

tions auxquelles on attache ce nom.

II. Le langage des hommes eſt tout rempli de ſemblables expreſſions, la Verité, la Probité, par exemple, ſont des termes de cette nature; ce ne ſont pas là des ſubſtances placées je ne ſai où, dont chacune ait ſon rang & ſon exiſtence à part. Une propoſition eſt vraye par le rapport qu'ont entr'elles les idées qu'elle renferme, ou par celui qu'elles ont avec les choſes mêmes auxquelles on les applique. Le Triangle a trois pointes, le Bois eſt inflammable, le Verre eſt ſolide & caſſant; tout cela eſt vrai, parce que les choſes dont je parle ſont effectivement telles que je les conçois, & que je les décris; les objets dont je parle ne ſont pas moins liés entr'eux que les idées que j'aſſemble le ſont entr'elles.

De même quand je dis, une telle action eſt *juſte*, il y a de la *probité* dans une telle conduite, cela ſignifie que cette action, & que cette conduite s'accordent avec les idées que nous avons de la Juſtice & de la Probité.

On dit encore dans le même ſens, qu'une viande, qu'une maniere de vivre eſt ſaine, c'eſt-à-dire, qu'elle eſt propre à conſerver, ou à retablir la Santé, à maintenir ou à rendre la vigueur, à ſoutenir les forces & à prolonger la vie.

J'avoüe que les hommes diſputent & conteſtent ſur tout cela, auſſi bien que ſur le Beau. Mais cela même rend ces exemples encore plus propres à éclaircir le ſujet que je me propoſe d'expliquer. L'un regarde comme une mépriſe ce que l'autre donne

Exemples de relations ſemblables & très-réelles.

pour une verité incontestable ; l'un traite d'injuste ce que l'autre croit très-legitime ; l'un conseille un régime, que l'autre croit très-pernicieux , & l'un ordonne pour remede ce que l'autre défend comme un poison.

Mais quelque opposés qu'ils soient dans l'application de ces termes, ils s'accordent pourtant dans leur idée generale. Si je m'écarte du sentiment d'un autre, c'est précisément , parce que les idées me paroissent s'écarter des choses mêmes , au lieu qu'il les y croit conformes , & par consequent nous faisons consister, l'un & l'autre , la Verité, dans le rapport des pensées avec les objets. L'un approuve comme conforme à l'idée de l'Equité ce que je crois peu équitable, & que je condamne à cause de cela : Donc nous convenons qu'une Action est juste par sa conformité avec les idées de la Droiture. On tombe aussi d'accord généralement qu'un remede est sain, lors qu'il est propre à rétablir ou à conserver les forces & la vie, quoi que les uns attribuent cette vertu à un sujet qui, si on en croit les autres, en a une toute contraire. Ces trois idées générales sont les mêmes dans tous les hommes , & ne varient point en elles-mêmes, quoique les applications qu'on en fait soient très-differentes , parce que tous n'ont pas les mêmes idées & la même connoissance des sujets auxquels ils les appliquent.

Ne pourroit-on point sur ce principe établir & fixer en quelque maniere l'idée de la Beauté ? Fût-elle encore plus vague que les
trois

trois que je viens d'alleguer pour exemple, pourvû que tout le monde en convînt, on auroit trouvé un principe, dont on pourroit se servir pour aller plus loin : il faudroit seulement s'attacher avec soin à en rendre les applications bien justes & bien déterminées.

III. Tous ceux qui se piquant de ne pas parler simplement par coûtume, voudront descendre dans eux-mêmes, & faire attention à ce qui se passe chez eux, à ce qu'ils sentent & à la maniere dont ils pensent, lors qu'ils disent, *cela est beau*, s'appercevront, qu'ils expriment par ce terme, un certain rapport d'un objet avec des sentimens agréables, ou avec des idées d'approbation, & tomberont d'accord que dire, *cela est beau*, c'est dire, j'apperçois quelque chose que j'approuve, ou quelque chose qui me fait plaisir.

On voit par là que l'idée qu'on attache au mot de Beau est double, & c'est ce qui le rend équivoque. On s'embrouille faute de démêler ces deux significations; & c'est là une des premieres causes de nos contestations sur le Beau.

IV. Je rappellerai ici un principe que j'ai établi ailleurs, & dont on conviendra sans peine, dès qu'on l'aura bien compris. Je distingue deux sortes de perceptions; j'appelle les unes *Idées* & les autres *Sentimens*. Quand je pense à un Cercle, à un Triangle, à deux Dixaines, à trois Dixaines, à 5 à 8. à un Oiseau, à une Maison, je forme des idées. Mais quand je mange, quand je me place auprès du feu, quand j'approche une fleur

L'idée générale de la Beauté est composée.

Distinction entre les idées & les sentimens.

A 4

de

de mon nez, les perceptions de *Saveur*, de *Chaleur*, d'*Odeur* qui me frappent, & qui me faififfent, font du nombre de celles que j'appelle des *Sentimens*, & non pas de fimples idées.

Les idées occupent l'Efprit, les fentimens intereffent le Cœur, les idées nous amufent, elles exercent l'attention, & quelquefois la fatiguent, fuivant qu'elles font plus ou moins compofées, & plus ou moins combinées entr'elles ; mais les fentimens nous dominent, ils s'emparent de nous, ils décident de notre fort & nous rendent heureux ou malheureux, felon qu'ils font doux ou fâcheux, agréables ou desagréables. On exprime aifément fes idées, mais il eft très-difficile de décrire fes fentimens, il eft même impoffible d'en donner par aucun difcours une exacte connoiffance à ceux qui n'en ont jamais éprouvé de femblables.

Nous fommes encore affez maîtres de nos idées, nous les excitons nous-mêmes, elles naiffent les unes des autres, & pourvû qu'il n'y ait pas quelque fentiment qui les entretienne ou qui les éloigne, nous y arrêtons notre attention autant qu'il nous plait, & nous l'en détournons, avec la même facilité dès que nous le voulons. Mais les fentimens dépendent & des objets exterieurs, & de certaines difpofitions interieures qui ne font pas en notre puiffance : voila pourquoi nous ne pouvons pas toûjours fentir ce qui nous fait plaifir, ni au contraire toûjours éviter de fentir ce qui nous déplait.

Nous fommes plus ou moins contens de

nos

nos idées , suivant qu'elles sont plus ou moins claires, plus ou moins compofées , felon qu'il y a entr'elles plus ou moins d'ordre, & que les objets qu'elles nous préfentent, nous paroiffent plus ou moins dignes de notre application. Mais nos fentimens nous animent ou nous ennuyent , fuivant qu'ils font plus vifs ou plus foibles. Je penfe que cela fuffit , pour faire comprendre ma penfée & ma diftinction.

V. Lors donc qu'un homme occupé d'un objet fe borne à s'en former des idées, fe contente de le confiderer en vûë de le connoître & d'en juger exactement , il fe peut faire qu'il n'en recevra aucune impreffion qui l'agite , parce qu'il n'y découvrira rien qui l'intereffe & qui le tire de fa tranquilité. Il dira alors que cet objet n'a rien qui le touche, & qui lui faffe plaifir, quoi que pourtant il le reconnoiffe beau : C'eft de là que l'on prend occafion d'établir qu'une chofe peut être reconnue pour belle, quoi qu'elle ne plaife pas , & que par conféquent on ne définit pas bien le Beau par *ce qui plait*. Mais quoi que l'idée d'un objet ne foit accompagnée d'aucun fentiment agréable , il peut arriver que l'on y découvre quelque chofe qui merite notre approbation, & qu'elle renferme des traits, auxquels on ne fauroit refufer de l'eftime. Un tel objet plait donc, & ne plait pas, il plait à l'idée & ne plait pas au fentiment.

Au contraire, & nous en rendrons la rai fon dans la fuite , il y a des objets dont l'idée n'offre rien de louable, qui ne laiffent pas d'exciter des fentimens agréables , des

Application de cette diftinction.

A 5   fen-

fentimens que l'on eft bien aife d'entretenir , ce qui fait dire que ces objets plaifent
fans être beaux. Il y a donc beauté & beauté ; il y a plaifir & plaifir , il ne faut rien
confondre, ou l'on s'embarraffera. Démê-
lons ce qui plait à l'Efprit , d'avec ce qui
plait au Cœur , ce qui fe fait approuver ,
comme fimple objet d'une idée, d'avec ce
qui fe fait approuver , comme caufe d'un
fentiment.

Quelquefois les idées & les fentimens font
d'accord, & un objet merite le nom de beau
dans un double fens. Quelquefois au contraire les idées & les fentimens fe combat-
tent , & alors un même objet plait & ne
plait pas ; à un égard il eft beau , & à un
autre il manque de beauté.

Il y a des fpeculatifs qui accoûtumés à ne
juger des chofes que par idée, & ne les regardant que de fang froid, comptent pour
rien les fentimens , & regardent tout ce
que l'on bâtit là-deffus , & toutes les con-
féquences que l'on en tire, comme des effets d'égarement ou de caprice. D'autres
au contraire & en plus grand nombre , ne
raifonnant point, ou ne raifonnant guére,
fe livrent tout entiers aux fentimens , &
incapables de découvrir leur origine, & les
caufes de leurs differences , pour ne pas
demeurer courts & pour avoir plutôt fait,
attribuent ces differences au hazard , ou à
un je ne fai quoi, ou enfin à un pur caprice , & confondent ainfi le goût avec la fantaifie : mais il faut également éviter de confondre & d'outrer quoi que ce foit.

Dans ce deffein cherchons d'abord fur
quels

quels principes nous reglons notre approbation, lors que nous la donnons aux choses dont nous nous contentons de juger par
idée, lorsqu'elles nous plaisent & que nous
les trouvons belles indépendamment de
toute sensation.

VI. Il est incontestable que cela arrive: *Prouvée par experience.*
Que l'on engage, par exemple, un homme
qui a quelque connoissance de la Peinture
& des Mathematiques, à jetter les yeux sur
d'excellens Tableaux, ou sur des Cercles,
des Triangles, des Polygones, ou d'autres
Figures dessinées avec la derniére regularité;
si cet homme roule dans sa tête quelque autre
dessein, si son cœur est possedé de quelque
violente passion, si, par exemple, inquiet
sur l'évenement d'un procès, il voit tous
ces objets à l'Anti-chambre d'un Juge, dont
il attend impatiemment l'audience, il est
sûr qu'il se contentera de les parcourir fort
légerement, il ne les regardera que par
complaisance, il n'en sera aucunement touché, & l'attention à laquelle on l'obligera
sera toute penible sans être suivie d'aucun
sentiment agréable; cependant il pourra reconnoître que tout cela est beau & très-bien
travaillé. Il y a donc une beauté indepen-
dante de sentiment, & notre Esprit renferme des principes speculatifs qui nous ap-
prennent à décider, de sang froid, si un objet est beau, ou ne l'est pas. Quels sont
ces principes, qui contiennent la premiere
regle du Beau? Quelles idées l'Esprit humain consulte-t-il pour en juger? Qu'aime-
t-il dans ses idées & à quoi fait-il attention
lors qu'il trouve beau ce qui y répond?

C'est

C'eſt ce que nous allons expliquer dans le Chapitre ſuivant.

CHAPITRE III.

Caractéres réels & naturels du Beau.

La varieté. I. PREMIEREMENT l'Eſprit humain ai-me, dans ſes idées, la varieté, car il eſt né pour s'avancer ſans fin & ſans ceſſe, en connoiſſance ; & ſi l'on dit, comme il eſt effectivement vrai, qu'il eſt formé pour connoître ſon Créateur, qui eſt un ſeul Dieu & un ſeul Objet, il faut auſſi ajouter qu'il s'éleve à cette connoiſſance par celle des Créatures, dont le nombre ne ſe peut compter, & que ce Créateur, Etre unique, renferme néanmoins une infinité de per-fections, & preſente à notre Eſprit un objet qu'il n'épuiſera jamais, par ſes recherches & ſes découvertes éternelles.

L'uniformité. II. LA varieté plait donc eſſentiellement à l'Eſprit humain, c'eſt un principe d'expe-rience ; il eſt fait pour la varieté, elle l'a-nime & l'empêche de tomber dans l'ennui, & dans la langueur. Mais il lui faut auſſi de l'uniformité au milieu de la diverſité, ſans quoi cette diverſité le fatigue & l'em-brouille, au lieu que s'il a l'un & l'autre, autant que la varieté l'anime, autant l'uni-formité le delaſſe. Mais comment conci-lier deux inclinations ſi oppoſées ? Fort ai-ſément. Dans cette multitude d'Objets qui ſe preſentent à lui, il cherche & trouve,

nonob-

nonobſtant leur diverſité , des traits reſſemblans , qui le mettent en état de rapporter
pluſieurs choſes à un ſeul chef , & d'en
reduire un grand nombre à une ſeule claſſe,
& par là d'une multitude il vient à bout de
n'en faire qu'un aſſemblage ; De ſorte que
comme la diverſité multiplie & étend ſes
connoiſſances , l'uniformité les affermit &
les fixe dans la memoire.

Nous n'avons qu'à faire reflexion ſur ce
qui ſe paſſe au dedans de nous , pour nous
convaincre de tout ce que je viens d'avancer. Le but auquel nous ſommes deſtinez
nous mene encore à cette concluſion. En
Dieu , que nous devons contempler & admirer éternellement , tout eſt d'un parfait
accord ; il renferme des abîmes de realités,
mais ſur quelles de ces realités que l'admiration & l'attention ſe fixent, c'eſt toujours
Dieu lui-même , c'eſt toujours la Perfection
même. Qui poſe l'une de ces realités , poſe l'autre ; elles ſont tellement liées qu'on
peut dire , que Dieu eſt une ſeule perfection,
qui ſe preſente à nous ſous diverſes faces.

Toutes les Créatures conſpirent à un
même but , ſavoir , à publier la grandeur &
la gloire de cet Etre Souverain , à mani-
feſter ſa puiſſance , ſa ſageſſe & ſa bonté.
Cette varieté innombrable de Phenomenes
qui ſe preſentent à nos yeux & ces mouvemens ſi diverſifiés qui les produiſent, ſi l'on
prend la peine de les ſuivre , en remontant
de cauſe en cauſe , ſe trouveront enfin l'effet de deux ou trois principes généraux &
très-ſimples : par tout la diverſité ſe reduit

à

à l'uniformité, pour nous apprendre à remonter de toutes choses à une seule.

La regularité.

III. De la diversité, reduite ainsi à l'uniformité, naissent la regularité, l'ordre, la proportion, trois choses qui plaisent necessairement à l'Esprit humain, & qui effectivement meritent qu'on les aime. On ne dira pas d'une seule ligne droite qu'elle soit reguliere, elle est trop uniforme. Mais si j'assemble trois lignes également posées pour faire un Triangle équilateral, ou desquelles deux le soient également & une troisiéme differemment, pour faire un Isoscele; si je pose 4 lignes égales pour faire un quarré : si j'en assemble un plus grand nombre, formans entr'elles des Angles égaux, pour avoir des Polygones, ces diversités entremêlées d'égalité formeront dans ces figures une regularité qu'on estime & qu'on aime. Il est aisé d'appliquer ces principes & ces raisonnemens aux compartimens des Jardins, aux étages des Bâtimens & aux appartemens dans lesquels ils sont distribués.

L'ordre.

IV. On va par ordre, lors que l'on passe d'une chose à une seconde liée à la précedente par quelque ressemblance. Aller par ordre, ce n'est pas sauter tout d'un coup d'une extremité à une autre, c'est s'avancer d'une difference accompagnée de beaucoup d'égalité, à une troisiéme fort approchante de la seconde, mais un peu plus éloignée de la premiere.

On peut dire, & chacun en doit convenir, que si l'Esprit humain est fait pour connoître, il n'est pas moins fait pour penser

avec

avec ordre , puiſque conduire ſes reflexions avec ordre, c'eſt l'unique moyen
de faire des progrès , d'étendre ſes lumieres , de s'inſtruire avec ſuccès & avec certitude. Il eſt donc auſſi naturel à l'Eſprit
humain , d'aimer l'ordre que d'aimer la
lumiere. On ſe trouve ſi bien de l'ordre
toutes les fois qu'on le ſuit que l'on s'affermit par là dans l'habitude de l'approuver , & de le gouter par tout où on l'apperçoit.

V. LA proportion renferme ſeule tous La pro-
ces chefs, l'unité aſſaiſonnée de varieté , portion.
la regularité , & l'ordre ; car appercevoir de
la proportion , c'eſt premierement, comparer des objets ; c'eſt, en ſecond lieu, faire plus d'une comparaiſon ; c'eſt en troiſiéme lieu, découvrir entre une troiſiéme choſe & une quatriéme le même rapport qu'on
avoit remarqué entre la premiere & la ſeconde, & ainſi de ſuite. J'entre, par exemple, dans une maiſon, & je m'apperçois que
l'on a pris autant de précaution pour ſe garentir du froid pendant l'hyver , que pour
y goûter le frais pendant les ardeurs de
l'Eté. Cette égalité de ſoins & de ména-
gemens , ces differentes vûes qui ont un
ſuccès égal, forment une proportion, dont
j'aime non ſeulement à ſentir les effets &
les ſuites , mais que je me plais à voir en
elle-même. Je remarque outre cela , un
certain rapport entre la hauteur des appartemens & celle des jours. Un rapport très-
approchant ſe fait encore ſentir entre la
grandeur des fenêtres & celle de leurs panaux, & enfin le même rapport regne entre
les

les panaux & les vitres. Cette égalité de rapports, entre des objets differents, forme une proportion qui fe fait naturellement approuver & gouter.

La varieté temperée par l'uniformité, la regularité, l'ordre, & la proportion ne font pas affûrément des chimeres ; elles ne font pas du reffort de la fantaifie, ce n'eft pas le caprice qui en décide. Nous venons donc d'établir des caractéres réels du Beau, des caractéres fondez dans la nature, & dans la verité. Juftifions - les encore par divers exemples.

CHAPITRE IV.

Exemples.

Bâtimens. I. L'ESPRIT trouve quelque chofe qui le choque & l'irrite en quelque maniere dans l'idée d'un édifice, où il paroit que l'on s'eft plus appliqué à éblouïr les yeux, qu'à fe procurer un logement commode : pourquoi ? C'eft que l'on remarque que les foins qu'on s'eft donné , & les dépenfes qu'on a faites fe rapportent moins à l'effentiel qu'à l'acceffoire & au moindre but du bâtiment : le plus effentiel meritoit plus d'égard. Il en faloit donner à l'acceffoire beaucoup moins, & les proportions auroient été gardées. C'eft par cette raifon que les colifichets gothiques font tombés dès que le goût eft devenu meilleur ; on a préferé une fimplicité dans les parties, qui

laiffât

laifsât voir d'abord les proportions qu'elles ont les unes avec les autres, à une infinité de petits ornemens & d'enjolivemens qui amufoient, qui détournoient l'attention du principal, & qui, dans leurs varietez, ne préfentoient pas affez à l'Efprit ces uniformitez & ces convenances qu'il aime, foit dans les parties comparées les unes aux autres, foit dans le rapport de tout leur affemblage avec un but commun.

Les regles générales d'Architecture qui ordonnent de faire attention quand on veut bâtir à la difference des climats, de choifir un terrain agréable, fain & fuffifamment fpacieux, & de faire en forte qu'on profite dans un logement de ce que chaque faifon a d'agréable fans en reffentir les incommodités, ces regles ne font-elles pas dépendre la Beauté des bâtimens de leur rapport avec les utilités qu'en tirent ceux à qui ils font deftinés? Etre agréablement logés, c'eft l'unité à laquelle toutes les varietés d'un bâtiment fe rapportent. On veut qu'un grand édifice foit ifolé. Il eft fait pour être vû & pour être admiré, mais fi la place qui l'environne n'eft pas libre par tout, on n'en appercevra pas toutes les faces & fi elle n'eft pas affez étendue on ne fera frappé de ces faces qu'obliquement; il ne faut pas que la tête du Spectateur fe renverfe pour les aller chercher, il faut qu'elles fe prefentent d'elles-mêmes & qu'elles fautent aux yeux, leur vûe fera plus de plaifir quand elle coûtera moins d'effort. C'eft par cette même raifon que malgré la magnificence des édifices publics & des maifons particulieres,

une

une Ville ne pourra jamais paſſer pour belle, quand la largeur de ſes rues ne répon-
dra pas à la grandeur & à la richeſſe de ſes
bâtimens, non plus qu'à ſon étendue & au
nombre de ſes habitans. Un Palais dont
toutes les faces ſeroient abſolument égales
manqueroit de beauté, avec quelque art que
ces faces fuſſent finies, parce que la varieté , un des caracteres eſſentiels du Beau ,
lui manqueroit. Ce qu'on ajoute à un bâtiment pour l'agrandir & pour le rendre
plus commode produit un mauvais effet ,
dès qu'il ne paroit pas entrer dans le premier plan de l'Architecte , & qu'il ne ſe
preſente pas comme une ſuite naturelle de
ſes premieres vûes , c'eſt alors une partie
qui ne s'aſſemble pas avec les autres dans
une aſſez grande unité. Les yeux ſont
choqués avec raiſon de tout ce dont ils
n'approuvent pas d'abord l'uſage, ou dont
l'utilité paroit ſe reduire à appuïer & affermir. Chaque partie d'un bâtiment doit y
meriter ſa place par elle-même, & ſe rapporter immédiatement au but pour lequel
on bâtit : ſi outre cela elle ſert à ſoutenir
les autres, l'unité de ces deux uſages fait une
veritable beauté. On mépriſe les ornemens
ſuperflus & on n'aime pas non plus ce à
quoi on voit qu'on ne s'eſt déterminé que
par neceſſité, on veut que le neceſſaire ſoit
lui-même un embelliſſement , & deux caracteres ſi differens font toûjours plaiſir ,
quand ils ſe raſſemblent d'eux-mêmes en
un.

Mœurs.   II. QUAND on fait attention aux divers
caracteres des mœurs , on ſent d'abord le
ridi-

ridicule d'un prodigue empreſſé à ſe mettre hors d'état de continuer des dépenſes dans leſquelles il fait conſiſter ſa joye & ſa gloire. On conçoit de même un fond de mépris , pour l'avare toûjours occupé à des préparatifs pour des choſes dont il ne ſe ſert jamais ; dans l'un & dans l'autre il y a de l'oppoſition entre le moyen & le but.

Les bien-ſéances, que l'on eſtime tant, roulent toutes ſur un juſte aſſortiment des paroles & des actions, avec les circonſtances du tems, du lieu & des perſonnes ; & ſi la coutume les varie , par cela même qu'elles ſont ſoumiſes à l'Empire de cette coutume, elles dépendent du rapport de ce que l'on dit & de ce que l'on fait, avec ce qui eſt établi.

Ceux qui ne s'occupent que d'une ſeule choſe, un Mathematicien, par exemple, qui n'eſt que Mathematicien , un Peintre qui n'eſt que Peintre, un Juriſconſulte qui n'eſt que Juriſconſulte &c. Ces gens-là ne plaiſent guéres & on ne les recherche qu'autant que l'on en a beſoin ; il leur manque la varieté, un des caractéres eſſentiels du Beau. On n'approuve pas non plus la methode de ceux qui ſont diſſipez également en mille differentes occupations , ils ſont trop ſuperficiels, on veut du ſolide avec la varieté. On aime qu'un homme ait du gout pour plus d'une choſe, mais en même tems on approuve qu'il faſſe, non pas ſon tout, à la verité, mais du moins ſon principal de ſa profeſſion. On aime qu'il s'accommode aux caracteres des autres, mais ſans oublier le fien. Des varietés ainfi menagées prefentent à l'Efprit des proportions qui plaifent. Et en général dans tout le cours de la vie, on aprouve les hommes dont la conduite eft foutenue, & qui dans la varieté des évenemens qui furviennent, des conjonctures où ils fe trouvent & des mouvemens qu'ils fe donnent, font toûjours femblables à euxmêmes, proportionnent leur train à leur condition, leurs vûes à leurs forces, leurs foins & leur application à l'importance des fins qu'ils fe propofent.

Il y a peu de gens qui n'aient leur merite; il eft beau de favoir faifir celui de chacun & d'en tirer parti; on fait valoir les autres, & l'on en profite foi-même, chacun y trouve fon compte : les talens font differens, l'attention qu'on leur donne eft la même, le fruit qu'on en tire eft commun. Il eft beau d'avoir du refpect & de la déference pour fes Superieurs, & il ne l'eft pas moins d'avoir des égards pour fes inferieurs & de leur faire plaifir par des honnêtetés. L'un doit obéiffance, l'autre doit protection, mais quand chacun s'eft acquitté de ce qu'il doit, on eft égal en quelque fens, on eft également eftimable, puifqu'on a également rempli fon devoir. Avoir du mépris & même de l'indifference pour ceux de qui on veut être honoré, c'eft fe contredire, car quel honneur peuvent nous faire des gens qu'à peine nous daignons regarder ? Mais eftimer ceux dans les fentimens refpectueux defquels on trouve fa gloire, c'eft être d'accord avec foi-même. Autant que nous élevons les Grands par nos hommages,

ges , autant ils nous élevent à leur tour &
nous rapprochent d'eux par leur politeſſe &
par leur affabilité. Ainſi on deſcend pour
remonter, & ce commerce de reſpects d'un
côté, & de faveurs de l'autre entretient parmi les hommes une eſpece d'égalité. Il eſt
beau de la voir dans cette inégalité de leurs
conditions.

Dans les Etats populaires , les petits Ge-
nies qui font toûjours le plus grand nombre , n'ayant pas de lumieres aſſez étendues
pour mettre une juſte difference entre l'é-
galité & la liberté , ſupportent impatiemment toute eſpece de ſuperiorité, & la regardent comme contraire à la conſtitution
de leur Gouvernement. Il leur ſemble qu'ils
voyent quelcun au deſſus d'eux , ils ne peuvent ſouffrir que des Particuliers, & moins
encore des Familles, ſe diſtinguent & s'attirent plus de conſideration que les autres;
ils trouvent qu'ils ceſſent d'être libres, dès
qu'ils ceſſent d'égaler quelcun de leurs con-
citoyens, parce qu'être libre , dans leur idée,
c'eſt n'être retenu par aucun reſpect ni par
aucune bienſéance. De là ſont venues les
Loix qui renfermoient dans de certaines
bornes l'étendue des terres qu'on pouvoit
poſſeder , auſſi bien que le commerce qu'il
étoit permis de faire. L'envie & le bas orgueil d'un peuple brutal, qui eſt toûjours le
grand mobile de ſes établiſſemens, par ſon
empreſſement à égaler le merite, afin de s'é-
pargner la mortification d'en voir plus chez
les autres qu'on n'en a ſoi-même, va juſqu'à
l'anéantir , en lui ôtant les recompenſes
qui animent à l'acquerir, & en l'expoſant à

des infultes qui le rendent dangereux.

Les uns veulent que les Dignités circulent & que chacun en foit revêtu à fon tour , les autres les font dépendre du caprice d'un fort aveugle. Une égalité fi outrée ne prefente rien de *Beau*, elle renverfe toutes les proportions, elle détruit la regularité, ce n'eft qu'une *unité* confufe.

Le nom de *Beau* eft un titre d'honneur , on fe fait un plaifir de le donner à tout ce qu'on approuve ; mais l'aveuglement des paffions n'a que trop fouvent plus de part au cas que les hommes font des chofes que les lumieres de la droite Raifon. La plûpart incapables de raifonner jufte trouvent *Belle* l'égalité, parce qu'ils y trouvent leur compte par les avantages qu'elle leur procure fur le champ. La petiteffe de leur Genie ne leur permet pas de percer les tenebres de leurs paffions, pour prevoir les préjudices que la Societé en recevra , & ce qu'il leur en coutera à eux-mêmes ou à leur pofterité. Ils ne peuvent pas comprendre que le plaifir ambitieux d'avoir part eux-mêmes au Gouvernement les expofe aux fuites affreufes de l'ignorance, & par confequent, du caprice & de l'injuftice, effets inféparables de l'ignorance qui ne fait pas ceder.

Les Loix d'Athénes n'excluoient du Gouvernement, aucun ordre de Citoyens ; c'étoit une *égalité* dont la République tiroit fon luftre & fa force. Chacun y prenoit le même interêt , tous la regardoient également comme leur Patrie , & l'aimoient comme leur Mere commune. Mais chacun n'étoit pas pour cela admis *indifferemment* aux Emplois,

plois, la *confusion* auroit suivi de près cette
égalité. Celle qu'ils estimoient, celle dont
ils étoient jaloux, & qui faisoit, selon eux,
la beauté de l'Etat, au lieu de mettre tout
le monde au même rang, se reduisoit à
honorer également ceux qui avoient également de merite, & l'*égalité* se faisoit par ce
moyen sentir au milieu de la *diversité.* C'est
pour cela qu'au lieu d'abandonner l'élevation des Magistrats au caprice d'un sort
aveugle, qui à tout moment auroit tout
confondu, ils en avoient confié le choix au
Peuple, persuadés que son interêt l'éclai-
reroit assez sur l'élection de ceux à qui il
trouveroit à propos de se soumettre : &
c'étoit pour rendre ce choix plus sûr & plus
facile, qu'ils prenoient soin de faire en sorte que chacun s'appliquât à ce à quoi il é-
toit le plus propre; c'étoit encore une *égalité* au milieu de la *diversité.* Ceux qui a-
voient besoin de bien s'adonnoient à l'A-
griculture & au Negoce, & ceux qui en
avoient assez s'en servoient pour procurer à
leurs enfans une meilleure éducation ; ils
leur faisoient passer le tems de leur jeunesse
dans les exercices de l'Esprit & du Corps,
afin que, durcis par le travail & formés par
la Philosophie, ils fussent plus propres à
remplir les Emplois de la Guerre & de la
Paix. Avec ces précautions les pauvres n'a-
voient pas besoin de chercher dans les re-
venus de l'Etat un secours, qu'ils trouvoient toûjours dans leur propre industrie;
& ceux qui étoient nés dans une meilleure
fortune, au lieu de briguer les Dignités, en
vûe d'y accumuler des richesses, faisoient

B 4

ser-

fervir celles qu'ils avoient herité de leurs
Peres , à fe mettre en état de les foûtenir
avec plus de droiture & de desintereffement,
auffi bien qu'avec plus de lumiere & de
grandeur ; c'eft le témoignage qu'*Ifocrate*
leur rend dans la cinquiéme de fes Harangues.

Ces Atheniens ingenieux , polis , délicats,
pleins d'honneur, auroient vécu le plus heureufement du monde , & leur Republique
auroit été la plus floriffante & la plus durable qu'on ait jamais vû fur la terre, s'ils
s'étoient foûtenus dans les maximes de
ceux qui en avoient jetté les fondemens.
Mais leur entêtement pour une égalité mal
entendue ruina cette fameufe Republique,
& en fit difparoitre la *Beauté*. Chaque *Citoyen*
d'Athènes enflé de ce glorieux titre , & fe
regardant comme une efpece de *Princes*
voulût avoir part au Gouvernement. Cette
vanité leur fit perdre l'affection & la confiance du refte des Grecs, leurs *Sujets*, que leur
politeffe ou leur politique honoroit du nom
d'*Alliés*. Ces Alliés de nom , mais Sujets en
effet, trouverent infupportables un fi *grand
nombre de Maîtres*, & ne tarderent pas à fe
rebuter des longueurs infinies qu'un Gouvernement, où tant de têtes avoient part,
apportoit à toutes les affaires des Particuliers. Cependant les publiques n'en alloient
pas mieux, une multitude ignorante, ambitieufe, & l'inconftance même , décidoit
de la paix & de la guerre, & difpofoit des
emplois les plus difficiles fuivant fon caprice & fes emportemens. Ce qui donna
lieu à un Philofophe de leur demander,

d'où

d'où venoit qu'ils ne s'étoient pas avisés d'ordonner par un de leurs Edits que les Anes fuſſent des Chevaux, eux qui avoient le pouvoir de faire tout d'un coup, d'un ſot un Général.

Les hommes ſont faits pour vivre les uns avec les autres. La Société fleurit & les Particuliers qui la compoſent ſont heureux à proportion, qu'il y a entr'eux plus de liaiſon ; c'eſt même là un de leurs premiers devoirs. Ils ſont dans l'obligation de ſe rendre des offices mutuels, & le cœur doit être le principe de ces utilités reciproques qu'ils tirent les uns des autres. La *beauté* de leur conduite roule ſur ſa *convenance* avec ce *but* auquel elle doit ſe rapporter.

Un homme qui vit ſans attention s'abandonne toûjours au premier caprice qui le ſaiſit, & ne s'embarraſſant point de la peine qu'il fait aux autres, il trouve du *Beau* dans la *licence*, il la confond avec une honnête liberté, parce qu'il ne ſe forme point de juſtes idées, & qu'il ne ſuit dans ſes jugemens que ſon humeur.

Il s'en trouve d'autres qui ſottement prévenus en leur faveur s'imaginent, qu'on ne ſauroit jamais leur marquer trop d'égards. Dans ce préjugé ils compaſſent gravement, tout ce qu'ils diſent & tout ce qu'ils font, en vûe d'engager ceux qui les abordent à uſer de la même circonſpection.

Mais qui ne voit que des manieres qui, ſans être importantes par trop de liberté, ne gênent point & n'impoſent aucune contrainte, ſont plus propres à lier des cœurs raiſonnables, & par là ſont effectivement plus *belles* ? Un

Un Monarque, qui eſt la terreur de ſa Cour auſſi bien que de ſes Peuples , fait l'admiration de ceux qui voudroient occuper ſa place, & qui aimeroient à vivre comme lui. Un cœur gâté & naturellement ennemi d'autrui, qui ſe croit d'autant plus libre que les autres le ſont moins, & nourrit ſa felicité des reflexions qu'il fait ſur la miſere des autres , trouve qu'il eſt *beau* de les voir dans la ſervitude & dans la contrainte; les hommages forcés lui plaiſent, parce qu'ils font ſouffrir ceux qui les rendent. Mais pour penſer ainſi, il faut trouver de la *Beauté* dans le *Renverſement* , il en faut trouver à faire ſervir le pouvoir qu'on a reçu dans la Societé, à empêcher les hommes d'arriver au but en vûe duquel ils ſe ſont vûs en Societé, & à les en éloigner de tout ſon poſſible. Ceux qui vivent dans ces principes connoiſſent mal leurs interêts , l'autorité qui n'eſt établie que ſur la contrainte n'a pas de fermes appuis, la Raiſon le dicte ainſi & l'experience le confirme; mais que peut craindre un Maître de ceux qui aiment à lui être ſoûmis?

Il y a des gens dont le merite eſt ſi mince que leur vanité même toute exceſſive qu'elle ſoit , ne fait pas leur en trouver. Mais dès que la fortune éleve ces gens-là à quelque Dignité, éblouïs de cet exterieur & du relief qu'ils en tirent, ils ſe croient des perſonnages importans, & non ſeulement ils ne ſe regardent plus eux-mêmes que ſous ces dehors qui les flatent, ils veulent encore que les yeux de tout le monde y ſoient uniquement fixés , & qu'on ne les compte

compte plus que pour ce que leur titre les annonce ; leurs égaux & leurs anciens amis les importunent , ils font ravis de les rebuter par des hauteurs , ils ne peuvent foufrir qu'on s'affranchiffe avec eux , ils ne craignent rien tant que les occafions de fe laiffer voir pour ce qu'ils font.

Des dehors contraints & refpe&ueux font une preuve qu'on ne fait attention qu'à l'exterieur qui les environne ; c'eft précifément ce qu'ils veulent. *Il eft beau*, difent-ils, *de tenir fon rang*, mais en difant cela , ils font voir qu'ils ne connoiffent ni ce que c'eft que *Beau*, ni ce que c'eft que *Rang*.

Qu'eft-ce qu'un *Rang* ? C'eft un pofte où l'on eft placé pour être en état de travailler avec plus de fuccès au bonheur commun des hommes , & par conféquent à la fatisfaction des honnêtes gens.

Qu'eft-ce qui eft *Beau* ? C'eft de connoitre à quoi on eft veritablement appellé & de favoir remplir fa vocation. Dès qu'on en fera inftruit , on faura que les Grands doivent trouver leur gloire dans la felicité de leurs inferieurs , leur honte dans la mifere où ils les laiffent , & leur infamie dans celle où ils les précipitent; on faura que l'*élevation* devient odieufe par la *fierté*, mais qu'elle donne du relief à la *modeftie* & la rend plus *aimable*.

Vous êtes emploïés , la place que vous occupez vous donne du credit, vous pouvez faire du bien , vous pouvez faire du mal , on le fait affez : difpenfez-vous de vous contrefaire pour nous l'apprendre par votre air imperieux & vos manieres rebutantantes.   Quand la contenance de celui qui vous aborde eſt déja une confeſſion du beſoin qu'il a de vous ; ſi vous le raſſurez par votre accueil & ſi vous lui faites appercevoir, que vous vous ſouvenez de l'égalité naturelle qui eſt entre les hommes , il s'aplaudira de vous avoir pour ſon Superieur : tout ce que vous refuſerez de titres & d'hommages, il vous le prodiguera dans le ſecret de ſon cœur , & dès qu'il vous aura quitté, cherchant de ſe dedommager de la contrainte où votre modeſtie l'aura reduit, il vous rendra avec uſure ce qu'elle n'aura pas voulu recevoir. S'il eſt beau d'être honoré, qu'eſt-ce qui eſt plus *Beau*, ou d'aller à ſon but en homme d'Eſprit , & de s'aſſurer des hommages du cœur toûjours ſinceres , ou de ſe payer des mouvemens exterieurs toûjours équivoques?

Corps humain. III. DANS le Corps humain, la Beauté demande plus d'une couleur, car il faut de la varieté. Les petits traits n'aïant pas aſſez de ſaillie, ne font pas aſſez ſentir leur diverſité ; mais ſur cette varieté de couleurs & de traits doit être répandue une certaine uniformité , qui faſſe dire que tout eſt aſſorti.

Autre choſe eſt de dire en général que les couleurs & les traits doivent être variés & proportionnés , pour former un beau Corps ; autre choſe de déterminer en particulier ces varietés & ces proportions , de les fixer & de marquer juſqu'où elles doivent aller. Mille préjugez que nous rangerons plus bas en de certaines claſſes , aveuglent les Hommes & partagent leurs
ſen-

fentimens ; ce qui leur rend difficile ce détail. Je me promets néanmoins de pouvoir établir là-deſſus quelques regles fixes.

Pour déterminer au juſte ces proportions, ſoit des couleurs , ſoit des parties, il me paroît qu'il faut principalement avoir égard à la deſtination naturelle de l'Homme , car tout ce qui le compoſe doit s'y rapporter. Le Corps humain eſt fait pour vivre , pour vivre en ſanté , pour agir & pour executer les ordres de l'ame. Tout ce qui contribue à quelqu'une de ces quatre fins contribue à la perfection du Corps, & tout ce qui accompagne ces diſpoſitions doit paroitre beau à un Eſprit & à des Sens qui ne ſeront pas prévenus de quelques faux principes.

IV. COMMENÇONS par les couleurs. Couleurs. Le Pâle, le Livide, le Bluâtre, le Baſané, le Jaunâtre, l'Enflammé, toutes les couleurs, en un mot, qui ſont des indices de maladie, de foibleſſe, de chagrin , d'emportement , de melancholie , accompagnent des diſpoſitions contraires à la perfection de l'Homme, & manquent par là de beauté. Il n'y a point de rapport entre ces couleurs & le but ; elles indiquent ce qui ne devroit point être; & ſi elles ſont des indices trompeurs , outre que ce qui trompe n'eſt pas beau , à cauſe de la diſconvenance qu'il y a entre l'idée & la choſe, elles donnent lieu , du moins, à des ſoupçons desagréables, & par conſequent font naitre des idées qui ne plaiſent pas.

J'ai prouvé, dans un autre Traité *, qu'un
cer-

* *Logique*. Part. I. Ch. V. p. 35. *Ed. d'Amſt.* 1712.

certain temperament, que j'appelle *Sanguin* (c'eſt-à-dire celui dans lequel les principes, qui compoſent le ſang, ſont le mieux mêlangés, & ne le rendent ni trop épais, ni trop coulant, ni trop lent, ni trop impetueux) eſt le plus heureux, & pour la ſanté du Corps, & pour l'humeur, & pour toutes les fonctions de l'Ame. Or un teint vif & un rouge mediocre en eſt l'indice, & par conſequent forme une beauté réelle, fondée en nature & non pas ſeulement en imagination.

Puiſque les couleurs ſont établies pour faire le plaiſir des yeux, il faut convenir que le blanc qui, (comme les Phyſiciens le demontrent) approche le plus de la lumiere, par laquelle on voit tout & ſans laquelle on ne voit rien, eſt naturellement plus beau que le noir, qui reſſemble ſi fort aux tenebres, le contraire de la lumiere.

Tout le changement qui ſurvient à la lumiere, quand elle eſt reflechie à nos yeux par les corps blancs ſur qui elle tombe, ſe reduit à un ſimple affoibliſſement, qui en rend l'impreſſion plus moderée & l'éclat plus ſupportable. Les particules des corps blancs ſont aſſez ſolides pour renvoyer à l'inſtant dans toute ſa force chaque rayon de lumiere qui les frappe; mais comme ces particules ont leurs ſurfaces differemment tournées, elles ne repouſſent pas toutes du même côté les raïons qu'elles reçoivent, mais elles les écartent en les reflechiſſant, & c'eſt cet écart qui en diminue la force.

Mais les corps noirs ſont compoſés de parties plus molles que celles des blancs,

ou

ou plus petites & moins liées entr'elles, ou toutes percées de fentes étroites & profondes, voilà pourquoi la lumiere qui tombe fur eux s'y perd, n'en revient point ou n'en revient que foiblement, c'eſt la raiſon pour laquelle ils s'échauffent beaucoup plus facilement & s'uſent plutôt que les blancs. Auſſi trouve-je bien de la vrai-ſemblance dans la penſée que la noirceur des Mores, vient d'une ſeconde peau qui couvre des traits fort ſerrés, & qui eſt elle-même couverte d'une premiere d'un tiſſu ſerré & poli, & qui à la maniere d'un verre fin renvoyant une partie des rayons de lumiere & n'en laiſſant paſſer que l'autre , fait paroître ſur le teint des Mores cette eſpece d'éclat, c'eſt encore cette premiere peau dont le poliment ſurprend quand on la touche. Ce n'eſt pas que l'inégalité de la ſurface des corps noirs ſoit toûjours capable de les faire paroitre raboteux : toutes leurs crevaſſes où les rayons de lumiere ſe perdent ſont trop ſerrées pour ſe faire remarquer au toucher.

Si le blanc eſt une beauté, il faut tomber d'accord , que le plus durable doit paſſer pour le plus beau, & ſi nous en examinons la nature , nous trouverons qu'il eſt auſſi la ſuite d'une meilleure conſtitution. Le hâle ſillonne la peau, l'âge en fait autant, par le moyen des ſels dont le ſang ſe charge de plus en plus , de ſorte que les perſonnes dont le ſang eſt moins acre , conſerveront plus aiſément la blancheur de leur teint; & celles, dont les fibres ſont d'un tiſſu plus ſerré , ce qui marque plus

de

de vigueur , refifteront davantage aux impreffions de l'air & du Soleil.

Je viens de remarquer que la chaleur doit
avoir plus de prife fur les corps noirs que
fur les blancs ; auffi voit-on que les perfonnes brunes fe hâlent plus facilement que
les blanches. Mais il eft important de diftinguer ici deux fortes de blancheur : il y a
des corps qui font blancs ; fimplement parce que leur furface eft raboteufe, compofée
d'une infinité de petites éminences , differemment tournées & pofées très - inégale-
ment ; c'eft par là que l'argent blanchi eft
plus rude que le bruni. Or les teints qui
font blancs par cette caufe , outre qu'ils
font âpres au toucher , bruniffent encore
facilement , parce que les exhalaifons de
leur propre corps, auffi bien que les particules échauffées qui voltigent dans l'air ,
s'arrêtent & s'embaraffent dans ces inégalités ; au lieu que les teints qui font blancs,
parce qu'ils fe trouvent compofez de parties globuleufes, & d'une infinité de demi
cercles polis, à peu près comme l'écume ,
(qui par cette feule configuration acquiert
tant de blancheur) ces teints, dis-je, font
unis & fe confervent long-tems , les agens
exterieurs , qui détruifent les autres , ne
faifant que gliffer fur ces furfaces polies &
ferrées.

Il n'eft pas neceffaire d'ajoûter que les
rouffeurs & les tâches qui font les effets de
quelque impreffion exterieure qui a pû nuire & déranger , ou de quelque parcelle de
fang , qui s'eft élevée , & fixée là où elle
ne devoit pas s'arrêter, ont de la difformité

té naturelle , auſſi bien que les rides , & tout ce qui s'écarte de la fraicheur & de la vigueur de la jeuneſſe, pour reſſembler aux infirmités d'un âge où l'on tend à ſa fin.

IV. LA maigreur , qui vient ou de ce que l'on manque d'appetit , ou de ce que le corps ne profite pas de la nourriture qu'il prend, la maigreur, dis-je, qui marque un excès de ſéchereſſe ou de chaleur , & un deperiſſement, tel que les maladies & tout ce qui tend à la mort ont accoûtumé de produire, n'a point de convenance avec la deſtination naturelle de l'homme & la per-fection du Corps humain, & par là ſe trou-ve naturellement contraire à la beauté. *Embon-point.*

Un excès d'embonpoint qui appeſantit & le Corps & l'Eſprit, qui retarde ſes mouve-mens & diminue beaucoup de ſon activité, eſt contraire au beau par la même raiſon , & ce beau conſiſte dans un embonpoint qui remplit ſans charger, beauté qui ne conſiſte pas dans un point indiviſible , mais qui a ſon étendue entre les bornes du deſſéche-ment & de la peſanteur.

V. DU teint & de l'embonpoint, c'eſt-à-dire, de la ſurface & de la plenitude, je viens à la taille, dont la beauté eſt de mê-me fondée dans la nature & dans la verité. Il y a un rapport de la hauteur d'un hom-me avec ſon épaiſſeur, & ce rapport, pour convenir à la perfection & à la deſtination naturelle du Corps humain (j'unis ces deux caractéres, parce qu'une choſe eſt d'autant plus parfaite, qu'elle ſe trouve plus propre à obtenir ſon but) ce rapport, dis-je, doit être tel, que l'épaiſſeur, en donnant de la *Taille.*

C

fer-

fermeté à la poſition d'une taille haute, ne diminue pas trop de ſon agilité, car le Corps humain doit pouvoir & s'affermir en place, & ſe mouvoir aiſément. La combinaiſon la plus exacte de ces deux conditions qui aſſûrément ſont réelles, formant le plus parfait rapport, fonde la beauté de la taille.

On voit donc que cette beauté eſt réelle, quoi qu'elle ait du plus & du moins : & l'on voit encore que diverſes perſonnes inégales en hauteur, peuvent être également bien priſes & également belles de taille, chacune en ſon eſpece, par l'exacte proportion qui regnera, dans les unes autant que dans les autres, entre la hauteur & l'épaiſſeur.

On pourroit faire voir de même, par un très-grand nombre d'exemples, que ſouvent la Beauté, quoique très-réelle & établie ſur un ſeul fondement, ſe diverſifie néanmoins en un très-grand nombre d'eſpeces, diverſité qui fait un des plus beaux ornemens de l'Univers, parce qu'elle preſente une uniformité de rapports, également répandue ſur une très-grande varieté de ſujets. Chaque animal, chaque plante a ſa beauté, chaque partie de la plante, & chaque partie de l'animal a encore la ſienne, & cette beauté qui ſe remarque ſur tant de ſujets differens conſiſte dans un juſte rapport de leur conſtitution avec les fins auxquels ils ſont deſtinés.

On voit des gens dont la taille ne promet pas des mouvemens aiſés, qui les ont pourtant & qui ont ſû ſe donner eux-mêmes
mes

mes ce que la nature fembloit leur avoir refufé. C’eſt un grand agrément, tout ce qui eſt aifé & libre plait toûjours, & plait d’autant plus qu’on le trouve-là où l’on s’attendoit moins de le rencontrer , parce qu’on en eſt frappé plus vivement.

Mais l’affectation eſt infupportable , on ne peut fouffrir les gens qui fe donnent des manieres qui ne leur conviennent pas, rien n’eſt plus laid. On aime les diverfités quand elles s’accordent & qu’elles fe rapportent à l’unité , mais les contrarietés offenfent toûjours. Les mouvemens qu’on fe donne pour cacher un défaut, quand ils font mal à propos, ne fervent qu’à l’étaler davantage. On auroit tort de méprifer un homme parce qu’il ne connoit pas toutes fes imperfections ; cette ignorance eſt trop commune pour ne fe la pardonner pas reciproquement. Mais comme il y a de la brutalité à connoître fes défauts & en faire parade, il y a de la folie à s’imaginer qu’on s’eſt defait de ceux qu’on a encore, cette préfomption marque également un Cœur vain & un Efprit petit.

VI. De’s que l’on a une fois reconnu la néceſſité d’une certaine convenance, entre la hauteur & l’épaiſſeur de tout le Corps humain, on fe trouve obligé de reconnoître que la même convenance fonde la beauté de chaque partie. Une égalité de rapports doit regner univerfellement, la conſtitution de l’homme le demande ainfi. Une partie trop déliée & trop grêle en comparaifon des autres eſt l’effet de quelque mauvaife conſtitution , qui empêche la nourri-

Détail.

C 2 ture

ture de s'y diftribuer auffi heureufement que dans les autres. Une tête trop petite ou trop groffe, par rapport au refte du corps, fait fentir une difproportion & entrevoir une difconvenance , précifément dans ce que l'on regarde d'abord & avec le plus d'attention. Dans une trop petite tête, les organes font trop ferrés, & dans une trop grande, les mouvemens font trop vagues, & les efprits trop diffipez. Une poitrine trop ferrée empêche la liberté de la refpiration. Un dos vouté , ou un ventre trop gros , détruit le contrepoids ; & fi l'un balance l'autre , le corps en devient trop roide & fes mouvemens font gênez. Il eft facile de pouffer ces détails , & de trouver ainfi les fondemens de la Beauté dans des proportions réelles , & dans les convenances du corps avec les divers ufages de fes parties.

Vifage.

VII. JE ferai encore quelques remarques fur les parties qui compofent le Vifage. Puifqu'elles doivent fur tout contribuer à l'embelliffement de l'Homme , il ne faut pas qu'elles foient enfoncées, car elles ne fe feroient pas affez fentir. Elles ne doivent pas non plus avancer trop au dehors, car il ne fe trouveroit pas affez d'égalité entr'elles & le tout qu'elles compofent par leur affemblage. Celles qui avancent trop tirent les autres & donnent au vifage un air de decharnement qui approche de la vieilleffe, & l'amene plûtôt à la decrepitude; celles au contraire qui n'avancent pas affez ne frappent guéres , & ne fe font prefque pas appercevoir.

En

En particulier un menton allongé se courbe avec l'âge , son mouvement paroit trop quand on parle, ou quand on mange; il tire les joues & les ride quand on rit; au lieu qu'un tour de visage plus rond n'est pas si sujet aux plis. Les joues qui ne sont pas remplies, s'abbatent, & laissent entrevoir des os , qui donnent un air de squelette. Un front grand & vouté , outre qu'il marque une contenance assûrée, presente un Chapiteau d'une grandeur proportionnée à ce qui est au dessous ; un front petit semble se cacher, un front plat finit, pour ainsi dire, brusquement, au lieu qu'un front vouté se termine & se perd insensiblement dans les cheveux. Une égalité de dents plait par cela même qu'elle fait voir l'égalité dans la multitude, & de plus contribue à mâcher également , elle est donc fondée en nature. La blancheur des dents est un indice de fermeté , de durée & de propreté. Quand une bouche est trop petite, ses mouvemens ont un air contraint, & soit que l'on parle ou que l'on mange, elle tire trop la peau ; les levres trop minces font encore le même effet & par là font desagréables. Si une grande bouche n'est pas extrémement bien taillée , elle laisse trop voir les gencives & l'interieur de la bouche , qui ne plait pas aux yeux , non plus que tout ce qui est entr'ouvert, & qui dépouillé de ses enveloppes ressemble à quelque chose de dechiré. Par cette raison encore un nez trop ouvert, est desagreable, comme au contraire un nez écrasé, ou un nez trop resserré, outre qu'il n'y a pas assez

C 3

de

de proportion entre sa longueur & son é-
paisseur , rend la respiration moins libre,
& souvent est sujet à d'autres inconveniens.

Des yeux.　　VIII. OUTRE la raison tirée d'un certain rapport , & d'une certaine proportion,
qui doit regner dans tout le Corps humain,
la beauté des yeux demande qu'ils aient un
certain degré de grandeur ; premierement,
parce que l'œil , un des plus beaux ornemens de l'homme , doit se montrer d'une
maniere majestueuse, & par conséquent
n'être ni enfoncé, ni d'une petite circonference. En second lieu , parce que les petits
yeux, trop resserrés dans leurs enveloppes,
sont sujets à être plus gênez dans leurs
mouvemens.　En troisiéme lieu, parce que
les yeux enfoncez ont souvent la vûe trop
courte, & semblent s'éclipser , à mesure
qu'on avance en âge.

D'un autre côté , un œil qui sort trop a
de la rudesse, & marque une espece d'irritation. Les mouvemens d'un œil trop
grand, sont souvent trop lents, & dès que
l'âge, ou quelque indisposition diminue
l'abondance des Esprits , faute d'être suffi-
samment rempli, il s'affaisse & se ride.

La beauté de l'œil consiste donc dans le
rapport de sa figure avec ses usages, & dans
la convenance de sa grosseur avec les esprits qui le remplissent.　Il y en a dont on
pardonne la petitesse, à cause de leur feu ;
comme il s'en trouve auxquels on peut dire, que quelque chose manque, parce qu'ils
sont trop grands.

Dans cet exemple , comme dans quel-
ques-

ques-uns des précedens, les proportions, que l'on demande, ne sont pas renfermées dans un point, car comme il y a plusieurs figures, toutes très-regulieres, mais très-differentes entr'elles, des Polygones innombrables, des Cercles, des Ellipses de plus d'une espece, des Paraboles, &c. des Courbes de plusieurs genres, dont chacune a sa beauté, & ses proportions très-réelles; il en est de même des parties de notre corps. La varieté, sans rien ôter à la beauté de chaque trait, releve la beauté de la Nature humaine: Celui-ci est beau, donc celui-là, qui ne lui ressemble pas, manque de beauté; la conséquence n'est pas juste, car elle suppose, qu'il n'y a qu'une seule espece de beau; c'est là une grande erreur, le beau ne consiste pas dans une absolue uniformité, la varieté y entre. Faute de faire attention à cette varieté, on conteste souvent & l'on ne peut s'accorder, quoi que l'on ait raison de part & d'autre.

Je dirai encore un mot sur la figure de l'œil, avant que de passer à la beauté des mouvemens du Corps. Le rond marque un air d'étonnement & quelque chose de trop fixe. Celui qui est peu fendu, est contraint dans ses mouvemens, & semble insinuer que l'on craint & qu'on se cache; ainsi le rapport qu'il y a entre la configuration des yeux & certains sentimens de l'ame qu'ils donnent lieu de conjecturer, decide encore de leur beauté.

IX. La beauté des mouvemens roule sur les mêmes principes que celle des traits. En général il est convenable, que le Corps ait

Mouvemens.

aît de la fermeté & de la facilité dans ses mouvemens, car il est fait pour agir, & pour agir sans broncher Quand le jarret n'est pas ferme, ou que les pieds ne sont pas assez tournés on balance ; quand les muscles sont trop roides, il semble qu'on se meut par ressort. Les bras, serrez contre le Corps, n'ont pas leurs mouvemens libres, & si on les ouvre trop, on est fatigué de leur poids. Il y a donc en tout cela des proportions fixes.

Les mouvemens les plus insupportables, sont ceux qui sentent de l'affectation, car l'affectation marque une envie demesurée de paroitre, & une impertinente demangeaison de se distinguer. Elle est aussi une marque de peu de sens dans celui qui est affecté, puisqu'il ne fait pas comprendre, qu'il s'éloigne précisement par là de son but, qui est de se faire estimer ; ces caractères sont naturellement odieux, & c'est avec raison que l'on est choqué d'un exterieur qui les indique sensiblement.

Air.

X. C'EST au mouvement du visage & sur tout des yeux que l'on fait le plus d'attention ; & parce que ces mouvemens frappent beaucoup plus que les traits, ceux qui ne jugent de la beauté que par sentiment, la font presque entierement dépendre de là, & n'en connoissent pas d'autres fondemens.

Puisque ces mouvemens sont les indices de ce qui se passe au dedans de nous, ils meritent qu'on les approuve à proportion de ce qu'il y a de louable dans les sentimens interieurs dont ils sont les indices.

On

On aime les naturels paifibles , maîtres d'eux-mêmes , fouples , accommodans , actifs neanmoins & fermes , quand il le faut. Voila pourquoi les airs trop marquez (c'eft-à-dire, qui indiquent quelque principe fort dominant) n'agréent pas ; un homme qui eft poffedé par la triftefte , ou fort fujet à s'emporter, n'eft guéres propre au commerce. On ne s'accommode pas non plus des gens qui ne favent que rire & badiner. On fera content d'un air qui marque, fuivant les circonftances, de l'attention, de la douceur, du courage, du chagrin, de la pitié, de la tendrefte, un Efprit qui fe calme, qui s'anime, qui fait de lui ce qu'il veut, & ce que l'on veut : mais on demande que tous les mouvemens exterieurs, qui indiquent ces difpofitions, naiffent comme d'eux-mêmes, qu'ils paroiffent involontaires , & qu'ils n'attendent point les ordres de l'ame, pour fe manifefter, on les aime afin d'avoir la fatisfaction de compter fur eux, & de les diftinguer de la feinte. Un homme qui dit ce qu'il doit , & qui marque en même-tems ce qu'il penfe par des mouvemens , qui, quoi qu'ils ne puiffent pas être exprimés par des paroles, n'en font pas moins intelligibles ni moins marquez, plait d'autant plus, que l'on s'en defie moins, & qu'il prouve par un langage qui n'eft entendu que des yeux , la verité de celui qui frappe l'oreille.

Au refte il ne faut pas s'étonner , fi le détail de ce que l'on appelle l'air, de ces mouvemens délicats qui nous frappent & nous agitent, ne fe peut exactement décrire,

C 5

car

car 1. ces mouvemens s'élevent trop subitement & passent aussi trop vite, pour se faire
distinctement remarquer, & pour imprimer
le souvenir. 2. Il s'en éleve un trop grand
nombre à la fois pour les laisser démêler ;
mais cet assemblage & cette rapidité qui ne
laissent pas le tems de s'en former des idées,
servent neanmoins à les faire plus vivement sentir.

Des Pa-
rures. XI. DISONS un mot des parures.
Quoiqu'elles dépendent du caprice plus que
quoi que ce soit, les personnes sensées ne
laissent pas d'y distinguer ce qui est effectivement beau , de ce qui passe sans raison
pour l'être. Les parures qui cachent des
défauts, ou qui exposent plus avantageuse-
ment ce qui est effectivement beau & qui
merite l'attention, vont au but pour lequel
elles sont destinées ; mais celles qui sont
un effet contraire sont extravagantes , &
celles qui ne servent à rien sont ridicules,
& c'est toûjours un grand défaut de se donner des soins inutiles. Ce n'est pas sans
raison enfin qu'on aime dans les parures la
varieté , par là elles réveillent l'attention
& sont plus propres à l'arrêter, sur ce qui
doit plaire & qui merite d'être regardé. La
legereté fait aimer ce qui est nouveau, l'entêtement lui fait préferer ce qui est établi,
il va même souvent jusqu'à se faire un *saint
depôt d'une mode abolie.* Une vieille dont
le cœur a conservé tous les foibles des jeunes gens, se flatte d'en retenir les appas,
pourvû qu'elle en imite les parures ; & la
Politesse ou la Politique reduit souvent les
jeunes à se charger de ce qui pare les per-
son-

fonnes qui ont de l'âge. Qui a jamais douté qu'il n'y eut de la prévention dans les modes? Mais fur les fujets où elle a lieu n'y a-t-il plus de verité?

XII. Voila un grand nombre d'exem- Conclufion. ples, qui prouvent conftamment que la Beauté confifte dans des proportions, comme ces proportions elles-mêmes roulent fur des varietés réduites à de certaines uniformités. J'ofe promettre que plus on en cherchera, plus auffi on ramaffera de quoi prouver les principes que j'établis.

J'ai befoin, pour me renfermer dans de juftes bornes, de me fouvenir, qu'il faut mettre de la difference entre établir en général les caracteres naturels du Beau, & entrer en particulier dans le détail de toutes les chofes belles, & dans l'explication de leur nature. La beauté de la Mufique roule toute fur des proportions & des temperamens admirables de varietez, & de retour à l'unité. La nature des paffions eft déterminée, l'amour, la haine, le defir, la colere, la jaloufie &c. font les mêmes dans tous les lieux & tous les tems, & fi elles different ce n'eft que du plus au moins. L'air, le ton de la voix & les autres mouvemens qui les indiquent font encore marquez par la nature. Or la beauté de l'action de l'Orateur & de fa prononciation, confifte dans la convenance de fes tons de voix & de fes mouvemens, avec la nature des paffions qu'il veut exprimer, & dans le rapport de toutes ces chofes avec fon propre naturel. On pourroit de même demontrer que la beauté du ftile eft naturel-

rellement fondée fur les rapports des fons
avec l'oreille , fur les rapports de leur fi-
gnification avec les chofes qu'ils expriment,
& avec les circonftances & les faces fous
lefquelles ils doivent les reprefenter.

On pourroit découvrir de quelle maniere les varietez font temperées d'unité , foit
pour faire le nombre Oratoire de la profe,
foit pour la cadence & les rimes des vers.
On fait que comme il y a diverfes efpeces
de vers, leur beauté confifte en partie dans
le rapport de chaque efpece, avec le fujet
que l'on traite. Tout ce que les Maîtres
de l'art donnent pour précepte fur le Poëme Epique, & fur le Dramatique eft fondé fur
les principes du Beau , que nous venons
d'établir. Il faut des Epifodes pour la varieté , mais elles ne doivent pas être hors
d'œuvre, de peur de troubler l'unité. Dès
que l'unité du tems & du lieu manque à
une piéce de Théatre , on fent qu'elle eft
defectueufe & l'on ne pardonne cette dis-
proportion, qui ternit la beauté du deffein
& de l'ordonnance, qu'en faveur des traits
les plus exquis, & les plus brillans de chaque partie en particulier.

C H A-

CHAPITRE V.

Où l'on prévient les difficultés en posant des principes pour les resoudre.

I. **L**ES representations des choses les plus hideuses & les plus haïssables ne laissent pas neanmoins d'avoir aussi leur beauté, comme la peinture, par exemple, d'une Araignée, d'un Monstre, d'un meurtre, d'une barbarie ; parce que l'on trouve un rapport de ressemblance entre ces objets d'horreur & une peinture, qui ne contient pourtant rien de criminel, ni de dangereux. L'Esprit se plait à découvrir de l'uniformité dans cette grande diversité.

Representations des laideurs.

II. **U**NE figure Grotesque plait, & s'attire le nom de belle par sa bizarrerie & son excessive irregularité.. Ce Phenomene semble contraire à nos principes, mais il ne laisse pas de les confirmer. On aime à sentir le rapport de convenance, qu'il y a entre l'execution & le dessein d'un homme, qui s'est appliqué à fuïr jusqu'à l'apparence de ce que tous les Ouvriers recherchent ordinairement.

Grotesques.

Outre cela on aime à promener quelquefois ses regards sur des varietés sans ordre, sans suite, sans liaison, sans uniformité, pour en devenir plus sensible à la proportion dès que l'on en remarquera, de la même maniere qu'en mille occasions les hommes irritent leurs desirs & en different la

safatisfaction , pour les remplir enfuite plus delicieufement ; leur refufent pour leur donner avec plus d'abondance.

III. C'est vrai-femblablement par cette raifon, que la Sageffe infinie du Créateur a laiffé dans l'Univers , un fi grand nombre d'agencemens irréguliers. La plûpart des arbres , par exemple, n'étendent pas leurs branches régulierement. Les montagnes & leurs côtaux ne paroiffent pas agencez avec proportion.   Les fontaines fortent de la terre par ci par là , fans former entre-elles des figures régulieres. Mais il faut fe fouvenir que dans une infinité de fujets, dans les chocs des Corps, par exemple , dans la force des poids , dans le cours des eaux, dans la conformation des femences, des feuilles, des fibres , & des fleurs , tant de proportions admirables fe trouvent fi exactement gardées , que pour nous rendre plus fenfibles au plaifir de les découvrir, il étoit important de nous faire paffer, à tout moment, de la vûe de l'irrégularité à la confideration du régulier ; la beauté s'en aperçoit mieux.

Je continuerai à faire quelques remarques , qui mettront mes Lecteurs en état de prévenir les objections qui fe prefentent & les embarras , où l'on pourroit tomber fur le fujet que j'ai expliqué jufqu'ici.

IV. J'avertis donc, que pour découvrir les proportions dans lefquelles on fait confifter la beauté , quelquefois on compare fimplement une feule partie avec elle-même , fa hauteur, par exemple, avec fa largeur , le nombre de fes lignes avec leur
éten-

étendue, sa surface avec ce qu'elle renferme, son éclat avec sa durée, sa construc-
tion avec ses usages, tout cela, comme il
est aisé de le comprendre, donne des proportions. Quelquefois aussi on compare
cette même partie avec d'autres, auxquelles elle se trouve unie, pour former un seul
tout. Et de là naissent encore de nouveaux
rapports. A un égard tout sera proportionné , à un autre il s'en faudra quelquefois
peu & quelquefois beaucoup. Voila pourquoi l'on donnera à cette partie le nom de
belle, ou on le lui refusera, selon qu'on
l'envisagera de l'un ou de l'autre sens ; &
ceux qui se préviennent d'une seule vûe &
decident avec trop de precipitation & trop
peu de reserve, se tromperont par cela même que ne voyans qu'une partie de la verité ils nieront l'autre. Je vois dans un Tableau un Cheval parfaitement bien repré-
senté , mais il n'est pas dans sa place s'il
n'assortit pas avec le reste. Il est donc beau
en lui-même, sans être une belle partie du
Tout qu'il compose.

Deplus ou un Tout se considere
simplement en lui-même , quand on en
compare les parties & l'assemblage, ou bien
on en fait le paralelle avec d'autres Touts,
pour examiner dans lesquels de ces Touts on
apperçoit les proportions les plus exactes,
& les rapports les plus brillans ou les plus
convenables. Et voila encore une nouvelle
occasion de donner à un même sujet , le
nom de Beau en le regardant en lui-même,
ou de le lui refuser en le comparant à de
plus excellens. Ainsi on reconnoitra qu'un

hom-

homme a la taille belle, parce que l'on trouvera tout proportionné en lui, & l'on nie-
ra qu'il l'ait belle en comparant fa petiteſſe
avec la grandeur de pluſieurs autres qui le
paſſent de beaucoup. Un bâtiment ſera
beau en lui-même, mais il perdra ce nom
dès qu'on le regardera comme deſtiné au
ſéjour d'un Prince &c.

Moyens de compa-rer juſte.

V. QUAND il s'agit de comparer, il faut
avoir la precaution de choiſir des ſujets de
même genre, des ſujets aſſortis, des ſujets
reſſemblans, pour faire rouler toute la comparaiſon ſur le plus & le moins, ſans quoi
l'on ſe plonge infailliblement dans les tenebres & dans la confuſion. Je comparerai donc couleur avec couleur, & non pas
la couleur d'une perſonne avec les traits
d'une autre, ou les traits de celui-ci avec la
taille d'un autre. Je ne comparerai pas
non plus la taille avec l'air & avec les mouvemens. Quand il s'agira de couleurs, j'en
comparerai encore l'étendue avec l'étendue, l'éclat avec l'éclat, la durée avec la
durée, le blanc avec le blanc, le rouge
avec le rouge, & non pas le rouge avec
l'éclat, le blanc avec la durée &c. Ce ſeroit le moyen, comme il arrive ſouvent, de
parler long-tems, ſans s'entendre les uns
les autres, & ſans ſavoir preſque ce que
l'on dit ſoi-même. Par exemple, il y a des
beautés brillantes, & il y a des beautés durables. De deux Beautés du premier ordre je
demanderai laquelle a le plus d'éclat; & de
deux du ſecond je demanderai laquelle ſe
conſervera le mieux, mais je m'abſtiendrai
de comparer les attributs du premier de ces
ordres avec ceux du ſecond.   VI. Sɪ

VI. Si même l'Esprit humain dont la Beautez cachées. pénétration est très-bornée, n'aperçoit pas dans des sujets de la regularité & des proportions, il ne s'enfuit pas, pour cela, qu'ils manquent de beauté. Les rapports sur lesquels elle est établie, peuvent être si composez, qu'ils échapperont à toutes les lumieres ordinaires, & ne pourront être demêlez que par une application & une habileté peu communes. Les Courbes que les Planetes decrivent, ne font pas des Cercles, ni même des Ellipses ordinaires, mais il ne s'enfuit pas qu'elles n'ayent leur regularité, quoi que plus difficile à déterminer. Les rapports fort compofez ont leur beauté comme les fimples, & par cela même qu'ils renferment plus de varieté, les Efprits d'une grande étendue s'y trouvent beaucoup plus fenfibles. On compte le tems, par exemple, par minutes, par heures, par jours & par femaines ; cette varieté fe reduit aifément à l'unité ; 60 minutes font une heure, 24 heures un jour, 7 jours une femaine, & cet ordre recommence toûjours. Il y a plus de façon à rattraper le point d'unité entre les femaines & les années. Il faut que 28 ans fe paffent, afin que tous les jours de la femaine tombent pendant tout le cours de l'année, & c'eft ce que l'on apelle le *Cycle Solaire*.

Les nouvelles-lunes varient pendant 19 années, mais au bout de ce terme d'inégalité, l'uniformité revient, & elles fe fuccedent pendant les 19 fuivantes, dans le même ordre de jours, que les 19 precedentes ; c'eft ce que l'on appelle le *Cycle Lu-*

D

nai-

naire : mais elles ne retombent pas fur l
même heure, & le même moment ; il fau
une fuite beaucoup plus longue, * favoir d
625 ans, pour faire évanouïr toutes les dif
ferences d'heures & de minutes.

* Voyez les
Mem. de
l'Acad. des
Sciences.

Le cours annuel du Soleil étant de 36
jours, 5 heures, & environ 49 minutes
foit que l'on faffe l'année de 365 jours, foi
qu'on la faffe de 366, fon retour préceder
le tems que le Soleil employe à faire fo
Cercle annuel, ou en fera precedé, & ce
variations, pour fe reduire à l'uniformité
demandent un efpace de 132 années.

Il ne faut donc pas s'étonner, fi ce qu
eft beau pour l'un ne l'eft pas pour l'autre
cela ne prouve pas que la beauté foit ima
ginaire, on doit feulement en conclurr
qu'elle eft plus cachée & plus difficile à de
velopper dans un fujet que dans un autre
Tel connoit les proprietez du Cercle qui n
voit goûte dans celles de l'Ovale, ou d
l'Hyperbole &c. comme au contraire, celu
qui a une fois goûté les Sections coniqu
& demêlé les proprietez de leurs Courbes
& les proportions qui en naiffent, devier
moins fenfible à celles du Cercle, où to
eft plus fimple.

Pour la Beauté, il faut toûjours de
varieté reduite à quelque unité, mais fu
vant que l'on a l'Efprit naturellement pl
étendu, ou plus exercé, on fe plait à ré
nir un plus grand nombre de varietez,
quand il y en a trop peu, la reduction s'e
fait trop aifément & n'occupe pas affe
Les commençans veulent une Mufique fir
ple ou peu compofée, car elle contient

f

fez de varieté pour eux ; mais une oreille plus exercée en demande davantage, il lui faut plus de diverfité pour occuper fon attention. Il en eft de la Beauté à cet égard comme de la Santé ; ce qui fuffit pour nourrir un Enfant, laifferoit mourir un homme formé, & au contraire ce qui eft neceffaire pour conferver la vigueur d'un homme robufte, ruineroit un temperament délicat : la Santé & la Beauté ne font pas des imaginations, ce font des réalitez, mais relatives & non pas abfolues.

VII. Je repete enfin encore une fois, ce que j'ai déja infinué dans plus d'un article, c'eft que les proportions peuvent varier , fans ceffer d'être proportions. Il n'eft pas au choix d'un Architecte d'en obferver quelques-unes, ou de les negliger toutes, mais il doit choifir , après quoi il doit neceffairement fe foûtenir dans l'ordre qu'il s'eft propofé, & les proportions , dont il s'eft formé l'idée, & qu'il a commencé de mettre en œuvre. Une colomne fort haute , à côté d'une plus baffe, une troifiéme differente de l'une & de l'autre, une quatriéme moins groffe, mais un peu plus haute, un Pilaftre à la place de la cinquiéme , & ainfi de fuite fans aucune regularité , prefenteroit quelque chofe de fi laid , qu'on n'en pourroit pas feulement fouffrir l'irrégularité dans une peinture en grotefque. Mais que la hauteur contienne 7 fois la bafe, ou 7 fois un quart , onze fois, ou 10 fois & demi , que la hauteur ait un pouce de plus , ou la bafe une ligne de moins , que les regles ordinaires ne prefcrivent ;

ces

ces proportions font arbitraires : il faut fe
tenir à celle dont on a fait choix, mais on
peut fans rifque choifir celle que l'on voudra. Les premiers Architectes fe font dé-
terminez à une certaine mefure ; les édifices qu'ils ont élevez fe font rendus célébres par la gloire des Dieux ou des Heros
à l'honneur defquels ils étoient élevez, auffi
bien que par la grandeur de l'édifice même, par la regularité qui y regnoit, & par
l'habileté avec laquelle on avoit fini toutes
les parties qui les compofoient ; par toutes
ces raifons on les a imitez , on les a pris
pour modéles, l'attention des Maîtres s'y
eft fixée , & tout ce qui s'en écartoit tant
foit peu a deplû, comme n'étant pas affez
conforme à des idées , pour lefquelles on
étoit prévenu , & dont on s'étoit rendu
l'eftime familiere.

CHAPITRE VI.

Sources des préventions fur le Beau.

IL Y A très-peu de gens qui faffent ufage
de leur Efprit ; la plûpart ne font, toute leur vie, que fe livrer à leurs fens & à
leurs paffions. Voila pourquoi ou ils ne
donnent le nom de Beau qu'à ce qui charme leurs fens , ou qui intereffe leur cœur
par des émotions agréables ; ou s'il leur arrive d'apeller Beau ce qui ne produit pas
cet effet, ils en concluent que plaire n'eft
pas le caractere du Beau ; car ils comptent
pou

pour rien ce qui n'a du rapport qu'avec les idées de l'esprit, sur lesquelles leur attention ne s'arrête point.

Si nos sens & notre cœur étoient dans leur integrité, il y auroit un parfait accord de nos sensations, & de nos passions avec les lumieres de notre Raison; mais il y a longtems que cette harmonie est troublée. J'en rapporterai les causes à cinq sur le sujet que je traite.

I. LA premiere c'est le temperament, car suivant que l'on est constitué, on aime le férieux ou l'enjoué, la tranquilité où l'agitation, la moderation ou les excès, la reserve ou la franchise &c. Quand il y a du rapport & de la convenance entre les objets & nos dispositions, c'est une necessité Physique, que leurs impressions nous frapent agréablement. *Le tem-perament.*

II. L'AMOUR propre fortifie, & directement & par reflexion, cette premiere cause. Nous ne sommes pas obligez de nous contraindre avec des gens de même humeur que nous, nous avons le plaisir de suivre avec eux la pente de nos inclinations, leur exemple autorise ce à quoi nous nous sentons portez. Ceux au contraire, dont les manieres se trouvent differentes des nôtres, nous paroissent tout autant de Critiques & de Juges dont les maximes nous condamnent, ou dont la présence du moins nous inquiete. C'est par ce principe d'amour propre, & par le plaisir que nous trouvons à réunir l'approbation d'autrui avec celle de nous-mêmes, que nous aimons non seulement nos manieres & notre *L'amour propre.*

hu-

humeur dans autrui, mais encore les couleurs & les traits qui fe raportent aux nôtres.

Quelquefois auffi l'experience de nos
maux, & le fâcheux fentiment de nos défauts & de leurs fuites, nous engagent à
eftimer, dans les autres, les difpofitions
oppofées à celles où nous nous trouvons.
Un homme dont la paffion a eu un mauvais fuccès trouve la tranquilité charmante.
Celui qui fe voit à tout moment, en danger de Phthifie & d'un deffélchement mortel,
croit qu'on ne peut avoir trop d'embonpoint; & en général les perfonnes inquie-
tes, & qui, par un effet de leur temperament ou de leurs habitudes, regardent toûjours ce qui leur arrive du mauvais côté
ces gens-là pour l'ordinaire ne trouven
rien de Beau que ce qui leur manque, &
on en voit quelques-uns louer tout hors c
qu'ils ont.

Les habi-
tudes.　III. C H A C U N fait que la coûtume e
une feconde nature, & que nos habitude
produifent les mêmes effets que le tempe
rament. L'un fe laiffe prendre par les yeu
un autre par les oreilles, l'argent éblou
celui-ci, les titres préviennent celui-là, &
l'empêchent de juger fainement du Bea
La force des habitudes n'eft pas croyable
elles font aidées par mille refforts cachez
mais très-efficaces. Defcartes fe fouvi
enfin que fon inclination pour les louche
venoit de ce que fa nourrice avoit eu ce dé
faut. Certains objets nous ont frapé agré
blement ou desagréablement dans notre e
fance, ou dans un âge plus formé : leu
in

impreſſions ont été vives ou durables , & quoi qu'on les ait preſque oubliez, & que même quelquefois on ne s'en ſouvienne plus du tout , il en reſte neanmoins des veſtiges, qui ſe retracent & ſe r'ouvrent à la vûe de tout ce qui a du rapport avec ce qui les avoit fait naitre. Toutes nos anciennes diſpoſitions & tous les mouvemens qui les accompagnoient, ſe réveillent par de legeres convenances ; c'eſt là une des grandes clefs qui ſert à nous découvrir les principes de nos inclinations & de nos mouvemens, & pour en faire l'application à notre ſujet , on trouve beau ce qui reſſemble à ce que nous avons aimé dans un âge où la prévention, les ſens, & la machine nous dominoient uniquement.

Quelle ſource nombreuſe de mépriſes ſur le Beau, dans la combinaiſon des temperamens & des habitudes, & dans les illuſions qu'elles donnent lieu à l'amour propre de ſe faire. On peut aiſément expliquer par ces principes , d'où vient que certains traits & certaines tailles paſſent pour des beautés dans un païs, & pour des difformitez dans un autre. Ces mêmes principes nous font comprendre d'où vient que l'on aime certains traits, certaines couleurs, ou certaines manieres dans une famille plûtôt que dans les autres. On peut aller plus loin, & expliquer pourquoi chaque animal a , pour ceux de ſon eſpece , un attachement particulier. Leur conſtitution interieure a tant de raport avec leur forme exterieure , que pour les agiter agréablement , il faut que les objets qui les frapent leur conviennent

nent & leur reſſemblent. Il y a beauté par rapport aux idées, & beauté par raport aux ſentimens ; celle-là eſt plus fixe, celle-ci varie davantage ; la premiere fonde la verité de nos jugemens, la ſeconde la bizarrerie de nos goûts, leſquels tout bizarres qu'ils paroiſſent, & qu'ils ſont en effet, en ce que ce n'eſt pas la Raiſon qui les regle, ont pourtant leurs cauſes Phyſiques établies dans la proportion des organes & des objets qui les frappent.

Les paſſions. IV. A CES trois cauſes ſe joignent les paſſions, dont les jugemens ſont toûjours outrés, qui groſſiſſent tous les objets, qui les déguiſent, & en cachent quelquefois toute la beauté, & quelquefois toute la laideur. Quand on eſt prévenu d'une paſſion, pour n'avoir pas le chagrin de ſe condamner, ou la peine de ſe combattre ſoi-même, on ne fait attention qu'à ce qui l'autoriſe. On ne veut rien voir d'aimable dans ceux que l'on hait, pour n'être pas obligé de donner des bornes à une paſſion, dans laquelle on eſt reſolu de perſeverer. On ne veut rien voir de defectueux dans ceux que l'on aime, afin que rien ne diminue le plaiſir qu'on trouve à les aimer.

Certains traits, certaines couleurs, certain air plaiſent, ou avec raiſon, parce que ces traits, ces couleurs, & cet air ont effectivement de la Beauté, ou par un pur effet des préventions, que nous expliquons maintenant. De même encore l'humeur, les diſcours, & les manieres d'une perſonne nous reviennent tout-à-fait, ou parce qu'elqu'elles font raifonnables, ou fimplement par leur convenance avec notre tempera- ment & nos habitudes. En voila affez, pour nous attacher à cette perfonne, & fi la paffion entre dans cet attachement, quand même ce ne fera pas une de ces paffions violentes qui troublent & bouleverfent, & dont les excès fautent aux yeux, cette paf- fion, quelque moderée qu'elle foit, aura pourtant la force de détourner l'attention de tout ce qui eft contraire à la Beauté dans ces perfonnes qui plaifent, & de faire ap- percevoir & fentir agréablement ce qui n'eft ni laid ni beau, parce qu'il accompagne ce qui eft effectivement beau. Nous aimons trop notre contentement, pour nous y op- pofer par des reflexions qui le traverferoient, & pour ne pas profiter de tout ce qui peut le faire durer, & lui donner plus de vivaci- té & plus d'étendue.

Outre cela une paffion n'eft jamais feule, chacune en allume d'autres par le fecours defquelles elle fe fortifie. L'interêt, la va- nité, la jaloufie, fe prêtent à l'amour, & toutes les émotions qui naiffent de cet af- femblage, on les attribue à l'objet aimé. On croit devoir aux yeux feuls de fa Maîtref- fe, tout le plaifir que l'on reffent dans la penfée d'un mariage qui enrichit & qui éle- ve, & qui par ces deux motifs eft très-ar- demment defiré. Mais pofons que la paf- fion foit pure & fans le mélange d'aucune autre, une feule fuffit pour jetter dans la méprife & pour faire beaucoup prêter aux objets. Par des combinaifons, & des con- jonctures de temperament & d'habitudes, un homme éprouve les douces agitations de l'amour ou les fâcheux mouvemens de la haine ; son cœur est plein de joie ou d'inquietude, selon que l'une ou l'autre de ces paſſions le poſſedent, & il attribue la difference de ces ſentimens aux qualitez ſeules des objets qui les frappent , bien qu'elles ſoient dûes uniquement, ou peu s'en faut, à ſes diſpoſitions interieures. Sa paſſion eſt un verre, à travers lequel il regarde tout, l'objet plait & deplait, non par ſon merite & en vertu des proportions qu'on y découvre nettement, mais à cauſe des agitations agréables ou incommodes que produit la paſſion, dont les principes ſont dans le ſang & dans les eſprits animaux. C'eſt à peu près par cette raiſon, que les femmes ſont plus frapées de la Beauté des hommes , & les hommes reciproquement de celles des femmes.

Ce ſont des beautés d'un ordre different, & pour en decider juſte, il faut les comparer à leur deſtination. Tel eſt le ſort du Genre humain , que pour ſa ſubſiſtance, pour l'éducation des Enfans , & l'entretien des familles , il a été neceſſaire que les uns s'occupaſſent à des travaux laborieux , tandis que les autres s'attacheroient à des ſoins domeſtiques. La Nature a fait elle-même ce partage , la peſanteur & les autres incommoditez de la groſſeſſe , jointe à la nourriture des enfans , engagent les femmes à une vie ſedentaire. La force eſt le partage du ſexe maſculin deſtiné à des ouvrages penibles, & à cauſe de cela le corps d'un homme naturellement le plus fort eſt

le

le plus craint, & pour remettre les chofes dans une égalité qui entretint la tendreffe & la confiance, il a été neceffaire de donner aux femmes leurs armes, c'eft la douceur & l'agrément, par là elles captivent & elles adouciffent ceux que la force rendroit feulement redoutables, & par le pouvoir qu'elles ont de fe faire aimer, elles temperent la rudeffe à laquelle les travaux penibles engagent infenfiblement les hommes. Il n'y a qu'à fuivre cette idée & l'on aura une regle fûre pour décider de ces deux differentes beautez.

V. Enfin le cœur humain fe plait dans l'agitation, le calme l'ennuie fouvent & lui paroit fade; c'eft par cette raifon qu'il donne dans la nouveauté, car, pour l'ordinaire, ce à quoi il eft accoûtumé ceffe de l'émouvoir. C'eft-là une neceffité pour les Efprits foibles, qui ne peuvent rien fur eux-mêmes, mais qui doivent aux feuls objets exterieurs toute leur felicité. Il faut qu'ils changent, ou qu'ils tombent dans le dégoût, ce qui leur a plû ceffe bien-tôt de leur plaire, voila pourquoi ils ne tardent pas à refufer le nom de Beau à ce à quoi ils l'avoient d'abord donné avec empreffement. Ces mouvemens de leur cœur uniquement dûs à la furprife, tombent tout entiers avec elle. Mais au lieu d'ouvrir enfin les yeux & de revenir de leurs illufions, ne foupçonnans pas feulement qu'ils s'en faffent aucune, loin de fe corriger ils s'affermiffent de plus en plus dans leur habitude de legereté. Après avoir attribué aux traits & aux caracteres mêmes de l'objet qui leur agréoit,

agréoit , ce qui ne venoit que de sa nouveauté , quand ils s'aperçoivent qu'ils se sont trompez, pour se dedommager de leur méprise , ils changent cet objet contre un second , & croient passer du moins excellent au plus Beau, lorsqu'ils passent seulement de prévention en prévention.

Ce sont là les raisons pourquoi les modes plaisent si fort à ceux qui se livrent à la bagatelle, car il faut necessairement que la nouveauté lui prête ce qu'elle n'a pas. Mais les modes , soit qu'elles decident des habits, des ameublemens , des fleurs & des fruits, des couleurs , de la Musique , du langage ou des manieres , triomphent sur tout lorsque pour les affermir la vanité ou quelque autre passion puissante se joint à la nouveauté, comme il arrive quand les Grands en sont les premiers Auteurs , ou qu'on les remarque pour la premiere fois suivies par des personnes pour qui l'on est vivement prévenu.

Quand on s'y attache par ces derniers motifs , elles durent & elles plaisent aussi long-tems que les causes , qui les ont fait aimer , continuent, & par conséquent elles plaisent aussi long-tems que dure la fantaisie de ceux qui les ont introduites. Mais ce que l'on aime uniquement , ou principalement par un pur esprit de nouveauté, ne sauroit plaire long-tems , puisqu'il ne peut rester long-tems nouveau. Tout ce qui n'a de prix qu'autant que l'imagination en attache à de certains traits, & à de certains caracteres singuliers , bizarres , extraordinaires, cesse bien-tôt de se faire estimer,

mer. Et tout ce qui agrée par cette feule raifon qu'il flatte la vanité, & l'amour
de la diftinction, ne manque pas d'ennuïer,
dès qu'on voit que les autres en ont autant.
Mais ce feroit vouloir entreprendre l'infini
de fuivre les hommes dans tous les égaremens, où leurs differens caprices les entraînent.

C'eft peut-être la mode auffi-bien que
l'habitude qui fait eftimer dans de certains
païs, les pieds d'une petiteffe monftrueufe,
par leur inutilité & leur difproportion avec
le refte du Corps. La troifiéme fource des
préjugez fur le Beau contribue encore par
tout le monde à cette prévention. Les gens
du plus bas ordre qui vont fouvent nuds
pieds, ou qui portent des fouliers fort é-
pais, font voir un pied fort gros & dégoû-
tant par tout ce qui l'accompagne, on s'ac-
coûtume par là à fe plaire dans l'extrêmité
oppofée & à la trouver belle, bien que la
proportion n'y foit pas entiere, car enfin
comme les mouvemens d'un pied trop
grand ne font pas libres, un pied trop petit ne donne pas au corps affez de fermeté.

Un homme dont le pied eft trop grand
femble avoir befoin d'effort pour le foule-
ver, il femble que ce pied, quoi qu'il ait
befoin d'être porté, eft porté avec quelque
peine, au lieu qu'il doit porter lui-même.
Il y a des raifons de Mechanique qui prouvent que la petiteffe du pied oblige l'homme à fe tenir plus droit pour être ferme,
car moins un pied-d'eftal a d'étendue, plus
ce qu'on éleve deffus eft en danger de chûte,

te, dès qu'il panche. Les petits pieds ont donc une Beauté réelle qui confifte dans leur rapport avec la demarche libre & droite de l'homme. Mais fur ce fujet, comme fur une infinité d'autres, la bizarrerie de l'imagination peut outrer les chofes, & les porter trop loin.

On voit par ce que je viens de dire les égaremens, où le temperament, les habitudes, l'amour propre & les paffions nous jettent. Mais les méprifes dans lefquelles ces préventions nous font tomber à l'égard du Beau, ne prouvent point que ce Beau n'ait aucune nature déterminée, ni aucune nature fixe, non plus que les égaremens, où ces mêmes principes nous entraînent fur le Vrai & fur le Jufte, ne doivent point nous faire foupçonner que la Verité & la Vertu foient de pures chimeres, & que chaque propofition foit fimplement vraie, non en elle-même, mais par rapport à celui qui la croit, & que de même une action ne foit jufte que par rapport à celui qui s'y croit obligé.

J'ai donc, ce me femble, établi les fondemens réels du Beau, & j'ai découvert les fources des préventions, & des méprifes, où les hommes tombent quand ils en parlent.

CHAPITRE VII.

De l'Empire de la Beauté sur nos sentimens.

I. J'AI prouvé qu'un objet merite le nom de *Beau*, quand il renferme des *diversitez* qui se reduisent à quelque *unité*, & qui par là occupent l'esprit sans le fatiguer.

Etat de la question.

J'ai encore prouvé que les *proportions*, quand elles se soûtiennent, offrent à la Raison quelque chose qui doit lui plaire. Et enfin je me flatte d'avoir établi, que tout ce qui rend une chose plus *propre à remplir sa destination*, lui donne de la beauté.

Mais il est certain que pour l'ordinaire l'on ne suspend point son jugement sur la beauté d'un objet, jusques à ce qu'on ait sû raporter ses diversitez à quelque unité, qu'on ait demêlé l'ordre & la proportion de ses parties, & remarqué la convenance de chacune avec son but & avec l'utilité que les autres en peuvent tirer. La Beauté se fait d'abord reconnoitre, elle prévient nos reflexions ; notre cœur lui rend hommage sans consulter les idées de notre esprit, & il semble qu'elle triomphe de nous, sans avoir besoin que nous aidions nous-mêmes à sa victoire. Tâchons encore de découvrir les causes de ce pouvoir, & voyons si nous les trouverons de même fondées dans la *Nature*, ou si elles n'ont d'autres regles que le *Caprice*.

II. POUR

 II. POUR découvrir ces caufes fecrettes, qu'il me foit permis de remonter à la premiere conftitution de l'Homme, & de les tirer du fond de fa nature & de fon origine. L'Homme eft capable d'*idées* & de *fentimens*, c'eft là un fait certain & un principe d'experience. Son Créateur infiniment fage, & par conféquent incapable de fe contredire ni dans fes penfées ni dans fes ouvrages, n'a point rendu l'Homme fufceptible de deux manieres de penfer fi differentes, afin qu'elles fuffent en lui une fource continuelle d'oppofitions & de contrarietez. Tout ce que le Créateur trouve bien fait & regarde comme achevé dans fon genre, ou comme approchant de la perfection, l'Efprit humain, s'il penfe jufte, ne manque pas de l'approuver dès qu'il en a la connoiffance. C'eft par cette raifon qu'il aime naturellement l'ordre & l'harmonie, le Créateur ayant trouvé à propos de faire tout avec poids & avec mefure, & l'Univers ne fubfiftant que par les proportions qui y regnent. Mais ce qui merite d'être ainfi aprouvé doit en même tems exciter des fenfations agréables, cet accord de nos idées avec nos fentimens eft digne de la fageffe de notre parfait Auteur.

Tout ce donc qui faifant impreffion fur les organes de nos fens, quand ils ne font point dérangez, donne lieu à des fentimens agréables, eft fait & agit d'une maniere dont l'idée nous plairoit déja par elle-même, fi nous en avions la connoiffance.

Si un Enfant connoiffoit à fond toute la conftitution de fon petit Corps, l'état &
les

les besoins de toutes ses parties , & qu'il connût dans la même exactitude tous les Corps qui nous environnent, il remarqueroit entre les particules de son Corps & celles du lait une convenance de grosseur, de figure, & de mouvement qui lui plairoit & le détermineroit à vouloir en faire usage ; le sentiment fait incontinent naître ce desir.

Un homme qui pourroit apercevoir toutes les agitations que produisent le son, & toute la tissure des fibres qui composent le principal organe de l'ouïe, se plairoit à voir naître des mouvemens qui se fortifient l'un l'autre. Mais ceux qui vont à se détruire & qui s'affoiblissent mutuellement ne lui offriroient pas un spectacle agréable. Il aimeroit encore à remarquer dans les fibres de l'ouïe de douces inflexions se succeder les unes aux autres sans aucune violence , au lieu que des impressions qui , en tirant irrégulierement les particules de ces fibres les mettroient en danger de rupture , ne manqueroient pas de lui déplaire par leur irrégularité même. A ces deux actes differens d'un esprit qui jugeant des choses par vûe , & par idée approuveroit les unes & desaprouveroit les autres , répondent d'un côté les sentimens agréables des accords , & d'un autre les sentimens incommodes des dissonnances.

Le Corps est incapable d'agir par lui-même sur l'Ame, car que peut l'étendue sur la pensée ? Si donc de certains sentimens accompagnent régulierement de certains mouvemens, si les uns s'excitent dans l'A-

Eme

me en même tems que les autres dans le Corps, cette suite est l'effet d'un établissement arbitraire de l'Auteur de la Nature. Son intelligence infinie, aussi peu embarrassée d'une multitude innombrable de vûes que d'une seule & simple idée, connoit tous les mouvemens dont le Corps humain son ouvrage est susceptible, & à chaque mouvement il a assigné le sentiment qui le doit accompagner. C'est un établissement qu'il a fait en créant l'homme & avant que de le créer. Ni l'idée de cet établissement & de ce *Tarif*, ni la volonté toute puissante qui en a ordonné l'exécution ne se font point évanouïes en Dieu, ces idées & cette volonté subsistent dans la même vigueur qu'au commencement, & tout ce qui s'excite en nous de sentimens sont des effets qui en resultent. Quand j'approche une fleur de mon nez, je ne fais point naître en Dieu une nouvelle volonté, & je ne lui presente point la matiere d'une nouvelle occupation, je profite simplement d'une Loi qu'il a établie avant même que j'existasse, & j'éprouve dans le sentiment qui naît en moi, l'effet d'une volonté, qu'il a toûjours euë & dans laquelle il persevere constamment.

Cette volonté toute sage a tellement reglé ces suites & ces accompagnemens d'impressions sur les organes & de sentimens dans l'Ame, que ce qui nous convient est senti agréablement, tandis que ce qui ne nous convient point déplait par les sentimens mêmes qu'il fait naître.

On prévient une objection. III. CETTE harmonie entre la nature des sentimens & la nature des objets qui en font

font la cause ou l'occasion, auroit été parfaitement constante & d'une regularité, qui n'auroit souffert ni atteinte ni exception, si l'homme s'étoit conservé dans l'état où son Créateur l'avoit mis. Mais la chûte & les suites de la chûte, la necessité & la fatigue du travail, les maladies, les chagrins, la terre maudite en punition de l'homme, dont elle étoit le domicile & le domaine , & chargée par là (car cette malediction a eu son effet) de sucs & de particules nuisibles, tout cela a sans contredit changé de plus en plus la constitution du Corps humain , & comme son Souverain Maître a voulu qu'il fût mortel , il n'a plus trouvé à propos de l'avertir si parfaitement & si ponctuellement de tout ce qui peut lui aider ou lui nuire, par une exacte harmonie de tous les mouvemens de son Corps avec tous les mouvemens de son Ame.

A cette alteration de notre Corps & des organes de nos Sens à laquelle tous les hommes font généralement assujettis , se joignent encore plusieurs dérangemens particuliers. On en herite quelques-uns de ses Peres , il y en a d'autres auxquels on se trouve assujetti par le malheur de l'éducation, & nous en contractons aussi par notre propre faute & par nos excès. Cela se remarque sur tout dans le *goût*, que les hommes ont si bien trouvé le moyen de se gâter par leur intemperance , que les *animaux* mêmes *domestiques* s'en sentent, & ne savent point discerner, comme ceux de la *campagne* , ce qui leur convient d'avec ce qui peut leur faire du mal.

E 2

On

On se gâte de même l'oreille par le commerce continuel des personnes qui parlent mal, & qui ont un mauvais accent. Et les yeux accoûtumez dès l'Enfance à des teints noirs & des nés écrasez, dans des personnes qui d'ailleurs plaisent par mille douceurs & mille secours qu'on en reçoit continuellement, soutiennent les impressions de ces défauts, sans qu'il en naisse en eux aucun sentiment rebutant.

Conséquence des principes.

IV. JE conclus donc qu'un objet qui par la grosseur, la figure, le tissu & la proportion de ses parties meriteroit l'approbation d'un Esprit éclairé n'agit pas plûtôt sur les organes des Sens qu'aucun accident n'a derangé, qu'il fait naitre dans l'Ame un sentiment qui plait, un sentiment qui le fait estimer & aimer.

Digression sur le goût.

V. CE que je viens d'établir me fournit une occasion d'expliquer en passant ce que c'est que le goût. Le bon goût nous fait d'abord estimer par sentiment ce que la Raison auroit approuvé, après qu'elle se seroit donné le tems de l'examiner assez pour en juger sur de justes idées. Et ce même bon goût nous fait d'abord rejetter, par un sentiment qui déplait, ce que la Raison auroit condamné ensuite d'un examen éclairé & judicieux. Le mauvais goût au contraire nous fait sentir avec plaisir ce que la Raison n'approuveroit pas, & ne nous laisse rien voir d'aimable dans ce qu'on ne manqueroit pas d'estimer, si on le connoissoit mieux.

Il y en a qui peuvent naître avec un temperament si heureux, & avec les organes des Sens & de l'Imagination si bien disposez

que

que rien ne fe fera fentir à eux agréablement, qui ne foit digne du nom de beau &
n'en ait la réalité ; mais la plûpart ont befoin de corriger , ou du moins de perfectionner le naturel par l'habitude. Un homme , par exemple, qui a naturellement
l'imagination vive, la memoire heureufe ,
la vûe perçante , dès qu'il attache fes regards fur un tableau, non feulement il en
aperçoit d'abord tous les traits , mais fon
imagination rappellant en même temps l'i-
dée de tout ce qu'ils font deftinez à reprefenter, le met en état de comparer ces objets ainfi prefens à fa memoire avec leur
repréfentation qui eft prefente à fes yeux.
Il eft donc occupé de deux fentimens, fon
imagination lui en fournit un , & fes yeux
font naître l'autre. Il les compare , & felon l'accord ou la difproportion qu'il y remarque il trouve le tableau *Beau* ou defectueux.

Mais celui en qui ces difpofitions naturelles ne fe trouvent pas dans le même degré , aprend d'un Maître à comparer les
traits du tableau avec ceux des objets qu'on
a eu deffein d'y repréfenter. En les parcourant l'un après l'autre il fe forme à demêler ce qu'il aperçoit de conforme d'avec
ce qui ne paroit pas affez reffemblant. Il
refléchit, puis il fent, & l'habitude faifant
de jour en jour naître en lui ces fentimens
avec plus de promptitude , ils précédent
enfin fes réflexions, & dès lors il juge par
goût. De même on aprend peu à peu à
diftinguer les fyllabes longues d'avec les
breves, on fe forme à ranger ces fyllabes

& enfuite les mots qu'elles compofent, fuivant de certaines regles. Il faut du temps pour s'inftruire de ces regles , & dans le commencement il en faut auffi pour s'affûrer qu'on les a fuivies & qu'on a rangé un difcours comme elles le demandent ; mais après s'en être convaincu par un examen apliqué, on prend foin de fentir l'effet que produit fur l'oreille un arrangement ainfi juftifié , & peu à peu on s'affermit dans l'habitude de juger, par le fentiment feul, fi on parle conformément aux regles, ou fi l'on s'en écarte.

Un homme a les fibres , qui compofent le principal organe de l'ouïe, minces, folides, tendues, chacune uniforme dans fa tiffure, mais plus fines les unes que les autres dans une jufte proportion. Il arrive par là que les mouvemens du fon les plus legers ne laiffent pas de faire fur lui des impreffions fenfibles, & qu'il s'aperçoit de leurs differences les plus minces. Il eft né outre cela avec un cerveau d'une conftitution propre à fe foûtenir dans l'attention fans beaucoup d'effort ni de fatigue, & par la maniere dont il a été élevé il s'en eft fait de bonne heure une habitude, auffi-bien que de l'ordre & de la netteté. Si cet homme-là s'applique à aprendre une Langue nouvelle, fon oreille fentira d'abord ce que ceux qui la parlent ont de doux ou de rude dans leur accent ; il démêlera bien-tôt les termes qui expriment nettement quelque chofe d'avec ceux qui ne fignifient rien, ou qui ne font naitre que des idées confufes & embarraffées ; il diftinguera bien vite ce qui

eft

eſt neceſſaire d'avec ce qui eſt ſuperflu, &
accoûtumé à la lumiere il s'appercevra incontinent , ſi l'ordre d'un Diſcours en répand ou n'en répand pas ſur le ſujet qu'on
veut traitter

On peut aiſément expliquer par là comment dans la ſuite du temps, on prend
goût à des Auteurs pour leſquels l'on n'a-
voit d'abord aucun penchant. Il arrivera,
par exemple, dans une premiere lecture de
préferer *Juvenal* à *Perſe*, parce que celui-
là étant plus aiſé à entendre, & par là fatiguant moins l'attention, fait d'abord paſſer
toutes ſes idées dans l'Eſprit de ſon Lecteur, au lieu que quand on n'a pas encore
eu le tems de ſe rendre familier le ſtyle extrémement coupé de celui-ci , on ne fait
qu'entrevoir ce qu'il veut dire. On préfere donc, ſans heſiter, celui qui fait naître
plus d'idées à celui qui en donne moins.
Mais à meſure qu'on ſe familiariſe avec ce
dernier, ſon ſtyle ne fatigue plus & laiſſe découvrir ſans peine des penſées fines , des
idées juſtes, des ſentimens délicats exprimés
ſous des tours qui renferment beaucoup
plus que la premiere vûe ne preſente, & donnent lieu, à meſure qu'on les relit , à de
nouvelles idées & à de nouveaux ſentimens.

VI. JE reviens à mon ſujet & je répete
qu'afin que nos idées s'accordent avec nos
ſentimens , il faut qu'un objet qui merite
le nom de Beau, faſſe naître des ſentimens
agréables. Les Loix conſtantes de l'Auteur
de la Nature veulent qu'il y ait de l'harmonie entre la nature des objets, & celle de

leurs

leurs impreſſions, & entre leurs impreſſions
& les ſentimens qui les ſuivent. Mais à
cette premiere cauſe il s'en joint encore
pluſieurs autres, & le plaiſir que l'on ſent
à la vûe d'un objet qu'on trouve Beau n'eſt
pas toûjours l'unique effet de ſon merite,
il eſt ſouvent dû aux diſpoſitions particulieres dont on ſe prévient dans le tems qu'on
en eſt frapé.

Ce grand pouvoir que la Beauté a ſur le
Cœur humain, dans un certain âge, eſt en
partie dû aux mouvemens ſecrets qui accompagnent l'impreſſion qu'elle fait ſur les
yeux, & mille préventions particulieres varient encore ici l'effet du penchant commun.   La *fierté* releve l'éclat de la Beauté
aux yeux d'un homme qui a *bonne opinion* de
lui-même & qui ſe ſent *entreprenant*, parce
qu'au plaiſir de la vûe ſe joint agréablement l'idée d'une victoire que d'autres ten-
teroient en vain, & que la *vanité* prête ſon
ſecours à l'*amour*. Mais un autre plus *mo-*
deſte ou plus *pareſſeux*, un homme dont le
cœur eſt également ſans défiance, & ſans
audace, trouvera plus de Beauté là où il remarquera plus de douceur & plus de *com-*
plaiſance.   On aime à rencontrer les objets
tels qu'on les ſouhaite, & le plaiſir de ſuivre ſon goût & ſon humeur ſe joignant à
celui que la Beauté inſpire naturellement,
on impute à l'objet ſeul tout un effet, quoi
qu'on renferme en ſoi une bonne partie
de la cauſe.

Sur toutes fortes de ſujets nos *préventions*
ſe joignent ainſi à l'impreſſion naturelle des
objets & en augmentent la force.   Or on

en

en sent d'autant mieux le pouvoir que l'on s'y livre davantage , & souvent on s'y livre parce qu'on veut bien s'y livrer. C'est ainsi que l'on trouvera d'une toute autre Beauté le Palais d'un Monarque , que celui d'un Prince qui passeroit sa vie dans la mollesse & l'inaction : quoi que l'un de ces Palais ne cedât point à l'autre , on se fait un devoir & une espece d'honneur d'admirer le premier , & l'on trouve une maniere de grandeur à regarder le second avec indifference.

C'est le propre de la *Beauté* de se faire sentir avec plaisir , & suivant qu'on est plus porté à de certains plaisirs, on donne par préference le nom de *Beau* aux objets qui sont propres à les faire naître.

Entre ces dispositions qui rendent notre cœur favorable à de certains objets & lui en font plus aisément sentir la Beauté, il y en a une qui me paroit généralement répandue dans tous les hommes. Comme la nature de l'Esprit humain consiste à penser, & que la pensée est du moins la suite la plus essentielle de sa nature , la premiere proprieté de son essence, il faut tomber d'accord que nous sommes faits pour penser; & puisque la pensée est un acte qui se sent, il est encore manifeste que nous sommes nés pour vivre pénétrez de sentimens. Ce sont en effet les sentimens qui décident de notre bonheur , & de notre malheur. Nés pour sentir, plus nos sentimens sont vifs, pourvû qu'ils ne soient pas douloureux , plus notre état est parfait & propre à remplir notre destination. Nous aimons donc tous à

E 5

être

être occupez de sentimens vifs. L'ennui est de tous les états celui qui nous paroit le plus insupportable, & malgré la répugnance de notre nature pour la peine, les travaux les plus laborieux cessent de nous rebuter dès qu'ils deviennent necessaires pour nous tirer de l'ennui.

Or il y a trois qualitez principales qui donnent aux objets où elles se trouvent la force de nous occuper par des sentimens vifs. Ces trois qualitez sont la *grandeur*, la *nouveauté*, la *diversité*.

L'Homme sent naturellement sa grandeur, & soit qu'il connoisse en quoi elle consiste, soit qu'il aime à se flatter & à se croire plus qu'il n'est, que ce soit lumiere ou aveuglement, il est toûjours vrai que l'Homme se croit *Grand*, & par là ne trouve pas les *petites* choses assez dignes de son attention. Quand le vulgaire se moque des Philosophes qui se font une affaire sérieuse d'examiner des Insectes & des Corpuscules; c'est uniquement, parce qu'il ignore que ces objets si petits, & si minces ne laissent pas de renfermer une multitude de merveilles qui leur donnent de la grandeur. Il en faut donc toûjours remarquer dans les objets pour s'y apliquer avec attention, & c'est au degré d'attention avec lequel on s'y applique qu'est dûe la vivacité des sentimens, qu'ils font naitre. Un clocher fort haut nous plait davantage qu'une petite tour, nous aimons mieux voir une montagne qu'une simple coline, & nous y trouvons plus de Beauté, parce qu'elle se fait plus vivement sentir & nous occupe davantage,

par

par là même que nous demeurons plus
long-temps à la parcourir des yeux.

Nous aimons encore la nouveauté, elle
rend nos sentimens plus vifs, & par là releve la Beauté des objets qui les font naître. En effet l'Auteur de la Nature ayant
attaché les sentimens aux changemens qui
arrivent dans notre Corps, & les ayant établis en partie pour nous avertir de ces changemens, il étoit convenable qu'un plus
grand changement fût accompagné d'un
plus vif sentiment. Or plus une impression
est nouvelle, plus l'état où elle nous met
est different de celui où elle nous trouve.
Ajoûtons à cela que la nouveauté réveille
l'attention & qu'elle s'en empare, j'en ai
cherché les causes dans un autre Ouvrage,
& je viens de remarquer que la vivacité de
nos sentimens répond au degré de notre
attention. Un Homme apliqué sent très-
vivement une impression dont un Homme
distrait s'aperçoit à peine.

La *Diversité* produit tout ensemble l'effet
de la *Grandeur* & de la Nouveauté ; & elle
en rassemble les forces, car, comme je
viens de le dire, la Diversité supplée à la
Grandeur, & par la multitude qu'elle présente, forme elle-même une espece de
Grandeur. D'ailleurs les differens objets
ou les differentes proprietez du même objet
produisant des impressions differentes, doivent être suivies des mêmes effets que la
nouveauté, puisque, comme la nouveauté,
elles font passer successivement l'Ame de
l'homme d'un état à un autre.

Ces remarques nous font aisément com-
pren-

prendre, d'où vient qu'on trouve beaucoup plus de plaifir ou du moins des plaifirs beaucoup plus durables dans les Beautés de la *Nature*, que dans celles où tout l'*Art* humain s'eft déploïé ; & qu'on eft toûjours frappé de celles-là, au lieu qu'on devient toûjours moins fenfible à celles-ci ? Car fans avoir befoin de dire que celui qui nous a donné l'être nous a fur tout fait pour ces objets-là, il eft manifefte que l'Univers nous offre, dans les objets qui le compofent, incomparablement plus de grandeur, & de variété qu'il ne s'en trouve dans les plus magnifiques ouvrages de l'Art, & c'eft par là qu'il nous occupe de fentimens plus vifs. Placez-vous dans un lieu d'où l'on puiffe découvrir un vafte païfage. De mille & mille objets fur lefquels vous pouvez indifféremment arrêter votre vûe, il ne s'en trouvera aucun qui vous paroiffe méprifable par fa petiteffe, & dont la vûe ne merite de vous occuper quelque-tems. De l'un vous paffez tout d'un coup à un autre tout different. Ce changement vous frappe, & ce fecond objet, qui vient de vous faifir vivement, vous arrêtera, fi vous le voulez, auffi long-temps que le premier. Aucun ouvrage de l'Art n'offrira jamais ni tant de grandeur ni tant de diverfité, on a beaucoup plûtôt tout vû, & après avoir une fois tout parcouru on ne voit plus que la même chofe, & la nouveauté n'a plus de part à la vivacité de nos fentimens. S'il ne paroit pas de l'ordre dans les ouvrages de l'Art, on en condamne l'Auteur, & on les trouve defectueux eux-mêmes, mais

auffi

auſſi plus il y a d'ordre, plus il eſt aiſé de s'en ſouvenir dès qu'on les a vû une fois, & dès lors la vûe n'ajoûte plus rien à l'idée, elle ne ſurprend plus, elle ne frappe plus. Au lieu qu'en attachant ſes regards ſur un vaſte païſage, on eſt tellement occupé, ſoit par la grandeur, ſoit par la multitude, que l'on ne ſe donne pas le temps de penſer, ſi l'ordre ou le desordre y regne; on paſſe ſi promptement, ſi librement, & même ſi capricieuſement de la vûe d'un objet, tantôt à celle d'un qui le touche, tantôt à celle d'un qui en eſt très éloigné, tantôt à celle d'un qui lui reſſemble, tantôt à celle d'un qui en eſt tout different, que ce desordre ne laiſſant qu'un ſouvenir confus dans la mémoire, tout autant de fois qu'on revient à revoir ces objets, on n'en eſt pas moins frappé que s'ils étoient tout nouveaux; le peu de liaiſon qu'il y a entr'eux fait qu'on ne ſauroit paſſer de l'un à l'autre ſans quelque eſpece de ſurpriſe, & ſans une vivacité de ſentiment qui ne manque jamais d'accompagner une impreſſion à laquelle on ne s'attendoit pas.

Un pareil aſſemblage de multitudes, des diverſitez nombreuſes ſans beaucoup d'ordre peuvent avoir un bon effet dans les ouvrages de l'Eſprit humain, ce *desordre* leur donne quelquefois de l'éclat & en releve la Beauté. Pourvû que chaque *penſée* ſoit *juſte*, & que chaque *trait* ſoit *vif*, pourvû qu'il y ait de la *Verité* dans les idées & de la *grandeur* dans les ſentimens, un Lecteur ne ſe plaint pas du *desordre* de l'ouvrage, au contraire chaque trait le frape d'autant plus vive.

vement, qu'il y est moins préparé par le précedent, & par là chaque trait lui plait davantage, & se fait sentir plus Beau. On lit & on relit des volumes pleins de maximes détachées
& de caractéres differens. S'ils étoient ré-
duits en *Systêmes*, & qu'ils fussent écrits a-
vec plus de *methode*, dès qu'on les auroit
lûs une seule fois avec attention, le *premier*
Article d'un Chapitre rappelleroit incontinent le *second* dans la memoire, celui-ci y
rameneroit le souvenir du *troisiéme*, & ainsi
d'article en article l'Esprit n'y trouveroit
rien à quoi il ne se fut déja attendu, &
sans nouveauté, sans surprise, il tomberoit
dans l'ennui & dans la langueur que donnent les foibles sentimens. On se souvient
moins aisément des veritez qui ne sont pas
liées entr'elles, voila pourquoi chacune a
la force de frapper avec quelque espece de
surprise l'Esprit qui ne s'y attend pas, & si
après cette premiere surprise & cette premiere impression en quelque maniere im-
prevûe, il reflêchit que cette verité qui vient
de le frapper ne lui est pas tout-à-fait nouvelle, & se souvient de l'avoir déja vûe
une ou plusieurs fois, cela même ne fait
qu'augmenter sa satisfaction, parce qu'au
plaisir de l'impression presente se joint encore celui que donne le souvenir d'une impression passée. Mais dans ces sortes d'ouvrages, il faut que la clarté, la justesse, la
force de la pensée & du tour qui l'exprime
occupent assez l'Esprit, pour ne lui laisser
pas le loisir de demander encore de l'ordre
& de la liaison, comme il n'en demande
pas plus qu'il n'y en a dans ceux de la Nature;

ture; car quand les penſées ſont communes & les tours peu brillans, on veut que
ces ſortes de compoſitions ſe rendent au
moins recommandables par un ordre qui
en rende l'intelligence aiſée, & qui permettant de les lire avec rapidité, ſerve en même-tems à les retenir ſi bien dès la premiere fois, qu'il ne ſoit plus neceſſaire d'y revenir une ſeconde.

VII. L'Homme juge de la Beauté par idée & par ſentiment. On ne ſauroit gué-re s'empêcher de donner aux bêtes quelque connoiſſance, mais on n'y remarque rien qui prouve que leur connoiſſance s'étende au delà des ſenſations & des paſſions qui en naiſſent. Elles ne peuvent donc pas, comme nous, avoir une idée claire de la Beauté, ni ſe dire en quoi elle conſiſte, mais elles ne laiſſent pas de la ſentir & ce ſentiment a un fondement naturel & réel. Les animaux d'une même eſpece ſont faits les uns pour les autres. Si nous en con-noiſſions diſtinctement l'organization, nos idées nous feroient clairement comprendre en quoi & comment ils ſe conviennent, & nous en conclurions qu'un ſentiment agréable doit naitre de l'impreſſion, que fait ſur les yeux de l'un la vûe de l'autre qui lui convient ſi parfaitement. *Du ſenti-ment de la Beauté dans les animaux.*

VIII. On ſent la Beauté de la *Vertu* qui n'a rien de corporel. On ſent celle de l'Eloquence où l'Eſprit a plus de part que les Sens, & on ſent enfin celle de la *Muſique* qui aſſûrément ne ſe borne pas tout-à-fait au plaiſir de l'oreille. *Les Beau-tez ſpiri-tuelles ſe font auſſi connoitre par ſenti-ment.*

Il y a peu d'hommes ſans contredit, qui

ne

ne foient charmez, je ne dis pas à la vûe, mais au fimple recit d'une action de *valeur*, de *clemence*, de *generofité*, de *droiture*, de *desintereffement*, de *temperance*, de *chafteté*, de *fidelité*. Le cœur eft faifi d'*admiration* à la feule idée de la vertu, & il ne peut s'empêcher de fentir une *refpectueufe tendreffe* pour ceux qui la poffedent, c'eft un *hommage* qu'il fe fait un plaifir de leur rendre, & qu'il fe reprocheroit de ne leur rendre pas, quand même il ne les connoit que par reputation, & que cet hommage ne peut jamais venir à leur connoiffance. Cependant il y en a très-peu qui aient affez de lumiere & de netteté d'efprit, qui aient affez reflêchi & affez étudié pour expliquer clairement, ce qui rend la vertu fi belle & fi aimable. Le même Auteur de notre Ame qui ne lui permet pas de fe refufer à l'évidence du Vrai dès qu'elle l'aperçoit, a voulu encore la mettre dans la neceffité d'approuver la Vertu, & de l'admirer dès qu'elle en eft frappée. La Vertu eft fi neceffaire aux hommes que leur Créateur n'auroit pas pourvû à leurs befoins d'une maniere affez digne de fa bonté, s'ils ne pouvoient venir à bout de la démêler d'avec le Vice que par le long chemin de l'inftruction & de la meditation. Il étoit pour le moins neceffaire de les folliciter par des fentimens d'admiration à étudier la Nature de ce qui les fait naître afin de ne les donner qu'à ce qui en eft veritablement digne.

Les fources de nos *préventions* fur le Beau influent fur ces fentimens foit pour les varier foit pour les affoiblir. On a un goût par-

particulier pour les vertus conformes à son *humeur*, à son temperament, à ses inclinations.. On fait cas sur tout de celles où l'on a *interêt*, & l'on est ravi de voir dans les autres des inclinations dont on profite. Un malheureux *naturel*, ou une mauvaise *éducation* gâte le cœur, & le rend insensible aux Beautés pour lesquelles il est fait, pendant qu'il trouve son plaisir dans ce qui ne devroit lui donner que de l'horreur, car les habitudes forment une nouvelle nature. Tel a tous les *dehors* d'un homme, qui n'en a point *l'interieur*, ses inclinations sont uniquement *brutales*, en sensualité, ou en cruauté.

Il est facile d'apliquer à la Beauté de l'*Eloquence*, & à celle de la *Musique*, ce que nous venons de remarquer sur les sentimens que la Beauté de la *Vertu* fait naitre. On sent d'abord qu'un Discours est excellent & qu'un air est exquis. L'*Esprit* porte ce jugement au moment même que l'*oreille* en est frappée. Mais il faut du temps, quelquefois même aux plus habiles, pour découvrir en quoi consiste cette Beauté à laquelle ils se font incontinent rendus ; les causes d'un si prompt effet ne sautent pas aux yeux, & il est plus facile de les *sentir* que de les *connoitre*. Cependant ceux qui ont le goût juste & l'Esprit éclairé, après y avoir reflêchi ne manquent pas de se convaincre du parfait accord de leurs idées avec leurs sentimens, & de s'assûrer que ce qui leur a plû étoit effectivement bien digne de plaire.

Il arrive quelquefois que ce qui sera Ver-

tu dans un païs ne le fera pas dans un autre. Le même zéle pour la *liberté* & la même fermeté de courage à la foutenir , qui
dans un certain état fera digne de grands
éloges, en pourroit troubler un autre d'u-
ne conftitution toute differente , & par là
y feroit très-condamnable. Il en eft de
même de l'Eloquence, elle a un raport neceffaire avec le naturel de ceux à qui l'on
parle, & le genie de la Langue dont on fe
fert   Mais on auroit tort de conclurre de
là que tout eft arbitraire dans la Vertu &
l'Eloquence , & que leur Beauté dépend
uniquement de l'imagination & de la coûtume. Dans les cas mêmes où il faut s'af-
fujettir à *l'ufage*, s'il eft *beau* de le fuivre,
c'eft parce que la Raifon l'ordonne. Il y a
des ufages indifferens, également beaux ou
également d'accord avec ce qui eft beau ,
comme il y a des Beautés de plus d'une efpece. Et quand on rencontre des ufages
mauvais ou de moins excellens qu'il feroit
beau de changer en de meilleurs, la Raifon
nous aprend encore que pour en venir à
bout , il ne faut pas les heurter brufque-
ment. Il faut menager les préjugez des
hommes, fans quoi ils s'effarouchent , ils
s'irritent , & leur cœur fe remplit d'aver-
fion pour la Beauté qu'il faut travailler à
leur faire connoitre , afin de la leur faire
aimer. Or il eft toûjours Beau de fuivre
les précautions & les routes que la Raifon
nous fait connoitre les plus propres pour
arriver au but qu'elle nous recommande.

C H A-

C H A P I T R E VIII.

De la Beauté des Sciences.

POUR tirer des usages plus importans de ma theorie sur les principes du Beau , j'en ferai l'aplication à trois grands sujets, à la Beauté de la Science , à la Beauté de la Vertu , & à la Beauté de l'Eloquence.

On donne le nom de Beau aux objets dont les diversitez se rassemblent sous quelque unité. On le donne aux objets qui paroissent en état de remplir ce à quoi ils sont destinez ; on le donne enfin à ceux dont on est agréablement & vivement frappé.

I. LES Sciences renferment de grandes diversitez, puisqu'elles nous instruisent sur tant de sujets si differens éntr'eux ; mais ces diversitez conviennent toutes dans un point : ce point, c'est l'évidence & la certitude. A cet égard tout y est uniforme ; les conséquences les plus éloignées de leurs principes, si on les en a tiré comme il faut, si l'on y est parvenu pié à pié, si on s'est arrêté autant qu'on le doit sur toutes les parties des raisonnemens qui les établissent, si l'on n'est jamais passé à une seconde, sans avoir bien examiné la force de la précedente , & se l'être rendu très-familiere, les conséquences, dis-je , les plus éloignées , lorsqu'elles sont deduites avec ces précautions, égalent leurs

De la Beauté des Sciences en général.

F 2

prin-

principes en certitude. Il eſt Beau d'en ſentir la verité avec la même évidence, & de pouvoir ſe les rappeller avec la même facilité.

C'eſt encore une Beauté de ſavoir démêler dans les Sciences humaines, ce qu'elles renferment de certain d'avec ce qu'on ne connoit pas encore aſſez pour en décider ſans aucun doute. Par là deux claſſes d'objets differens ſe raſſemblent chacune ſous ſon unité, l'une ſous celle du Certain, l'autre ſous celle du Probable. Confondre l'un avec l'autre, ce ſeroit établir une uniformité qui n'eſt pas, au lieu de reconnoitre une difference qui eſt; & c'eſt faire tout le contraire du Beau, de manquer tout à la fois à l'unité & à la diverſité. On confondroit en un des choſes encore plus differentes, on s'éloigneroit toûjours plus de la vraie uniformité, & on mettroit préciſément le Laid à la place du Beau, ſi en même temps qu'on rejetteroit des veritez on admettoit des erreurs, & on rangeoit le Faux dans la claſſe du Vrai & le Vrai dans celle du Faux.

Il faut reconnoitre dans l'Eſprit comme dans le Corps une Beauté qui conſiſte dans les diſpoſitions, qui le rendent plus propre à tout ce à quoi il eſt deſtiné. L'Eſprit de l'Homme capable de connoiſſance doit s'appliquer à connoitre, & la Raiſon doit ſe porter à ce pourquoi nous l'avons reçûe, en prévenant nos écarts, & en nous ramenant de nos égaremens.

Autant que donnent au Corps de dif-
fer-

formité des yeux ternis , incapables d'appercevoir clairement les objets, ou teints
de couleurs qui les leur font paroitre tout
differens de ce qu'ils font ; des bras eftro-
piés qui ne peuvent fe faifir de quoi que
ce foit ; des jambes defféchées ou enflées,
fans force pour foûtenir le Corps , & le
porter où l'on veut ; autant répandent de
laideur fur l'Ame la ftupidité & la diftraction qui ne lui laiffent rien aprendre ; un
faux goût & un travers d'Efprit qui l'é-
loigne toûjours du Vrai , & la repaît de
fauffes apparences ; une legereté qui ne
conferve aucunes idées , ou ne les conferve qu'avec des changemens qui les de-
figurent ; une inconftance qui rend toûjours flottant entre admettre & rejetter ;
une lenteur qui ne permet pas de pouffer
fes connoiffances, & d'arriver, en les pouf-
fant, à de nouvelles découvertes.

II. DE's qu'on fe rendra attentif fur la
deftination de l'Homme, on demêlera fans
peine les Sciences qui ont une vraie Beauté, d'avec celles qui n'ont qu'un faux é-
clat. Remplir fa memoire de tout ce que
les hommes ont écrit , en faire un Ma-
gazin de leurs réveries, & y entaffer fans
difcernement le Vrai avec le Faux, comme font bien des gens , en vûe de s'attirer l'admiration des fots, en leur debirant
ce qu'ils ne voudroient pas même fe dou-
ner la peine d'apprendre; ce n'eft point à
cela que nos Facultés font deftinées, fur
tout notre vie étant d'une durée fi courte. Pointiller fur des cas de confcience
chimeriques, fubtilizer fur les attributs in-

com-

comprehenfibles de l'Etre Souverain, & les profondeurs de fa Providence & de fa Grace , ce n'eft point étudier la Morale & la Religion , comme nous y fommes apellez. Il faut s'inftruire à fonds , dans la Morale, fur ce qui fe préfente ordinairement à faire & à éviter ; & dans la Théologie, fur ce que Dieu nous a permis de connoitre de fes perfections, afin de le louër avec plus d'admiration, de l'aimer avec plus d'ardeur, & de lui obéïr avec plus de dévouëment.

Beauté de la Phyfi-que.

III. La Beauté de la Phyfique fe trouve établie d'elle-même fur ces principes du Beau, & elle me paroit une Théologie naturelle qui nous aprend à admirer, à aimer & à fervir le Créateur , en étudiant ce qui fe manifefte de fa grandeur, de fa fageffe & de fa bonté dans le livre de la Nature. La vûe de l'Univers aprend d'abord en gros qu'il part d'une main toute-puiffante, toute fage & toute bonne. Mais autant que les idées déterminées ont plus d'efficace que les vagues, & que le détail frappe plus que les fimples généralités, autant nos mouvemens d'admiration , d'amour & de dévouëment redoublent, par l'attention qu'on donne à cette varieté de merveilles innombrables qu'il nous a rendu capables de connoitre, & d'admirer à proportion que nous les connoiffons.

C'eft non feulement la plus groffiere de toutes les erreurs, de s'imaginer que la connoiffance de la Nature rabbatra quelque chofe du refpect qui eft dû à fon admirable Auteur, & affoiblira la devotion qu'il nous demande , cette groffiere erreur eft encore

des

des plus injurieuses à Dieu; elle insinue que Dieu le Souverain Etre n'aprouve pas que nos yeux soient éclairés, de peur que si nous le connoissions mieux nous ne l'adorassions moins. Est-il permis de penser sur son infinie sagesse, comme l'on pense sur les grossiers artifices des hommes qui éblouïssent quelquefois, & surprenent l'admiration pendant qu'on ne les connoit pas, mais qu'on commence à mépriser dès le moment qu'on les connoit? Craindra-t-on sur les Ouvrages de Dieu un semblable passage de l'admiration au mépris, & pourra-t-on soupçonner que dès que notre Esprit en aura découvert les ressorts, il s'apercevra que ce n'est plus rien, ou du moins qu'ils sont fort au dessous de ce qu'il les croïoit.

Si ce qui nous remplit d'agréables agitations merite le nom de Beau, je ne vois pas à quoi on le donneroit à plus juste titre qu'à la connoissance de la Nature. Les charmes que l'on goûte à mesure qu'on s'y avance sont une preuve manifeste que nous sommes faits principalement pour vivre dans ces plaisirs. Et la Raison nous avertit déja de cette verité avant que le sentiment nous l'aprenne. Car est-il croïable que Dieu qui est très-bon & qui n'a besoin de rien, ait créé tant de merveilles pour n'être connues que de lui seul, & que les hommes ne puissent les étudier qu'en vain? Est-il croïable qu'il nous ait fait naître dans ce magnifique Temple de sa Gloire, pour y vivre & pour en sortir sans nous apliquer à en parcourir les beautés, & sans nous élever à reflêchir sur leurs liaisons & leur ordre, con-

tens

tens d'en jouïr par les Sens à la maniere des animaux les plus brutes? Y ferions-nous placés comme une Araignée au coin d'un Palais, qui, au lieu d'en parcourir la ftructure & d'en contempler les proportions & l'éclat, fe borne à y tendre quelques toiles & à s'y faifir de quelques Mouches? Je croirois bien plûtôt que l'Eternité eft deftinée à pénétrer les Beautés que renferme l'Univers, & à developer leurs traits pour s'élever fans ceffe, en allant de lumiere en lumiere, de l'admiration de l'ouvrage à l'adoration de l'Auteur.

Dès qu'il eut achevé fes ouvrages il les benit tous de fon aprobation. Il les voit encore, toûjours avec la même fatisfaction qu'il les regarda dans ce moment. Il les voit *Gen. I. encore & il dit de même, *Tout cela eft très-31.* bon.* C'eft donc veritablement porter fon image & s'élever à fon imitation, que de fe plaire à voir les ouvrages de fa Toute-puiffance du même œil qu'il les regarde, & de s'étudier à y découvrir tout ce qu'il y aprouve.

On fe confirmera dans cette eftime de la Phyfique, & dans le cas qu'on doit faire de fa Beauté, fi on veut fe rendre attentif à fon influence fur la félicité, & la vertu de l'Homme.

L'Homme n'eft heureux qu'à proportion des douceurs qu'il fent, & fa félicité exige des plaifirs vifs, des plaifirs nouveaux, des plaifirs durables, des plaifirs où l'Efprit ait part auffi-bien que les Sens, des plaifirs enfin dont les hommes foient maîtres, & qui ne dépendent pas de l'incertitude des evenemens.

mens. Tels font précifément ceux qu'on tire de la Phyfique, ils font très-vifs, & il n'y a que des gens fans goût qui puiffent en douter. A la fatisfaction de fentir ce qu'on a déja acquis de connoiffance, fe joint toûjours celle d'y ajoûter de nouvelles lumieres. On eft content de ce qu'on a & on eft en même-tems ravi de penfer qu'on l'augmentera fans ceffe. Ainfi on eft en quelque maniere toûjours rempli fans être jamais raffafié. On defire toûjours fans inquietude & on eft toûjours fatisfait fans dégoût, parce que chaque découverte ravit & follicite en même tems à une recherche nouvelle. On fe trouve placé dans une agréable lumiere, comme dans un centre, d'où l'on fe voit environné d'une circonference de ténébres, mais de ténébres qu'on voit auffi s'éloigner continuellement, parce que la lumiere gagne toûjours & s'avance fur elles de moment en moment.

Bien des gens paffent la plus grande partie de leurs jours dans des inquietudes, qui les rongent & des foins qui les accablent, pour amaffer de quoi s'élever un pompeux édifice & en embellir les apartemens, mais ils n'en ont pas plutôt joüi quelques mois, que la coûtume les rend infenfibles à ce qui leur a tant coûté. Qu'ils aprennent donc à refléchir, qu'ils aprennent à faire ufage de leur Efprit & de leurs yeux, & la Nature leur fournira magnifiquement de quoi s'occuper fans ceffe, & de quoi admirer toûjours fans fe dégoûter jamais.

Non feulement une découverte charme ceux qui la font, mais les foins mêmes

 qu'on

qu'on se donne pour la faire sont déja des soins delicieux. On jouït de ces plaisirs dans un païs comme dans l'autre, la Nature est riche en tout lieu. On peut l'étudier dans le tems de la Guerre, comme dans le tems de la Paix , avec une foible complexion , comme avec un temperament robuste, dans l'état le plus mediocre aussi-bien que dans les rangs les plus élevez, car la Nature se présente à tout le monde ; & s'il en coûte non seulement des soins , mais des dépenses pour en pénétrer les secrets, ceux qui ne sont pas assez riches pour les faire , prêtent pour cette recherche leurs mains à ceux qui le font ; l'un fournit, l'autre travaille : d'ailleurs par le moyen des Livres on profite à peu de frais de ce que la fortune jointe à la sagesse met un petit nombre en état de developer.

Ces plaisirs qu'on goûte dans l'étude de l'Univers ont un caractere qui les distingue de tous les autres, & qui seul fait bien voir que le Genre humain est destiné à faire de ces plaisirs là une grande partie de sa felicité. C'est que semblables à ceux du Paradis, ils ne perdent rien de leur prix pour devenir communs. Loin qu'on soit moins agréablement frappé d'un Phenomene , lorsque plusieurs l'aperçoivent en même-tems que nous, il semble au contraire que notre admiration croît par celle des autres , & la connoissance qu'on a pû aquerir de ses causes semble même s'affermir en la leur communiquant.

Un homme, qui fait sentir le prix de cette sorte de richesses, ne se laisse pas facilement

éblouïr

éblouïr par celles que la plûpart des hommes adorent, & comme son bonheur n'est point troublé à la vûe de leur opulence, il ne s'avise point non plus de troubler leur repos par aucune traverse , ni aucun mouvement d'envie. Il passe ses jours satisfait de la Providence qui lui fournit abondamment tout ce qu'il desire; & les autres hommes sont aisément contens de lui , parce qu'ils ne le voyent pas moins éloigné de troubler leurs douceurs , que prêt à leur communiquer les siennes : de sorte que l'attachement d'un homme à cette belle Science dispose tout-à-fait son cœur à aimer Dieu dont il a tout sujet d'être content , & à vivre en paix avec les autres hommes avec qui il n'a rien à démêler. Son Créateur l'a placé dans cet immense Temple de sa Gloire que l'on apelle l'Univers , il l'abandonne à ses usages, & lui permet d'étendre sa curiosité sur toutes les parties qui le composent, d'en étudier la Nature, d'en mesurer les proportions, d'en déveloper les principes, & d'en rechercher tout l'art, il lui permet d'en pénétrer l'interieur, d'en décomposer la structure, d'en imiter la production, tout est livré à ses essais. Que de grandeurs, que de richesses, que de sujets d'actions de graces! à qui porteroit-il envie?

Et qu'on ne dise point que cette étude n'est qu'un suplice pour les uns, & une douce illusion pour les autres ; & que ceux qui ne veulent se contenter qu'autant qu'ils s'asfûrent de la Verité, fatiguent sans cesse leur Esprit & l'épuisent en conjectures sans pouvoir jamais le satisfaire. Si cette étude fait

le

le tourment de quelques-uns, suivant la remarque de Salomon, c'est de ceux, qui par
une ambitieuse impatience voudroient d'a-
bord tout savoir, afin de s'attirer l'admiration des hommes, en debitant pour des ora-
cles toutes leurs conjectures. Mais celui
qui a plus à cœur de s'éclairer soi-même que
de briller aux yeux des autres, se fait déja
un plaisir d'user de toute la circonspection
necessaire pour se garentir de méprise, & ce
sage plaisir ne manque pas d'être suivi de celui qui nait du succès de ses justes soins, dans
la découverte de ce qu'il cherchoit. Il n'est
point vrai que toute la Physique ne roule
que sur des vrai-semblances. Si cela étoit,
j'avouë que sa Beauté ne seroit qu'une simple aparence, & non pas une Beauté réelle.
Mais on a autrefois ignoré bien des choses
que l'on sait aujourd'hui, & à peine allegue-
ra-t-on de sujets sur lesquels s'il y a l'obs-
cur, il n'y ait aussi des choses démontrées.
Si l'on ne voit pas tout, on voit en partie ;
tous les jours on s'éclaire, & pourvû que
la vanité n'engage pas a des decisions trop
hardies, que l'impatience ne jette pas dans
le découragement, que la legereté d'Esprit
ne fasse pas aimer l'état de doute & d'incertitude, que la paresse ne borne pas à se contenter de la vrai-semblance, & qu'enfin l'aigreur des disputes ne fasse pas échaper la Verité en l'envelopant de ténébres, il y a tout
lieu d'esperer qu'on ira loin, & qu'avec le
temps on fera de grands progrès dans une
des plus belles Sciences, mais jusques ici
une des plus negligées. Mais il y a plus,
car une grande partie de cette Science roule

le fur des faits averés & hors de contestation,
& il est certain que les objets qui composent
l'Univers presentent beaucoup moins de
grandeur, moins de diversité, & moins de
nouveauté aux autres hommes qu'à un Physicien, qui les étudie plus attentivement, &
qui par là y découvre beaucoup plus de traits
& de proprietés. Or nous avons déja vû
comment la grandeur, la diversité & la nouveauté s'unissent pour composer le Beau, &
pour le relever.

Si la diversité reduite à l'unité, si l'irrégularité ramenée à l'ordre font des caracteres réels de Beauté, comme nous l'avons é-
tabli, où trouvera-t-on plus de Beauté que
dans la Physique? Elle vient à bout de ranger
exactement cette multitude innombrable de
Corps qui composent cet immense Univers
dans un petit nombre de genres, & de distri-
buer par ordre chaque genre dans ses especes.

Les plantes qui font un des grands ornemens de la Terre semblent d'abord présenter une varieté au dessus de tout denombre-
ment ; cependant on les compte *, & on
trouve entr'elles assez de raport pour en faire d'abord un certain nombre d'especes, &
pour reduire ensuite ces especes à un petit
nombre de genres. Si le hazard en offre ,
ou si la curiosité infatigable des Connoisseurs
en découvre, qui n'ayent point encore été
remarquées, l'on voit d'abord s'il faut en
faire

* On range sous 22 Classes 673 Genres , qu'on distribue
en 8846 especes. Hist. de l'Acad. des Scienc. 1700. On a
depuis augmenté les Genres de 25. Hist. de l'Acad. de 1702.

faire une espece nouvelle, ou si elle se raporte à quelqu'une de celles qu'on connoit
déja. Que d'uniformité au milieu de cette
prodigieuse varieté, à ne regarder même
les plantes que par leurs dehors! Mais combien d'Analogie plus merveilleuse encore &
d'un caractere beaucoup plus frapant, & plus
propre à faire sentir la Sagesse infinie du
Souverain Auteur, ne remarque-t-on pas
dans leur tissure interieure & dans la disposition de leurs organes les plus minces?
Quelle Analogie encore entre les Plantes &
les Animaux, qui en paroissent d'abord si
differens & le sont en effet à bien des égards?
Un Physicien en voit même entre les plus
régulieres & les plus monstrueuses, des extrêmités si contraires ne laissent pas d'avoir
leur uniformité, & la sagesse de la Nature
se soûtient, si l'on ose ainsi parler, jusques
dans ses déreglemens. Un mouvement necessaire, mais auquel une monstrueuse conformation s'opose, s'exécute par une nouvelle voye, dont l'artifice n'est pas moins
surprenant que celui des voyes régulieres,
tant les ressorts de la machine du Monde,
ont tout ce qu'il leur faut pour arriver à
leurs fins, ou ne s'en écarter que peu.

Les Etoiles sont parsémées dans le Ciel,
comme les Plantes sur la Terre. Quelle il-
lumination, quelle pompeuse Fête est le
moins du monde comparable à ce spectacle!
Que de Grandeur dans leur éclat & dans
leur multitude! Que de varieté dans leur
arrangement! Que d'uniformité & de constance dans leur cours! Il n'y a point de minute dans l'espace d'un jour & d'une nuit;

ou

ou pour parler plus exactement, si l'on divise l'espace d'un jour & d'une nuit en 24 heures, & chacune de ces heures en 15 parties égales , il n'y a aucune de ces petites parcelles de tems , dont chaque étoile ne fasse précisément une fois dans une année , & jamais qu'une fois le moment de son lever, & le moment de son coucher, de maniere que de chaque nuit en chaque nuit la face du Ciel change, & présente à nos yeux un spectacle nouveau; mais avec tant de régularité qu'à point nommé tout recommence, & se replace dans son premier arrangement. Notre admiration croîtra à ce spectacle quand nous saurons que chaque Etoile est fixe, qu'aucune ne change de place, & que le mouvement de la Terre fait seul naître toutes ces aparences, & est le seul principe de ces varietez continuelles, qui ont toutes un retour fixe à l'unité.

Ce mouvement de la Terre éleve notre Esprit à la découverte, & à l'admiration de mille Beautés nouvelles dans l'Univers, car le Soleil est environné de Planetes qui ressemblent tout à-fait à notre habitation, quelques-unes mêmes ont leurs Lunes aussi bien que celle que nous habitons , & que nous apellons la Terre. Jupiter en a quatre. Saturne en a cinq; leur cours est mesuré, leurs Eclipses réglées, à tous égards conformité parfaite.

Et ces vastes & magnifiques Corps , qui comme nous circulent autour du Soleil, & ont comme nous leurs années distribuées en mois, en saisons, en jours & en nuits, mais d'une durée differente , afin qu'il y ait di-
ver-

versité par tout ; ces vastes Corps seront-ils
inutilement suspendus dans les airs , sans
porter aucuns habitans ? La Sagesse & la
Puissance infinie de Dieu se seroient-elles bor-
nées à répandre des Etres vivans sur ce petit
coin de l'Univers que nous habitons ? N'y
auroit-il dans tout le reste qu'insensibilité ?
Et ces Globes que nous admirons ne se-
roient-ils que des masses toutes brutes, sans
que rien de ce qui a vie en fit l'ornement ?
Tout l'Univers auroit-il été fait uniquement
pour les hommes, ces rebelles & ces indi-
gnes Créatures, dont la plûpart & presque
tous fuyent la connoissance de leur Créateur , & negligent celle de ses ouvrages ,
dont la plûpart ne font qu'abuser de leur
Raison pour offenser leur Auteur, & se rendre les uns les autres miserables ?

Concevons donc le Soleil environné de
16 Planetes, peuplées chacune d'habitans
plus ou moins parfaits que nous. Reflêchis-
sons que chaque Etoile fixe est elle-même un
Soleil qui éclaire ses Mondes, de même que
le nôtre éclaire les siens. Considerons qu'outre ces Etoiles qui s'offrent à nos yeux , &
que la plûpart des gens s'imaginent innombrables, mais que les Astronomes sont venus à bout de compter , & de réduire à un
nombre fixe de Constellations, le Telescope
nous en découvre une infinité que l'on n'a-
voit pas connues & que l'on ne comptera jamais.   Pensons enfin qu'au delà de celles
que l'on voit, sans le secours & avec le secours du Telescope, il y en peut encore avoir,
& suivant toutes les aparences il y en a effectivement, sans fin & sans cesse, car quel

Esprit

Esprit assignera des bornes au monde sans contredire? Peut-on y fixer un terme sans concevoir en même-tems une étendue au delà de ce terme? Et concluons de tout cela que l'Univers est un immense Edifice, dans lequel en haut, en bas, à droit, à gauche & de tous les côtez, il y a étage sur étage sans aucun terme & sans aucune borne: & dans ce magnifique Temple, où l'on ne peut trouver de fin & qui par là répond au pouvoir sans bornes & aux idées infinies de son Auteur, que de mille milliers, que de millions redoublés d'Intelligences qui s'occupent à connoitre leur Créateur & ses ouvrages! Que de mille milliers, que de mille millions de Chœurs qui s'unissent pour l'admirer, & pour publier sa Grandeur & sa Gloire, tandis que nous sommes peut-être les seuls de qui les concerts se trouvent mêlez de dissonnances, & cependant dans cette infinité d'objets qu'il aprouve & qu'il trouve dignes de son aveu; dignes de son amour, ses yeux sont encore sur nous, sa tendresse nous est offerte, il nous permet de l'aimer & il nous le commande. Que de motifs la connoissance de la Nature ne nous fournit-elle pas pour glorifier Dieu! Notre admiration pourra-t-elle jamais assez s'élever pour le célébrer dignement.

Arrêtons-nous encore un peu sur la grandeur de ses ouvrages. L'imagination la plus vaste échoue dès qu'elle veut se représenter la distance de la Terre aux Astres les plus voisins; cependant la Raison la fixe & la démontre, elle détermine de la Terre au So-

G

leil

leil 54000000 de lieues, de sorte qu'un boulet tiré de la Terre & conservant jusqu'à ce
qu'il fut arrivé au Soleil la vitesse du mouvement avec lequel il s'élance du Canon,
n'y parviendroit qu'après 25. ans. Cependant
cette prodigieuse étendue renfermée dans le
circuit annuel de la Terre autour du Soleil, devient imperceptible dès qu'on la compare à l'éloignement des Etoiles fixes. Tout
cela se démontre. Mais cette immensité qui
s'étend depuis une étoile qui est au dessus de
notre tête, jusques à celle qui lui répond &
qui se trouve vis-à-vis de nos pieds dans
l'Hemisphere inferieur, cette espece d'immensité, au prix de laquelle d'ici au Soleil
il n'y a qu'un point, devient elle-même un
atome, quand on en fait comparaison avec
ce qu'on est forcé de reconnoitre au delà;
car quelle proportion du fini avec l'infini?

Mais il y a des infinis en petitesse dans
lesquels on ne se perd pas moins que dans
les infinis en grandeur. Descendons à tout
ce dont nos Sens méprisent la petitesse, pour
admirer sur la tête d'une Mouche plus d'ornemens qu'il ne s'en trouve sur les couron-
nes des Rois, & sur les tâches de moisissure
plus de fleurs qu'on n'en pourroit cueillir
dans leurs parterres. Ces petites Plantes
ont leurs tiges, leurs feuilles, leurs fibres,
leurs sémences & leurs sucs. Ces petits animaux dont on en voit qui sont vingt & sept
millions de fois plus petits qu'un grain de
blé*, ont leur sexe, leurs œufs, leur bouche, leurs dens, leurs yeux, leurs prunel-
les, leurs veines & leurs nerfs ; ces veines
ont leur sang, & ces nerfs leurs Esprits ;
ces

* De Lanis
Mag. Nat.
& Artis.
Vol. I.

ces Esprits ont leurs particules ; ces particules ont leurs pores , & ces pores font remplis de parcelles qui chacune ont leur figure, leur centre & leurs extrêmités, & qui elles-mêmes fe divifent, fe rompent & fe menuifent en de plus petites portions , fans qu'aucun effort d'Efprit puiffe jamais affigner la derniere borne à ces divifions. Ainfi de quelque côté qu'on fe tourne , qu'on monte ou qu'on defcende, infinité par tout, par tout le caractere , l'image & l'empreinte de l'Infini Auteur de toutes chofes.

La Phyfique eft donc un Syftême de verités , puifqu'elle raffemble un fi prodigieux nombre de faits fûrement établis. Mais fa certitude va plus loin encore , elle ne fe renferme point dans les mêmes bornes que les Sens, & l'on ne peut point dire qu'elle n'ait rien de fûr que ce que les yeux y découvrent. La doctrine du mouvement , tant ce qui concerne fa force que ce qui apartient à fa direction , n'eft-elle pas remplie de Théoremes démontrés? La réflexion de la Lumiere & tous les Phénomenes , qui en naiffent felon la differente configuration des miroirs qui la renvoyent ; fes détours quand elle traverfe des milieux differens, & qu'elle perce des furfaces diverfement pofées, les fuites furprenantes de ces détours; les illufions de la Perfpective & les regles de cet Art trompeur, tout cela n'eft-il pas demontré jufqu'au dernier détail ? Et jufques à quelle précifion l'œil de l'Efprit, guidé par les calculs , ne fuit-il pas un rayon de lumiere, nonobftant fa petiteffe inexprimable , dans les differentes routes qu'il fe

fait

fait pour venir peindre dans nos yeux la figure réguliere & les merveilleuses couleurs de l'Arc-en Ciel.

Si tous les hommes étoient raisonnables autant qu'ils le doivent, comme il n'y auroit ni Guerres, ni Procès, & par conséquent ni Généraux ni Soldats; ni Juges, ni Plaideurs; ni Ingenieur ni Jurisconsulte; ni avarice, ni envie, ni vaine pompe ; à quoi s'occuperoient-ils pour ne tomber pas dans l'ennui, & dans la langueur sur une Terre où regneroit ainsi la Justice & la Paix ? Le Trafic n'en pourroit occuper qu'un petit nombre, puisque ses grandes ressources se tirent de la Vanité & de l'Intemperance. Le Jeu n'auroit pas même dequoi amuser dans les momens les plus vuides; car il lasse & devient ennuïeux dès qu'un peu d'interêt ne l'anime plus, ou que la vanité ne le rend point piquant. Il me paroit donc que dans cet état de droiture, & ce retour de la premiere innocence, les hommes seroient ramenés à leur vraie destination , à contempler la Nature & à la cultiver pour en découvrir les secrets. Rien n'est si Beau que ce qui peut ainsi remplir le but pour lequel l'Homme a été formé.

De la Beauté des Mathematiques. IV. EN découvrant dans la Physique les fondemens réels du Beau , on établit en même-tems la Beauté des Mathematiques qui en font une très-grande partie , & qui n'en font séparées que par les ignorans. C'est encore dans les speculations de cette Science plus que dans aucune autre , que l'Esprit découvre avec ravissement des uniformités qui se soûtiennent toûjours parmi

des

des diverfitez infinies. Je ne m'étendrai pas à donner des exemples de cette verité , ceux à qui ces belles Sciences font connues fe les rapelleront incontinent , & ceux qui n'en font pas encore inftruits ne les comprendroient pas.

J'ai toûjours admiré cette fentence de Platon , que *Dieu eft un Eternel Géometre*. Mais que n'auroit-il point dit s'il avoit fû ce que nous favons aujourd'hui , qu'aucun langage , excepté celui de la Géometrie & d'une Géometrie fort au deffus de la commune , ne peut , je ne dis pas expliquer , mais feulement exprimer les proportions réelles, que la Sageffe infinie du Créateur a trouvé à propos , & fuivant toutes les aparences , a jugé neceffaire de mettre, entre la diftance des Planetes de leur Centre commun, & la durée de leurs révolutions.

V. Tout ce qu'on a accoûtumé de dire de folide, quand on fait l'éloge de l'Hiftoire, fe reduit à y faire remarquer les traits en quoi nous faifons confifter le Beau. Des évenemens dignes d'attention par leur grandeur & par leur importance ; des inftructions propres à nous donner de l'habileté & de la prudence ; des motifs à la vertu; des varietez enfin furprenantes réduites à l'unité. Elle aproche ce qui eft éloigné, elle rend préfent ce qui n'eft plus , elle rameine ce qui fembloit échapé pour jamais, elle rapelle le paffé & l'arrête fous nos yeux auffi long-tems qu'il nous plait d'y faire attention, elle reffufcite les morts, & nous met en état de profiter de leur commerce. En nous plaçant à portée de parcourir le vafte

De la Beauté de l'Hiftoire.

G 3

Théa-

Théatre de la Terre, elle nous fait voir les Empires les plus célébres, qui, tous foibles dans leur naiſſance, s'élevent par degrés au plus haut point de la Grandeur, pour retomber par les mêmes degrés, ſe perdre & ſe confondre dans de nouveaux qui s'élevent de même, & qui à leur tour s'évanouïront encore de même & ne ſubſiſteront plus que dans la mémoire des hommes. Les Nations les plus victorieuſes ſont deſtinées au même ſort que celles dont elles triomphent ; le temps les y amenera. La durée des Peuples varie, leurs exploits ſont differens, leur origine & leur fin eſt la même. Tout eſt chancelant dans ſes principes, & tout ce qui a commencé prend fin. C'eſt un grand ſpectacle à des yeux éclairés que de voir la ſouveraine Providence ſe jouër des paſſions des Hommes, ſe rire de leurs vains projets, exécuter ſes grandes vûes dans leur aveuglement, & aſſigner à leur Puiſſance & à leur Ambition les bornes qu'il lui plait. Il eſt beau de ſavoir ranger ſous deux Claſſes cette prodigieuſe varieté de faits dont l'Hiſtoire nous conſerve le ſouvenir, & de découvrir dans la ſucceſſion continuelle de tant d'évenemens, d'un côté les glorieux effets de la Vertu, dans ce que peuvent la Sageſſe, l'Activité, la Valeur, l'Ordre, la Diſcipline, la Moderation & la Grandeur d'Ame ; & d'un autre, les honteuſes ſuites du Vice, dans ce qu'enfantent l'Oiſiveté, la Molleſſe, la Licence, la Debauche, la Cruauté & l'Ambition demeſurée.

J'avouë que ces derniers objets ſont mortifians, & que l'Hiſtoire nous préſentant un

Regître fidéle des actions des Hommes, vicieux pour la plûpart, & souvent d'autant plus vicieux que l'élevation de leur rang leur donne une plus grande part aux évenemens que l'Histoire prend soin de recueillir, elle offre par là à tout moment des objets dont la vûe fait de la peine aux yeux qui aiment la droiture. Quand on lit attentivement on se transporte en idée dans les tems dont on étudie l'Histoire, on s'interesse au passé comme l'on feroit au présent, & par là, on se trouble & on perd sa tranquillité à la vûe de tant de fraudes, de tant d'horreurs & de tant de miseres dont il semble qu'on est témoin. Les Hommes ont trop de part aux évenemens de l'Histoire, & si la Vertu y tient un peu sa place, le Vice y paroit beaucoup plus. C'est par cette raison que l'Etude de la Nature m'a toûjours paru plus delicieuse que celle de l'Histoire. Les mouvemens de l'Univers nous étalent des suites tout autrement dignes de notre attention ; c'est le Créateur qui le gouverne seul, c'est le pur ouvrage de ses mains ; sa Sagesse en a conçu le dessein, sa Puissance l'a executé, & sa Bonté le conserve.

Pour juger solidement de la Beauté de l'Histoire, il faut se rendre attentif au but qu'elle se propose, & à ce qu'elle fait pour y arriver. L'Histoire se propose deux fins, l'une d'instruire les Hommes de la Verité, l'autre de faire servir cette connoissance à leurs usages. On sent donc premierement de la Beauté dans l'Histoire, à proportion qu'on y sent de la Verité, en y trouvant dequoi s'assûrer & de l'habileté de son Au-

                                        teur

teur pour en conclurre qu'il ne s'est point trompé, & de sa sincerité, pour ne point craindre qu'il ait voulu tromper.

On aime à trouver des preuves de la capacité d'un Auteur dans la justesse de son style; dans l'ordre de son ouvrage; dans la netteté de sa narration; dans la nature même des choses qu'il dit, quand elles ne le font point soupçonner de credulité & de superstition; dans les précautions qu'il a prises, & dans toute la circonspection dont il a usé pour ne rien avancer dont il ne fut convaincu; dans le soin enfin qu'il prend de distinguer les choses dont la verité lui est parfaitement connue, d'avec celles où il n'a pû la découvrir avec la même netteté.

Il est Beau qu'un Historien ne se prévienne pour aucun parti, qu'il ne déguise rien, qu'il n'exaggere jamais, qu'également éloigné du caractere de Censeur, & de celui d'Apologiste, toûjours tranquille dans sa narration, il ne se fasse connoitre que comme un témoin impartial, qui laisse ses Lecteurs en droit de juger dans une liberté entiere.

Si *Saluste* eût parlé moins desavantageusement de *Catilina*, ou s'il se fût exprimé avec plus d'art & plus d'ornemens, sur ce qu'il lui reconnoit de merite & d'habileté, il auroit paru Apologiste plutôt qu'Historien de la Guerre, que cet ambitieux debauché entreprit contre sa Patrie. D'un autre côté, s'il avoit passé plus legerement sur ce qu'il possedoit de bon, & qu'il se fût plus étendu qu'il ne fait sur ses vices, on auroit pû en prendre occasion de soupçonner qu'il s'étoit s'étoit determiné à écrire par un esprit de parti, & pour se faire un merite auprès des victorieux, plûtôt que par le genereux motif d'instruire la Posterité des principaux évenemens de cette Guerre, & de tout ce qui avoit contribué à la faire naître. Son exactitude instruit & son desinteressement persuade qu'il n'écrit que des verités.

On auroit tort d'interprêter comme des indices de passion, & de regarder comme des jugemens hors d'œuvre & des entreprises sur la liberté des Lecteurs, les réflexions d'un Historien, & ses maximes générales, dont les faits particuliers qu'il raporte sont des exemples & des preuves sensibles. Quand ces Réflexions & ces Maximes naissent du sujet même, & qu'on ne les appuye que sur des faits bien averés, elles font toûjours un très-bel effet, elles relevent la Beauté de l'Histoire & lui donnent de l'éclat, elles répandent dans la simplicité de la narration des diversités qui reveillent. L'Esprit s'abbaisse en ne se servant que de ses yeux, pour être témoin de ce qui se passe, ou de ce qui s'est passé, mais il s'éleve en raisonnant & en reflêchissant. C'est même là un des grands buts de l'Histoire. Elle présente un commerce avec les morts pour en tirer le même parti que de celui qu'on a avec les vivants, qui est de connoitre les hommes, & d'aprendre à vivre avec eux, avec plus de circonspection & plus de politesse, & de s'assûrer des moyens de leur plaire, soit pour profiter de leurs secours, soit pour éviter les effets de leur mauvaise humeur. Il est donc du devoir d'un Historien de faciliter à

G 5

son

ſon Lecteur ces réflexions importantes, en vûe deſquelles on doit s'apliquer à l'Hiſtoire; l'Hiſtorien va par là à ſon but, & quand le *but* n'a rien que de bon, ce qui y conduit eſt veritablement *Beau*.

Plus une Hiſtoire eſt circonſtanciée, plus on en tirera de fruit, c'eſt ſon ſecond but & par conſéquent ſa ſeconde Beauté. Quand on lit que la Maiſon de Bragance fut élevée ſur le Trône des Portugais nonobſtant l'habileté, les richeſſes & la puiſſance du Roi d'Eſpagne, à qui ils étoient ſoûmis & aux principaux Etats duquel ils confinoient, on eſt ſurpris d'un évenement ſi peu attendu; & ſa grandeur, autant que ſa nouveauté, fait une des Beautés de cette Hiſtoire. Mais il eſt tout autrement agréable & utile d'en apprendre le détail. L'idée vague de cette Révolution peut faire des témeraires ; mais quand on fait attention au grand nombre de cauſes dont le concours fut neceſſaire pour en exécuter le plan, on ſe convainc que ces ſortes d'entrepriſes ſont extrémement difficiles, & que le ſuccès n'en peut être que rare. De cette Révolution conſiderée en gros, on conclurra auſſi en général qu'il n'y a rien de parfaitement aſſûré dans les choſes humaines. Mais une concluſion ſi vague & ſi générale ne mene à rien, au lieu que ſi on reflêchit ſur les circonſtances, on comprendra diſtinctement que l'affection des Peuples fait la plus grande force de leurs Princes, & que pour ſe conſerver de nouveaux Sujets il faut en gagner le cœur, en rendant le joug qu'ils ſubiſſent, plus doux que celui qu'ils viennent de quitter.

Quand

Quand on aprend simplement que Catilina échoüa & que Cesar réüssit dans le dessein qu'ils avoient l'un & l'autre de se rendre Maîtres de la Republique, on n'en peut
conclurre si ce n'est que les uns sont heureux & les autres malheureux, mais une
Histoire circonstanciée dissipe l'obscurité
d'une conclusion si vague ; elle aprouve pourquoi l'un vint à bout de son entreprise, &
pourquoi l'autre ne put exécuter la sienne.
On y voit encore comment la prudence est d'un tout autre secours que la force
pour dissiper les séditions, & on comprend
qu'elles deviennent toûjours redoutables dès
qu'on leur laisse le tems de s'affermir.

Tout abregé que soit *Saluste* il ne laisse
pas d'être exact à raporter les faits avec leurs
circonstances, & il donne une preuve de son
grand sens dans le choix qu'il en fait. Sans
se rendre suspect de vouloir prévenir son
Lecteur, il le transporte si bien dans les
temps dont il fait l'Histoire, qu'en exposant
les choses à ses yeux, pour l'en rendre comme témoin lui-même, il le met à portée de
découvrir, dans les intrigues de ce tems-là,
au delà de ce qu'il en raporte, & de pénétrer des desseins sur lesquels il garde le silence. L'habileté de Cesar, la finesse de
son Eloquence, & son caractere de douceur, se font sentir dans sa Harangue à la
premiere lecture. Mais un peu plus d'attention y démêle bien d'autres vûes, Cesar y
fait le subtil pour fermer la bouche à ceux
qui voudroient l'accuser d'être favorable aux
factieux & d'épargner leurs Chefs. il ne les
trouveroit pas, à ce qu'il dit, assez punis
par

par la mort, ils meritent un suplice qui dure plus long-temps , & afin d'en faire des exemples plus redoutables pour tous ceux qui voudroient les imiter, il faut leur laisser la vie pour la leur faire traîner miserablement dans la honte , & dans de tristes réflexions. Tout cela est bon pour le discours; mais dans le fond on fait toûjours grace en changeant la peine de mort en celle d'exil, & si quelcun trouve cette seconde peine plus rude que la premiere , il est en liberté de choisir. On voit donc que cet habile homme veut se ménager le cœur des rebelles pour les besoins qu'il en pourra avoir , & qu'il craint que la séverité du châtiment, dont on les punira, n'ait trop d'efficace pour retenir ceux qui se trouveroient d'humeur à se mettre, dans la suite du temps, avec lui à la tête des séditieux.

La nature des sujets qu'on traite dans l'Histoire y répand une Beauté qui se fait incontinent sentir , voila pourquoi les Esprits mediocres s'en laissent éblouïr & s'y arrêtent uniquement. C'est assez pour eux qu'une Histoire présente de grands évenemens, & des évenemens dont la varieté tient l'attention toûjours excitée. La plûpart satisfaits de ces traits frappans se mettent peu en peine des autres quoique plus essentiels.

Souvent même une Histoire tire son prix de son obscurité. Un évenement qu'on negligeroit & qu'on auroit raison de negliger, s'il avoit été connu de tous les Historiens, excite la curiosité lorsqu'un seul le raporte. Il lui a fallu de la peine pour s'en instruire, & cette difficulté lui tient lieu de Beauté. Il
sem-

femble qu'on devient beaucoup plus favant en aprenant ce qu'on ne pourroit découvrir fans être en effet favant.

J'accorderai volontiers qu'il eft Beau de déterrer une Epoque, un nom, un évenement enfeveli dans l'oubli & dans l'obfcurité, car c'eft ramener l'inconnu à l'évidence du connu, c'eft réünir ce qu'on ne favoit pas encore avec ce que l'on fait déja. Mais on m'avoüera auffi qu'il eft encore plus beau de demêler nettement toutes les raifons d'un projet , & de décrire par ordre tous les progrès de fon exécution, car dans ces morceaux d'Hiftoire, l'utilité s'y trouve réünie avec la Verité.

VI. CHAQUE morceau des Sciences peut encore avoir fa Beauté à part, qui dependra ou du fujet même qu'il traite, ou de la maniere dont il y eft traité. La grandeur d'un fujet, fon utilité, fa difficulté répandent de la beauté fur l'Article où on l'explique. Mais la clarté de cette explication, la facilité avec laquelle on développe ce fujet, grand, intereffant , & qui avoit paru difficile à connoître, joignent une feconde beauté à cette premiere. Détail des Beautés dans les Sciences.

J'ai prouvé dans un Chapitre précedent que nous aimons naturellement la Grandeur, & que nous avons raifon d'aimer la veritable. J'ai remarqué que notre cœur eft fait pour les fentimens vifs & que la furprife contribue à cette vivacité de fentimens. C'eft par cette raifon qu'on fe plait à voir un fujet difficile clairement expliqué; car la lumiere qu'on y répand frappe d'autant plus qu'on s'y étoit moins attendu. Nous trouvons encore qu'il eft beau d'apprendre ce

qu'il eſt de notre interêt de ſavoir , car là
beauté d'une choſe dépend auſſi de ſon raport avec les uſages auxquels nous la deſtinons, & nous deſtinons nos études à notre
utilité.

La clarté plait par elle-même, parce que
nous aimons ce qui frape agréablement, &
que nous le trouvons beau ; elle a encore
une autre beauté réelle, parce qu'elle remplit
effectivement ce à quoi nos diſcours ſont
deſtinez, à éclaircir les ſujets qu'on y traite
& à faire comprendre nos penſées ; elle plait
de plus par ſon rapport avec la répugnance
de notre cœur pour la peine en lui facilitant
l'intelligence de ce qui auroit pu lui être
difficile. Enfin quand la clarté d'un article
vient de la ſimplicité des principes qu'on y
ſupoſe , & de la liaiſon immédiate de ces
principes avec les conſéquences qu'on en tire,
il naît delà une beauté nouvelle, puiſque la
Beauté eſt fondée ſur l'exactitude des raports.
Ajoûtons à tout cela qu'une conſéquence tirée bien naturellement du veritable principe dont elle dépend , ſe fait lire dans ce principe, qu'en s'y faiſant voir elle ſe réünit a-
vec lui, & preſente ainſi à l'Eſprit une unité , qui lui fait toûjours plaiſir quand elle
raſſemble de la diverſité.

L'ordre des articles qui compoſent une
Science fait une de ſes beautés ; la Beauté
dépend de l'ordre comme nous l'avons établi. La liaiſon de ces Articles en fait une
autre ; car la liaiſon les unit , & pluſieurs
matieres differentes , quand elles ſont bien
rangées ne font qu'une ſeule enchainure
Ajoûtez à cela que l'ordre dans lequel o
traic

traite des sujets differens en facilite l'intelligence, & que le premier article disposant l'Esprit à mieux comprendre le second, comme le second le prepare à mieux concevoir le troisiéme, ces differens articles se prêtent par là une égalité de secours, égalité qui dans la multitude forme un caractere du Beau.

Il est encore agreable de voir qu'un seul & même principe serve au denouëment d'un très-grand nombre de cas; & cet usage continuel qu'on fait d'un même principe paroit d'autant plus beau que les sujets auxquels on l'applique se trouvent & en plus grand nombre, & plus differens entr'eux. Par exemple, plus il y a de Machines differentes, les unes toutes composées de parties solides, les autres de fluides, les autres du mêlange du solide avec le fluide, plus il doit être Beau d'en expliquer tous les effets en y apliquant immédiatement le Principe des forces mouvantes. Je sai bien que ce n'est pas la méthode la plus usitée, car on a accoûtumé d'expliquer une machine par une autre, & souvent on en demontre les effets par le moyen de quelques lignes qu'elle ne contient point, & que l'on trouve à propos de faire imaginer. Ces demonstrations paroissent ingenieuses par là même qu'elles présentent quelque chose à quoi l'on ne s'attendoit pas, & qu'elles renferment des comparaisons; mais elles n'ont pas une Beauté réelle, parce qu'elles ne sont pas fondées en Verité, & qu'elles suposent plus d'unité qu'il n'y en a effectivement.

VII. Cet

VII. CET exemple m'améne à remarquer qu'il y a des sources d'illusions sur le Beau dans les objets de l'Esprit, comme il y en a sur le Beau dans les objets des Sens. La coûtume nous impose sur ceux-là aussi bien que sur ceux-ci. Nous trouvons beaux les raisonnemens qui vont à établir les erreurs dont nous sommes prévenus. Nous outrons les ressemblances, & par là nous donnons le nom de Beau à ce qui n'a qu'un leger raport avec ce qui l'est effectivement, mais qui ne lui ressemble point en ce qu'il a de beau. Ainsi parce que les grands objets sont ordinairement fort composez, & que l'explication en devient par là longue & difficile, nous attachons l'idée de Beau au difficile, quoique tout raisonnement moins aisé à entendre, & moins simple qu'il ne pourroit l'être, soit par là même defectueux & manque de Beauté. L'explication d'un sujet difficile à comprendre n'est belle qu'à proportion, qu'elle en applanit les difficultez.

Il est Beau de rassembler une multitude d'objets sous un petit nombre de chefs généraux, & des distributions où regnent l'ordre & la proportion plaisent à l'Esprit; mais quand sous ce prétexte on divise tous les Corps terrestres en quatre Elemens, & que l'on établit ces Elemens plus rares les uns que les autres dans une proportion decuple; ce ne sont pas là des Beautés, ce sont des imaginations.

S'il est vrai que les Corps, par là même qu'ils sont Corps, pesent essentiellement & se poussent les uns contre les autres, les effets

fets de leur pesanteur suivront les Loix établies par Monsieur Newton , & les plus
beaux Phénomenes de l'Univers se démon-
treront par ces Loix. La grandeur & la
varieté de ces Phénomenes , leur difficulté
aparente jointe à la facilité avec laquelle il
les explique dans cette hypothese, la parfaite liaison des principes qu'il pose avec les
conséquences qu'il en tire pour former ces
explications; tout cela compose une Beauté très-réelle & très-fondée, si le grand principe est réel , & si cette pesanteur recipro-
que n'est point chimére.

Mais quand cette pesanteur seroit une suposition en l'air , quand on la regarderoit
comme un songe , toûjours faudroit-il reconnoitre quelque Beauté réelle dans les applications ingenieuses que son savant Auteur en fait; car il y a toûjours de la Beauté dans la liaison de plusieurs pensées, dans
leur raport à un même but , dans leur dé-
pendance d'un même principe, dans la necessité , où on se trouve d'admettre la seconde dès qu'on est tombé d'accord de la
premiere, & de se rendre à la troisiéme dès
que l'on est convenu de la seconde. Cette
liaison , dis-je, & cette unité de plusieurs
parties rassemblées par ordre dans un seul
Systême, forme par elle-même une espece
de Beauté. Aussi les fictions ont-elles leur
Beauté aussi-bien que les verités , & cette
Beauté roule sur la grandeur des idées qu'elles présentent, sur la vivacité des sentimens
qu'elles font naître , sur la force avec laquelle elles s'emparent de l'attention , sur
la diversité de ces fictions & une certaine u-
H nité

nité de caracteres qui régne au milieu de ces diversités. Ainsi la diversité des avantures fera une des Beautés d'un Roman ; car telle est la nature de l'Esprit humain, que pour lui plaire , il faut lui offrir de la diversité. Mais les Ouvrages de cette nature perdent de leur Beauté , quand les caracteres n'en sont pas soûtenus, parce qu'on n'y trouve pas assez d'unité. Ils sont encore d'autant plus Beaux qu'ils savent lier l'extraordinaire avec le vrai-semblable , & que les choses surprenantes qu'ils racontent auroient pû arriver plus aisément. On aime à voir ainsi la Fiction se raprocher de la Realité, & se trouver réünie avec elle dans une même classe, celle de la Vrai-semblance.

Dans les Sciences de même que dans les objets corporels , dans les bâtimens , par exemple , il peut y avoir des superfluités , qui toutes contraires qu'elles soient à la veritable Beauté ne laissent pas de s'attirer l'estime de ceux qui manquent de discernement. Un ouvrage doit renfermer tout ce qui est necessaire, au but qu'on s'y propose. Mais tout ce qui n'y sert pas est de trop ; ce qui allonge le chemin merite toûjours d'être compté au nombre des embarras, & les embarras ne peuvent faire aucune partie du Beau.

Un homme donne au public sous le nom d'Élemens de Geometrie , un Systême de demonstrations curieuses, & à cet égard bien dignes d'estime &, si vous voulez, d'admiration. Cependant il se peut faire que ce Ouvrage n'aît pas la beauté d'un Ouvrage Elementaire , qu'il s'écarte de son but par le grand nombre même des belles chofes qu'il renferme, & que ce qu'il contient d'Elementaire foit étouffé fous ce qui va au delà. Qui dit Element dit une verité dont la demonftration n'eft pas fort compofée, & dont l'ufage eft d'une grande étendue. Ce qui ne s'aplique qu'à un petit nombre de cas, ou qui ne fe démontre que par de grands détours, ne merite pas ce nom.

On en abufe de même quand on donne pour Elemens de la Religion Chrétienne des tas de controverfes, fuffent-elles même traitées avec toute la clarté & toute la folidité poffible. Ce ne font pas là les Elemens de la Religion & ce n'eft pas de l'art de difputer habilement les uns contre les autres, que dépend notre juftification devant Dieu.

Je regarde encore dans un Ouvrage de raifonnement comme des embarras contraires à la Beauté, des citations qui en prouvant la vafte érudition de l'Auteur, & fi vous voulez encore la jufteffe de fon goût, ne laiffent pas de partager l'attention du Lecteur, & même de le prévenir par le poids des Grands Noms d'où on les tire. Tout ce qui peut empêcher un Lecteur de fentir toute l'évidence des preuves, & de ne fe rendre qu'à elle ne s'accorde pas avec le but d'un raifonnement & en obfcurcit la beauté.

Le trop de beau eft fouvent contraire au Beau. Tout ce qui n'eft pas avancé à propos, tout ce qui eft hors de fa place, pour beau qu'il foit en lui-même, ceffe de le paroitre & perd du moins une grande partie de fon poids, & de fon éclat; plus même un trait eft frapant, plus aifément on s'aperçoit

qu'il

qu'il n'eft pas où il devroit être , quand il n'y eft pas. On a de la peine à excufer dans la converfation une penfée hors d'œuvre , & on s'y rend incommode quand on infifte trop long-tems fur une penfée jufte. Mais ces défauts font un tout autre tort à un Ouvrage ; un Lecteur ne l'achete pas pour admirer la fécondité d'efprit de fon Auteur , ou l'étendue de fes lumieres & de fon érudition , mais pour fe faire conduire par le chemin le plus court, le moins fatiguant & le plus agréable au but où l'Ouvrage promet de l'amener. Souvent un Traité n'eft pas affez beau parce qu'il eft trop court , le Lecteur n'en eft pas affez fatisfait parce qu'il n'y trouve pas tout ce qu'il fouhaittoit. On veut qu'un Auteur épuife un fujet , quand il en a le tems & que la nature de ce fujet ne s'y opofe pas. Un Difcours , au contraire, qu'on prononce de vive voix, feroit quelquefois plus beau , s'il étoit moins étendu , car il fe trouveroit plus proportionné au defir de l'Auditeur à qui on le deftine, & à la mefure de fon attention.

La Nouveauté d'un fujet frapant l'Efprit de l'Homme , & l'éblouïffant même, fuffit fouvent pour lui faire imaginer de la beauté dans un Ouvrage qui en entreprend l'explication. Il eft beau encore d'aplanir ce qui étoit embarraffé , & de mettre en évidence ce qui étoit envelopé de tenebres ; le denouement d'une queftion difficile fait honneur à celui qui en vient à bout. Mais quand on fe difpofe par là à trouver beau ce qui eft difficile, & à donner du prix à ce qui fait de la peine ; on fe trompe fi on juge

par

par ce caractere seul du merite d'un ouvrage, car on a tort d'admirer ce qui eſt difficile toutes les fois qu'on pourroit le rendre
plus aiſé; c'eſt prendre un défaut pour une
perfection.

Il y a des gens qui ne liſent que pour s'a-
fermir toûjours davantage dans des ſentimens en faveur deſquels ils ſont prévenus,
& pour leſquels ils aiment à ſe paſſionner.
Des controverſes animées, des diſputes pleines
d'aigreur font plaiſir à des Lecteurs ainſi diſ-
poſés, quand on y ſoutient les ſentimens
qu'ils aiment, avec un zéle qui va juſques
à l'emportement, & qui n'en deſcend & ne
ſe radoucit que pour s'égayer dans des traits
de ſatyre.   Des gens encore qui ne liſent
que pour s'amuſer ſont ravis de tomber ſur
des conteſtations échauffées, & où les tenans,
par leurs emportemens, & par la malignité
des railleries dont ils ſe déchirent l'un l'autre, ſe donnent en ſpectacle à ceux qui aiment à rire. Mais ceux dont la Raiſon eſt
l'unique regle, & qui, ſur ce principe, jugent du prix & de la *Beauté* de chaque choſe par ſon raport avec le but auquel elle eſt
deſtinée, n'eſtiment les Controverſes qu'à
proportion de la netteté qui y regne, de la
ſolidité des argumens qu'on y étale & de la
moderation qu'on y garde. Les tours les
plus ingenieux, dès qu'ils ſont propres à
éblouïr, ne préſentent que de fauſſes *Beau-*
tés, parce qu'ils ne perſuadent la Verité que
par des voyes également favorables à l'Erreur. Tout ce que l'Eloquence peut donner
de plus travaillé ne ſauroit paſſer pour *Beau*
à juſte titre, dès qu'on s'en ſert à deſſein de

rendre odieux ceux des sentimens de qui on s'éloigne. En usant de ces tours on invite les autres à se servir de pareilles armes, & on les met dans une espece de droit de se défendre de la même maniere, dont ils sont attaqués. Par là au lieu d'une *dispute tranquille*, où l'on offre au Lecteur les raisons de côté & d'autre dans toute leur netteté, afin de le mettre en état de les comparer exactement & de ne régler son choix que sur leur seule évidence, on lui présente un *conflict de passions*, qui ne sauroit plaire à moins qu'on n'y entre soi-même. Et dès que l'on se passionne, ou n'est plus en état de decider sûrement pour la Verité.

En vain on dira pour excuser des gens qu'on n'ose condamner en quoi que ce soit, que *quand on s'aperçoit que la douceur est inutile, & que la retenue dont on use va même à donner de la fierté à un adversaire, il faut se servir de remedes plus violens, recourir à d'autres armes & faire succeder les menaces aux prieres, & les censures aux tendres sollicitations.* Quand un homme refuse de se rendre après qu'on lui a dit tout ce qui se peut dire, & qu'on l'a accablé de raisons & d'honnêtetés, je consens qu'on le laisse, c'est un parti que la Raison ordonne, pourquoi se fatigueroit-on sans fruit ? Mais qu'on trouvera mieux le secret de le persuader, si on s'aplique à le tourner en ridicule par d'*ingenieuses railleries*, ou à le rendre odieux par d'*âpres invectives*, c'est ce dont je ne saurois tomber d'accord, à moins qu'on ne me prouve que ce qui effarouche l'attention dispose l'Esprit à se rendre ; & que ce qui éloigne

le

le cœur est sur tout propre à le gagner.

Mais n'est-il pas *Beau* au moins de prévenir par ces pieux artifices les égaremens de ceux qui pourroient se laisser séduire ? Peut-être que cela seroit *Beau* si on faisoit honneur à la *Verité*, en y perseverant par des motifs qui ne sont pas moins propres, ni moins efficaces pour affermir dans l'Erreur. Ceux qui sont sages ne s'embarrassent point des Controverses qui passent leur portée, ils n'y entrent point ; ce sont des querelles dont ils ne veulent prendre aucune connoissance, parce qu'ils ne peuvent pas se promettre d'en prendre une assez exacte. Mais pour ceux qui se sentent en état d'en juger, s'ils aiment la Verité comme elle le merite, c'est-à-dire, préferablement à tout autre interêt, ils ne trouveront rien de plus *Beau* que ce qui la leur expose clairement, sans circuit & sans embarras. On ne sauroit leur faire plus de plaisir qu'en éloignant d'un discours, fait pour les en instruire, tout ce qu'ils se font une Loi d'éloigner eux-mêmes, c'est-à-dire, tout ce qui répand de l'obscurité, tout ce qui cause de l'éblouïssement, & qui pourroit disposer à se rendre par l'egereté ou par prévention.

C'est donc de la grandeur, de l'importance & de l'utilité des matieres qu'elles traitent que les *Sciences*, tirent réellement leur premiere *Beauté* ; & la maniere dont elles les traitent y en ajoûte une *seconde*. C'est dans l'excellence du but où elles tendent, jointe au discernement, avec lequel on choisit & à l'habileté avec laquelle on met en œuvre les moyens qui y conduisent, qu'on doit

faire

faire confister ce qu'elles ont de Beau. Nous avons prouvé que ces caracteres font l'effence de ce qui porte ce nom.

CHAPITRE IX.

De la Beauté de la Vertu.

Fondemens de la Vertu. I. LA Beauté eft fi effentielle à la Vertu que les fondemens de l'une fe trouvent précifément les mêmes que ceux de l'autre.

On s'eft partagé fur les principes de la *Vertu*, du *Devoir*, de l'*Honnêteté*, car ces mots font fynonymes. Il y en a qui établiffent uniquement notre Devoir fur nos interêts. Selon eux un Homme de bien, c'eft celui qui donnant toute fon attention à démêler fes veritables interêts, d'avec ce qui impofe fous une aparence d'utilité, fait toûjours jufte ce difcernement, & fuit conftamment le parti qu'il a reconnu le plus avantageux.

D'autres trouvent que la Vertu, par elle-même & indépendamment de toutes fes fuites, merite déja notre attachement. Ils ne croyent pas qu'elle ait befoin de tirer fon prix d'ailleurs, ils lui reconnoiffent un éclat qui la rend digne de nos hommages, ils conçoivent que le plus grand de nos défauts, c'eft de manquer de Vertu, & qu'on n'approche d'être parfait qu'à proportion qu'on la poffede.

Il s'en trouve enfin qui, n'étant pas entietierement fatisfaits de cette utilité & de cet éclat, & comptant pour peu de faire trouver à l'Homme dans la pratique de la Vertu fes veritables interêts & fa veritable grandeur , pour le mettre dans une abfolue neceffité de fe former fur elle en vout chercher la premiere fource dans la volouté de Dieu. Les ordres d'un Souverain Maître nous impofent une obligation indifpenfable d'être vertueux. Cette raifon eft d'un poids infini & le cœur le plus dur doit plier fous cette autorité, dès qu'il la reconnoit. En vain un extravagant s'aviferoit de dire, je veux uniquement me régler fur mes caprices. Je me moque de tous mes interêts, l'Honneur eft pour moi une chimere , & je me mets fort peu en peine de tout ce qu'on en dira ; ainfi me voila libre de toute Loi. Un Maître Tout-Puiffant lui fera infailliblement fentir fon erreur.

Un Efprit attentif eft vivement frapé de la Beauté de la Vertu , fous quelle de ces faces qu'il la confidere. Leur gradation même y ajoûte une beauté nouvelle, auffi-bien que leur union. Chacune de ces faces a fon prix, & chacune encherit fur le merite de la précédente, mais de plus elles font liées l'une à l'autre , elles fe fortifient en s'uniffant, & leur éclat s'augmente par leur liaifon.

C'eft toûjours un mal que de fe méprendre, & ce mal eft d'autant plus grand que les fuites de la méprife où l'on tombe font plus nuifibles. C'eft une negligence honteufe que de ne daigner point faire d'attention à fes interêts. Il y a de l'extravagance

à ne pas mettre une extrême difference entre ce qui peut ſervir à nous rendre heureux,
& ce qui peut contribuer à nous faire devenir miſerables. Il faut être fou pour ſe jetter dans le premier chemin qu'on trouve &
ſe livrer au premier objet qui s'offre , ſans
lumiere & ſans diſcernement. Il y a de la
fureur à negliger des avantages connus pour
s'expoſer à des inconveniens qu'on prévoit;
de ſorte que quand on demande ſi la Vertu
a une beauté réelle, c'eſt comme ſi l'on de-
mandoit, s'il y a une difference réelle entre
la conduite d'un Homme ſage qui a en vûe
ſes avantages & ſait ſe les procurer , & la
conduite d'un fou , qui ſans ceſſer de vouloir être heureux , ſe donne mille mouvemens pour ſe rendre miſerable.

La Beauté
de la Ver-
tu a une
liaiſon ne-
ceſſaire
avec les
facultés de
l'Homme,
& avec ſa
felicité.

II. S'IL eſt vrai, comme l'on n'en ſauroit douter , que l'Homme a ſa Nature &
ſes Facultez qui le diſtinguent de tous les autres Etres qui compoſent l'Univers: S'il eſt
vrai que la Nature humaine a un merite, &
une perfection qui lui eſt propre; il faut neceſſairement reconnoitre qu'il eſt beau à
l'Homme de penſer , & de vivre conformément à ſa Nature & à ſon excellence , &
qu'il eſt monſtrueux de travailler à ſe détruire, à ſe deshonorer , à s'abrutir & à changer en défauts ce qu'on peut avoir de diſpoſitions naturelles à ſe rendre plus parfait. Il
ſied donc bien à l'Homme de remplir ſon
devoir, puiſque dès qu'il s'en éloigne, il ſe
porte à ce qui ne lui convient point & il de-
range ſa Nature.

Par là même que ſon Souverain Maître
lui a donné une certaine Nature, & l'a embellie

bellie de certains ornemens , il eſt évident
que ce Souverain Maître le deſtine à un certain but , & qu'il lui a donné la vie pour la
paſſer dans une conduite qui réponde à ce
but , & qui ſoit conforme à la nature & à
l'excellence des Facultés qu'il a reçues. Or
il eſt beau de vouloir dépendre d'un Maître
à la puiſſance duquel on ſe trouve aſſujetti,
malgré bon gré que l'on en ait , & c'eſt un
aveuglement qui tient de la fureur que de
ne ſe mettre point en peine de ſa volonté ,
& de fouler aux pieds ſes commandemens.

Ce ſage & tout-puiſſant Auteur a ſi bien
diſpoſé toutes choſes , qu'un Homme ne ſauroit negliger ſa propre perfection , & par là
opoſer ſa volonté à celle de ſon Souverain
Maître, ſans s'expoſer à de triſtes ſuites dont
le ſentiment ne manquera pas de le convaincre de ſon tort; comme reciproquement
il ne ſauroit executer ce que ſon Créateur lui
ordonne , ſans éprouver que ce ſage Créateur a trop de bonté & de veritable grandeur
pour conſentir qu'une Créature ſoumiſe à
ſes Loix, n'ait d'autre fruit de ſon obéïſſan-
ce que la gloire de lui avoir obéï. Il eſt digne de Dieu de glorifier ſon élevation ſu-
prême , en glorifiant en même-tems ſa bonté infinie. Ainſi les trois principes qu'on
donne à la Vertu, ſont trois fondemens de
Beauté ; il eſt beau de les trouver inſépara-
bles , & de voir que leurs *differences* ſe reduiſent à *l'Unité* en ſe reduiſant à la *Convenance.*

III. CE que l'*Evidence* eſt par raport à la
Verité , la *Convenance* l'eſt par raport à la
Vertu. Quand il s'agit de prouver une ve-
rité ,

Autre
preuve
que cette
Beauté eſt
réelle.

rité, on va de lumiere en lumiere jufqu'à la
plus fimple évidence à laquelle il faut neceffairement s'arrêter, & quand il s'agit d'é-
tablir une Loi , on va de même de raifonnement en raifonnement jufques à une manifefte convenance au delà de laquelle l'on
fent qu'on ne peut plus aller. Quand je dis
6 fois 5 font 30. fi l'on m'en demande la
preuve, je dirai que 30 & 3 dixaines, c'eft
tout un. Si l'on veut favoir pourquoi 6 fois
5 font 3 dixaines, j'ajoûterai que 2 fois 5 &
une dixaine font un même nombre, & delà
je conclurrai que le triple de 2 fois 5 c'eft
le triple d'une dixaine. Et fi enfin l'on veut
favoir pourquoi 2 fois 5 font une dixaine, je
n'en puis plus alleguer d'autre preuve que
l'évidence même de cette égalité entre 2 fois
5 & 10. De même, fi on me demande pourquoi chacun eft obligé de penfer à fes veritables interêts & de travailler à fa perfection,
d'où vient que chacun n'eft pas maître de foi-
même pour fe procurer des avantages , ou
pour fe negliger fuivant qu'il le trouvera à
propos ? Je répondrai que nous avons un
Maître qui en nous donnant une certaine
nature, nous a affujettis à vivre d'une certaine maniere. Si l'on veut favoir d'où vient
que ce Souverain Maître veut que chacune
de fes Créatures vive conformément à ce
qu'elle eft , je repliquerai qu'il veut ce qui
eft convenable. Si l'on me demande encore d'où vient que ce Grand Maître punira
ceux qui auront negligé fes Loix, je fonde-
rai ma réponfe fur la juftice même de ces
Loix , & fur la juftice qu'il y a de rendre
hommage par fon obéïffance à l'Etre dont

on a tout reçu. Mais dès qu'il s'agira de prouver l'une & l'autre de ces deux juftices, il faudra encore une fois fe reduire à la convenance , & c'eft dans la convenance des chofes que nous faifons confifter leur Beauté.

IV. Personne ne difconviendra que Dieu ne foit effentiellement Beau. Or il eft certain que la Vertu nous donne quelque conformité avec les perfections de ce grand Etre, puifqu'elle regle notre volonté fur la fienne , qu'elle nous fait aprouver ce qu'il aprouve, & aimer ce qu'il aime. Il eft beau de pouvoir l'imiter en produifant comme lui quelque chofe , & quelque chofe dont on puiffe dire, comme il a dit de fes ouvrages, *Ce que je viens de faire eft bon* : L'infinie bonté de Dieu a porté fa puiffance jufques à faire des Etres actifs , & capables de lui offrir en quelque maniere quelque chofe; c'eft *l'hommage de leur obéïffance*, elles peuvent le lui refufer , & elles le lui rendent de tout leur cœur, en cela il eft glorifié. Je ne veux faire dépendre cette verité d'aucune hypothefe. Ceux-là mêmes qui dépouillent l'Homme de toute liberté ne laiffent pas de trouver dans la Vertu un éclat de Beauté, parce qu'ils y trouvent une aparence d'hommage libre, & l'exterieur d'un don volontairement prefenté , d'un facrifice demandé & librement offert. Peut-on fe former l'idée d'une élevation & d'une grandeur plus fublime , & par conféquent d'un Beau plus achevé, que dans le don que nous faifons à Dieu de notre amour pour obtenir le retour de fon infinie tendreffe.

V. L'Hom-

Du raport de la Vertu avec Dieu.

Liaison de la Vertu avec notre felicité présente.

V. L'Homme se trouve réduit à la necessité ou de passer sa vie dans la langueur, de sentir cruellement son vuide & d'être devoré d'ennuis, ou de chercher soit dans les idées de son Esprit, soit dans les objets dont il est environné de quoi se faire des douceurs & dequoi s'occuper agréablement.

S'il se livre aux objets de dehors & qu'il y cherche son unique felicité, il se méprend & il y cherche ce qu'il n'y trouvera jamais, ses soins seront toûjours penibles, ses inquietudes rongeantes, mais sa satisfaction ne sera jamais que legere ; il courra sans cesse après des ombres dont il ne sentira le néant qu'après les avoir saisies ; il fera lui-même son suplice par les agitations auxquelles il s'abandonnera, & il traversera à tout moment le repos des autres dans la trompeuse esperance de se rendre plus heureux en s'élevant au dessus d'eux, & en leur ôtant ce qu'ils ont pour le joindre à ce qu'il a déja. Il faut donc necessairement pour son bonheur & pour celui des autres qu'il se fasse un autre fond de felicité, & que convaincu du prix inestimable de la connoissance de la Verité, & de la possession de la Vertu, il donne sa plus grande aplication à les aquerir, & trouve sa plus solide satisfaction à faire des progrès dans l'une & dans l'autre. Son cœur tranquilisé par ces biens interieurs sera mieux en état de goûter ceux du dehors, & loin de se sentir porté à allier son bonheur avec la misere d'autrui, il trouvera une grande partie de sa felicité dans les soins qu'il se donnera pour avancer celle des autres. A ces traits, qui ne reconnoitroit dans la Vertu
une

une Beauté réelle, à moins qu'on n'en fache point voir dans la tranquilité, & dans la concorde, & qu'on la trouve au contraire dans le trouble & dans l'inquietude?

On peut & on doit travailler pour fon propre bien & pour celui des autres ; on peut & on doit avoir en vûe fes interêts , & les leurs. Voila deux buts qui femblent d'abord opofés, deux obligations qui paroiffent bien differentes, & qu'on croiroit difficiles à concilier. Il eft Beau autant que commode de voir qu'elles fe reduifent à une feule , & c'eft la Vertu qui fait cette unité. Nous ne faurions rien faire de plus utile pour nous que de nous rendre utiles aux autres , & tous ceux qui font éclairez fur leurs veritables interêts le comprennent ainfi.

Nos Sens nous follicitent à des plaifirs qui leur conviennent, mais fi nous nous laiffons aller à tous leurs panchans, ils nous porteront à des excès que la Raifon condamnera ; elle nous impofe donc des bien-féances qui les gênent. Ces opofitions rendent l'Homme miferable, & il faut convenir qu'un fujet , dont les parties fe contrarient ainfi , manque de *Beauté*. Mais la Vertu la lui redonne en y ramenant le calme & la concorde. Il eft raifonnable de donner quelque chofe à la fatisfaction des Sens, & d'avoir quelque complaifance pour eux, mais pour conferver leur vigueur & rendre leurs plaifirs durables, il faut que la Raifon les regle. La Vertu reduit à l'unité l'interêt des Sens & celui de l'Honneur, & en la prenant pour regle on les concilie toûjours.

Si la felicité des Hommes eft neceffairement

ment liée avec la pratique de la Vertu, il faut reconnoitre que la Vertu est essentiellement belle, puisque le Beau consiste dans le raport des choses avec notre destination.

On n'a pas besoin de chercher dans la Revelation des preuves que le peché est la source de toutes les traverses, qui rendent nos jours malheureux. Il n'y a qu'à faire attention sur ce que l'on voit pour s'en convaincre. Nous nous attirons une partie de nos maux par notre propre faute, & ceux auxquels nous n'avons pas contribué, c'est l'injustice des autres qui nous les fait souffrir. Otez l'Ambition & l'Intemperance, vous changerez la face de la Terre. On est tellement persuadé que le Vice est cause de nos miseres, que l'on mesure le degré de ce Vice précisément par celui du mal que les vicieux font à eux-mêmes, ou aux autres & qu'on l'excuse toûjours à proportion de ce que les avantages qu'il procure quelquefois ont d'éblouïssant. Un Homme qui trouveroit quelque apas dans le peché même, ou qui aimeroit mieux arriver au même but en s'éloignant de son devoir qu'en le remplissant, seroit regardé comme un monstre. Il s'en faut bien qu'on ait la même horreur de celui qui s'éloigne de ce qu'il doit, éblouï par ce qui plait. On plaint celui qui en croyant se procurer du bien se trompe & se fait du mal, mais pourtant n'en fait qu'à soi-même : & quand on n'y pense pas assez attentivement, peu s'en faut qu'on ne disculpe ceux qui manquent à leur devoir pour l'interêt d'autrui autant que pour le leur. Il est tellement gravé dans le cœur de l'Homme,

me,

me, qu'il eſt fait tout enſemble pour la Vertu & la felicité, que le Vice ceſſant de paroître ce qu'il eſt ſe montre ſous la face de
la Vertu dès le moment, qu'il ſemble contribuer à notre bonheur & à celui des autres.
On n'eſt vicieux alors que parce qu'on ſe
trompe, qu'on connoit mal ſes interêts, &
que faute d'y apporter aſſez d'attention, on
prend une aparence de Beauté pour une
Beauté veritable.

S'il étoit poſſible que Dieu aſſûrât les
Hommes par une revelation manifeſte, que
desormais ſa Clemence ne veut plus faire
d'attention ſur leurs fautes, qu'ils n'ont
plus à redouter ni ſon indignation ni ſes ſuites, & qu'il laiſſe chacun dans la liberté de
ſe conduire au gré de ſes deſirs ; que deviendroit cette miſerable Terre, qui nonobſtant la ſéverité des Loix Divines n'aproche
que trop d'être une image de l'Enfer par les
maux que les Hommes ſe font , & par la
licence avec laquelle ils foulent aux pieds
leurs devoirs ? Qui pourroit vivre un moment en ſûreté , quand une fois la Pudeur
& la Bienſéance auroient diſparu & qu'à leur
place la Fraude, & la Violence regneroient
impunément ? Quelle affreuſe ſolitude ne
ſeroit pas préferable à une Societé , où les
Paſſions ſe croiroient tout permis ? L'amour
du repos & l'amour même des plaiſirs ne
forceroient-elles pas les Hommes à convenir entr'eux de quelque maniere de vivre
qui aſſûrât leur tranquillité, & rendît leurs
contentemens durables, & quelles Loix plus
propres pour cet effet que celles de Dieu ?
Quelle barriere plus efficace contre la force

I

des

des Paſſions qui entraînent les hommes à violer ces Loix, que la ſéverité des menaces dont Dieu a trouvé à propos de les ſoûtenir ? L'interêt des Hommes ne les obligeroit-il pas à ſuplier ardemment leur Souverain Maître, d'appoſer ce ſeau à leurs conventions, afin d'en rendre par là la violation plus à craindre & plus rare.

Où eſt le cœur qui ne trouvera une Beauté qui l'enchante dans l'idée d'une Terre peuplée d'Hommes vertueux, apliqués à leur vocation, officieux, reconnoiſſans, trouvans chacun une partie de ſa felicité dans celle des autres, pleins d'amour pour la Verité, & de reſpect pour la Raiſon. Il eſt certain que la Terre ainſi ornée d'heureux habitans préſenteroit aux yeux mêmes de ſon Créateur un ſpectacle digne de ſon attention, ſi quelque autre objet que lui-même en pouvoit être digne. Ce ſpectacle ſeroit donc réellement Beau & par conſéquent il eſt Beau d'y contribuer, & d'autant plus Beau que peu s'uniſſans pour le former, il arrive ſouvent qu'on y travaille ſans en goûter tous les fruits. Les gens de bien y perdent même à de certains égards, puiſqu'ils ſouffrent par la faute des autres pendant que les autres profitent de leur ſageſſe & de leur douceur. Mais il naît delà une Beauté nouvelle. On voit des Hommes s'élever au deſſus de tout ce qu'ils voyent, & au deſſus de tous leurs Sens pour vivre ſatisfaits de l'approbation de la Suprême Intelligence qu'ils ne voyent point. Rien de plus Beau, rien de plus juſte & en même tems rien de plus ſenſé & de plus conforme à leurs veri-

ta-

tables interêts , puisque cette Suprême Intelligence qu'on ne voit pas vaut infiniment
plus , & peut infiniment plus que tout ce
que l'on voit.   C'est connoitre la Beauté de
la Vertu toute nuë que de l'aimer ainsi, lors
même qu'elle est dépouillée de tous les at-
traits , qui en rendent la possession recom-
mandable aux Sens.

VI. On compte un très-grand nombre
de Vertus, on les divise en *Genres* , & on
les subdivise en *Especes*, & ces diversités
nombreuses se tirent de la difference de nos
Facultés , de la multitude des objets, & de
la varieté des circonstances. Mais peut-être
ne trouvera-t-on jamais un sujet, où la varieté se reduise à l'unité plus exactement que
dans celui-ci? Car de quel devoir qu'on s'a-
quite, & à quelle vertu qu'on s'attache, ce
devoir & cette vertu se réduisent toûjours
à faire ponctuellement , ce que la Raison
trouve à propos, ce qui sied bien & qui est
convenable. Celui qui s'est une fois soumis
à l'Empire de la Raison , & dans le cœur
duquel la bienséance regne & décide souve-
rainement , celui-là ne s'est pas seulement
élevé à une vertu , il les possede toutes ,
comme reciproquement toutes les vertus
manquent à celui chez qui la Raison ne domine pas, puisque c'est sa superiorité sur toutes nos inclinations qui fait l'essence de notre devoir.

Quand un Homme vit tranquille dans
l'habitude de quelque vice frapant, l'éclat
de toutes les vertus qu'il paroit avoir en est
terni. C'est par humeur, par temperament ;
ou par vanité, par hypocrisie, ou même par

Unions
des Ver-
tus.

I 2

su-

superſtition , qu'il ſe détermine à quelque
aparence de bien ; ſouvent il ſe flatte, au
moins confuſément, d'entrer en marché a-
vec Dieu , & il eſpere que ce qu'il veut bien
lui donner l'aquittera de ce qu'il lui refuſe.
Mais c'eſt en ce ſens qu'on ne ſauroit violer
la Loi en un point ſans ſe rendre coupable
de tous. En vain vos flatteurs s'apliquent
ſans ceſſe à vous préſenter vous - mêmes à
vous-mêmes , auſſi-bien qu'aux autres, par
les beaux endroits qu'ils vous trouvent; ils
n'impoſeront point à ceux qui ne vous regardent pas avec les mêmes préventions, &
qui ſe font accoûtumés à juger plus ſaine-
ment des choſes.

Pendant que vous prendrez à toute main,
pendant que vous ne meſurerez le merite des
gens que par la valeur des préſens qu'ils
vous font , pendant que vous craindrez de
faire un plaiſir gratuit, pendant même que
vous exigerez rudement ce qui vous eſt dû;
c'eſt inutilement que vous vous diſtinguerez
par vos dépenſes, que vous ſoûtiendrez votre rang avec éclat, & que dans votre maiſon
tout portera le caractére d'un Homme qui
n'a rien à ſoi. Nonobſtant votre ſomptuoſi-
té, nonobſtant vos aumônes mêmes , loin
de vous reconnoître magnifique je ne vous
reconnoitrai ni charitable ni desintereſſé.
Si le devoir, ou le hazard me conduit à une
table, je trouverai de mauvais goût tout ce
que l'on y ſervira dès que je viendrai à penſer, à ceux qui en fourniſſent la dépenſe. Il
faut premierement rendre le *quadruple* de ce
qu'on a reçu de trop , & après cela, pour
achever de reparer ſa faute, partager ce
qu'on

qu'on aura de refte avec les pauvres. On évite ces embarras par une conduite qui ne fe dement en rien. On n'a de l'éloignement pour aucune Vertu dès que l'on en aime une feule par le principe qui doit la faire aimer, & qu'on lui donne fur le refte des objets , qu'on trouve aimables, la préference dont elle eft digne. Notre Cœur s'unit bien-tôt à toutes, dès qu'il s'eft attaché à une par un goût pur & éclairé ; là où la Raifon regne, tout ce qui eft raifonnable plait.

VII. Entrons dans quelque détail & fentons la beauté de quelques Vertus parti-culieres. On ne donne pas le titre de *Jufte*, à un Magiftrat qui décide tantôt en faveur de celui qui a le plus de droit , tantôt en faveur de celui qui en a le moins ; il n'y a pas affez d'unité dans cette conduite. Les conteftations fur lefquelles on prononce font de differente nature ; car il y a des préten-fions dont l'équité faute aux yeux , & il y en a où elle eft plus difficile à démêler ; il fe trouve encore plus de diverfité dans les caracteres de ceux qui plaident. Les uns font aimés de leurs Juges , les autres en font haïs. Les Riches & les Pauvres , les Puiffans & les Foibles paroiffent devant les Tribunaux. Or qui pourra refufer fon eftime & fon ref-pect à celui qui refpecte un droit obfcur auffi bien qu'on droit évident, & donne toute fon aplication à le tirer de fes ténébres, qui ne prononce qu'autant qu'il voit la Verité, foit que cette vûe lui foit facile ou qu'elle lui foit difficile, qui fans faveur pour fes amis, fans prévention contre fes ennemis , fans préjugé pour le riche, fans negligence pour

De la Juftice.

I 3

le

le pauvre, sans plier sous les menaces, sans se laisser fléchir par la pitié, ni gagner par les présens, ne dépouille point le Riche par compassion pour le Pauvre, ni ne condamne point le Foible par des égards pour le Puissant, mais ne fait attention, quand il décide, qu'aux Raisons par lesquelles chacun défend ce qu'il croit sien. En se soutenant dans cette uniformité il remplit la destination de sa Charge, il prononce conformément à sa dignité, & cette unité avec cette conformité font les fondemens du Beau.

Il est Beau sans contredit de voir d'un côté une Partie rendre graces à son Juge de la peine qu'il s'est donné de démêler son droit, & de la fermeté avec laquelle il a voulu le soûtenir après l'avoir distinctement connu ; & d'un autre ce Juge feliciter cette Partie, mais ne tomber point d'accord qu'elle lui ait obligation, puisqu'il n'a rien fait pour elle que ce à quoi il se trouvoit obligé indispensablement. Ce combat est Beau, parce que chacun y fait ce qu'il doit. L'un donne son admiration, à la Vertu, l'autre après avoir donné une sentence qu'il devoit par justice, donne des marques de desinteressement & de grace qu'il doit par générosité.

Quel hideux spectacle au contraire que celui d'une Cour dont les Juges sont taxés les uns à plus & les autres à moins, où la conscience de chacun est mise à prix, & à un prix plus haut que sa valeur ; quel affreux tarif ! Peut-on voir sur aucun visage monstrueux des traits dont la difformité égale l'horrible ridicule d'une visite, où la Partie aborde respectueusement un Juge vena
qu'el-

qu'elle deteste, & qu'elle méprise avec raison, puisqu'elle l'a acheté comme un infame esclave, & où ce Juge sans pudeur reçoit gravement & sans se confondre autant
d'actions de graces qu'il meriteroit de reproches. L'Impie Jugurtha, après avoir fait
à Rome tout ce pourquoi il y étoit venu,
n'en put sortir, sans regarder avec un mépris plein d'horreur cette Ville infame autant que superbe, & qui n'attendoit pour
se vendre qu'un monstre ambitieux qui eut
de quoi la payer.

Il y a une grande diversité entre les choses que l'on doit, & qui sont des objets de
la Justice, aussi-bien qu'entre les principes
en vertu desquels on les doit; mais le Juste
demeure toûjours semblable à lui-même, au
milieu de cette varieté. Ce qui est dû varie
tout-à-fait, mais il le rend également à tous
ceux à qui il le doit, c'est une unité de caractere dans laquelle il se soûtient invaria-
blement, & cette unité fait la Beauté de sa
conduite. Il est Beau de le voir ne se dé-
mentir jamais, estimer les Sages, respecter
ceux qui sont en place, accorder sa protection aux foibles, donner son attention à ceux
dont le soin lui est confié, témoigner sa re-
connoissance à ceux qui l'ont servi, consa-
crer à ses amis son cœur, & devouër enfin
à sa patrie tout ce qu'il a & ce qu'il est.

Il y a des occasions où il est beau de punir, & il y en a où il est beau de pardonner; les égards qu'on doit avoir pour le
bien de la Societé décident constamment
sur cette difference. Il y a des vices dont
l'impunité la détruiroit, il y en a sur qui l'on

I 4

ne

ne ſauroit faire tomber les châtimens ſans la remplir de trouble , & dans de certaines rencontres il eſt de ſon interêt qu'un grand merite couvre une grande faute ; afin de faire connoître à quel prix elle met les ſervices ſignalés qu'on lui rend.

Comme il y a des objets qui , difformes en eux-mêmes , ne laiſſent pas de paroitre beaux à des yeux prévenus par quelque diſpoſition trompeuſe, il y a auſſi des aparences de juſtice qui ſéduiſent quelquefois ceux qui ne ſont pas éclairez. Il ſemble à un Homme piqué d'une injure qu'on lui a faite , qu'il eſt beau de ſe venger, mais quand il fait ce jugement , il ſe laiſſe ſurprendre par l'idée du mal que merite effectivement celui qui a commencé d'agir mal, il ſe remplit de cette idée & s'en occupe entierement. Mais ſi, attentif à ce qu'il ſe doit à ſoi-même , & plus porté à faire ce qui eſt digne de lui que ce que ſon ennemi eſt digne de recevoir, il écoutoit les conſeils de ſa grandeur d'ame préferablement à ceux de ſa colere, il comprendroit que l'honneur de pardonner eſt préferable à la ſatisfaction de punir , & qu'il eſt toûjours beau de faire ce qui nous convient le mieux & qui nous releve le plus.

De la grandeur d'Ame.

VIII. CETTE même grandeur d'Ame , qu'on écoute quand on pardonne fait la beauté des Ames heroïques, lorſqu'elles ſe ſoutiennent , & qu'elles conſervent une unité de force parmi cette prodigieuſe varieté d'évenemens, dans leſquels notre vie s'écoule. Il eſt beau de voir un cœur qui, toûjours également plein de ſatisfaction par ſon attache-

ment

ment à penſer juſte & à bien faire , ne s'oublie
point dans les ſuccès les plus continués, & ne
ſe trouble point par les diſgraces les plus re-
doublées.   Dans quelque élevation qu'il ſe
trouve, ne regardant les biens de la fortune
que comme des amuſemens, il ne donne à en
joüir que la moindre partie de ſon tems &
reſerve la meilleure pour le ſolide , pour
s'éclairer & remplir ſes devoirs. Les coups
les plus rudes ne le peuvent abbattre, parce
qu'ils ne lui ôtent rien de ſa veritable grandeur , aucun revers ne peut porter ſes at-
teintes ſur ſes connoiſſances & ſur ſa Vertu. Quand il ſe voit dans l'abondance , il
ſe fait un plaiſir de la répandre ſur les autres, & quand cette abondance le quitte, il
ne ſe fait pas une peine de s'en paſſer. Dans
l'un de ces états il a la ſatisfaction d'obliger,
dans l'autre celle d'être reconnoiſſant ; la
Raiſon l'ordonne ainſi, dans l'un elle veut
qu'il donne & dans l'autre qu'il reçoive. De
même encore parce qu'il eſt toûjours également raiſonnable, il ne connoit ni les joies
emportées ni les mortifications, & on ne le
voit ni fier dans la grandeur , ni rempant
dans l'abaiſſement. Les rolles de ſa vie ſont
differens, mais dans cette difference on reconnoit toûjours le même Acteur , parce
qu'il les remplit tous également bien par
une exacte convenance de ſes differens mouvemens avec ſes differens caracteres. En
ſanté, malade, mourant, il ne ſe dement
point , parce qu'il ſuit conſtamment une
ſeule régle, la Raiſon & la Bien-ſéance. Il
joüit d'une vie qui paſſe de maniere à ne
point trembler, quand la fin en arrivera &

I 5

quand

quand il touche à ce dernier moment , il n'a point de regret à un tems qu'il a sagement employé ; Tranquille dans le présent il se souvient agréablement du passé & attend l'avenir avec joie, on le reconnoit par tout & il meurt comme il a vêcu.

Cette uniformité de la vie avec la mort répand quelquefois une aparence de beauté, sur une maniere de perdre où il n'y a pourtant que de la stupidité , ou de la ferocité. Quand on voit un homme, un scelerat même justement condamné, marcher à son suplice d'un pas assûré , & attendre son dernier coup d'un œil affermi & d'un cœur intrepide, on sent en sa faveur un étonnement qui n'est pas éloigné de l'admiration. Mais c'est-là une fausse beauté , car elle se soûtient dans le mal, au lieu que la veritable se soûtient dans le bien , sa vie n'a point eu de convenance avec la regle sur laquelle on doit la former.

On a de la peine à s'empêcher de sentir du mépris pour un Grand qui se livrant à des flatteurs , tantôt se croit ce qu'il n'est point , & tantôt s'aplaudit dans ce qui devroit faire sa honte; qui fier de la delicatesse de sa table, de la multitude de ses Chevaux, de la somptuosité de ses équipages, fait dépendre sa grandeur de ce qui est au dessous de lui & au dessous d'un honnête Homme. On ne trouve pas de Beauté là où l'on reconnoit de la contradiction. Il n'a pas raison non plus de s'enfler, soit de ses richesses, dont il est redevable à l'épargne & aux travaux de ses Sujets, soit de ses victoires que le sang & le courage de ses Soldats lui procuurent , car dans la verité c'eſt à celui qui eſt cauſe d'un bien que la loüange en eſt dûe. S'il eſt beau d'être victorieux c'eſt à proportion ſeulement qu'on a contribué à la victoire , & il eſt ſi vrai & ſi inconteſtable que la Vertu ſeule en fait la Beauté , que les plus grands flatteurs , dans les éloges dont ils couronnent les Conquerans ſupoſent toûjours que la Juſtice, & la neceſſité leur ont mis les armes à la main, & que la moderation a donné des bornes à leur Valeur.

Quand on penſe juſte , on ne voit pas avec plaiſir les fêtes publiques par leſquelles on felicite le Prince de s'être acquis de nouveaux Sujets, lorſque ſes nouvelles conquêtes épuiſent ſes anciennes Provinces. Ces joyes d'éclat font avec la calamité publique un contraſte qui deplait. On ne loüera pas la domination d'un Souverain qui dans ſes magnifiques Palais ſe voit environné d'une pompeuſe Cour , quand pour fournir à ſes dépenſes , il faut que le reſte de ſes Peuples ſe reduiſent à des chaumieres & portent dans leur paleur , & dans leurs rides l'empreinte du joug dont ils font accablés , il y a trop de diſproportion & trop peu d'unité entre le Maître & les Sujets, & entre les Grands & le Peuple , il feroit beau qu'il y en eût davantage & que chacun fût heureux dans ſa condition , puiſque les uns & les autres font des Hommes. Mais on doit toute ſon admiration à un Souverain qui pouvant s'abandonner à ſes caprices avec impunité , a pour les lumieres de la Raiſon autant de reſpect que les plus timides d'entre le Peuple ont de frayeur pour les châtimens les plus ſéveres;

qui

qui pouvant ne penſer qu'à ſoi-même , & n'avoir en vûe que ſes plaiſirs , attache ſa felicité à celle des autres & la trouve dans l'aplication qu'il ſe donne à les rendre heureux. Il remplit ſa deſtination, il eſt veritablement Grand, il porte en effet l'image du Dieu Souverain qui l'a élevé , il fait ſentir aux Hommes ſa clemence, ſa grace & ſes ſoins paternels , ſans y être engagé par d'autres principes que par celui de ſa bonté.

Illuſions ſur la Vertu.

IX. L'IGNORANCE &' la vanité des Hommes ne ſe font que trop ſouvent unis pour donner le nom de Vertu à ce qui ne le meritoit point. Delà ſont nées mille ſuperſtitions qui deshonorent ſouvent la Religion, & en cachent les beautés ſolides ſous des dehors deraiſonnables. On n'aura pas de peine à les reconnoitre ſi on les examine ſur les fondemens que nous venons de donner à la Vertu , pour en faire comprendre la Beauté. On verra qu'on s'eſt chargé mal à propos d'une infinité de minuties, & de dures contraintes qui n'ont aucune beauté réelle & qui éblouïſſent ſeulement les Eſprits foibles par un caractere extraordinaire tout propre à leur impoſer. L'Homme corrompu & mal élevé trouve dans la veritable vertu de la difficulté, cela le diſpoſe à confondre ces deux choſes en une , & à regarder comme un devoir ce qui le contraint & le gêne. Mais qu'on y penſe bien , quelle beauté trouvera-t-on dans ce qui ne donne ni à l'eſprit de la lumiere , ni au cœur du pouvoir ſur ſes paſſions; dans ce qui ne perfectionne aucune des Facultés de l'Homme, qui n'eſt d'aucun uſage à la Société, qui en

ſoi

foi ne produit aucun bien qu'on ne puiſſe obtenir plus aiſément, & plus naturellement par des voyes fort differentes.

CHAPITRE X.

De la Beauté de l'Eloquence.

I. CICERON qui ſans doute a mieux connu que qui que ce ſoit toute la beauté de l'Eloquence, n'y voit rien qui lui donne autant d'admiration & la lui faſſe trouver ſi divine que cette ſurprenante varieté des Caracteres qui diſtinguent ſi fort les Ouvrages des Orateurs ſans les mettre néanmoins les uns au deſſus des autres. Tout differens qu'on les trouve, on ne fait ſouvent à qui donner la preférence. Par des routes differentes on les voit arriver au même but & obtenir le même prix. L'Eloquence renferme donc des beautés de plus d'une eſpece. Nous avons déja dit que la varieté eſt un des caracteres du Beau, mais quand l'unité s'y joint elle en forme un ſecond qui releve tout-à-fait l'éclat de ce premier. Cette Unité eſt même tellement eſſentielle à la veritable Eloquence, que rien ne s'en éloigneroit davantage qu'un diſcours uniquement tiſſu de phraſes les plus élegantes, & les mieux choiſies ; ſi on les avoit tirées de differens Auteurs. A quel genre de ſtyle que l'on ſe détermine dans ſes compoſitions, il faut qu'une certaine unité y regne & faſſe connoitre que tout y part d'une même main.

C'eſt

La Beauté de l'Eloquence vient d'un mêlange d'Unite & de Diverſité.

C'est par cette raison qu'il est si difficile &
si rare de réussir en imitant , car le naturel
de celui qui imite se mêlant parmi les traits
qu'il prend pour modéle & qu'il tâche de
copier , il en resulte presque toûjours un
faux alliage , un mêlange mal assorti qui
découvre tout à la fois & l'affectation de celui qui imite, & son peu d'habileté. Ce n'est
pas que l'imitation n'ait aussi sa beauté & que
quelquefois elle n'égale même celle de l'O-
riginal.   C'est avec un plaisir extrême qu'on
voit regner dans des Langues d'un génie tout
different la même unité de bon sens, de netteté, de force, & de délicatesse. Mais pour
imiter avec succès les grands modéles il faut
faire precisément ce qu'ils ont fait , suivre
la pente de son génie, & s'apliquer plûtôt à
perfectionner son caractere qu'à emprunter
celui d'autrui.

Beauté des Langues en général.

II. MAIS il faut expliquer avec un peu plus
de détail ce mêlange d'unité & de varieté, qui
fait selon nous une des beautés réelles du
langage des Hommes. L'Esprit humain
n'est pas moins fecond à produire des pensées differentes , des mots & des tours qui
expliquent ces pensées, que la Terre à faire
sortir de son sein les Plantes qui l'embelis-
sent, & comme chaque terrain n'est pas propre à toute sorte de plantes, chaque imagination non plus ne réüssit pas également dans
toute sorte de style ,   & ne s'y porte pas.
Mais quelle difference qu'il y ait entre les
génies des Hommes aussi bien qu'entre leur
manieres de penser & de s'exprimer, on rencontre , au milieu de cette surprenante varieté, des traits uniformes qui font d'autant
plus

plus de plaisir qu'ils se trouvent répandus dans une plus grande abondance de diversi-tez. Dans toutes les Langues il y a des re-gles & des anomalies: il semble que tous les Hommes ont eu également en vûe dans les differentes Langues dans lesquelles ils se sont partagés de faire usage de leur Raison & de leur liberté. On voit presque par tout qu'ils ont consulté quelques lumieres & qu'ils ont pensé conséquemment. Mais les uns & les autres ont aussi des expressions & des tours dont on ne peut rendre d'autre raison , que le choix qu'il leur a plû d'en faire.

Dans toutes les Langues on trouve quel-ques differences entre les termes qu'on em-ploye pour exprimer les choses, & ceux dont on se sert pour marquer les actions. Il y en a encore entre les noms des choses , & les noms de leurs proprietés. Les circonstances du nombre, du tems, & de la suite des ac-tions ont leurs marques qui les distinguent. Dans chaque Langue on a cherché à abreger, à varier, & à adoucir plus au moins. Nos idées si nombreuses & si differentes , redui-tes avec justesse à un petit nombre de clas-ses, presentent à l'Esprit une veritable beau-té ; les mots qui les expriment distribués dans leurs especes avec autant de regularité n'offrent pas un objet moins beau ; & plus ces reductions sont exactes, plus on les trou-ve belles, parce que cette exactitude renfer-me tout ensemble plus de varieté , & plus d'unité, outre qu'elle remplit mieux le but de ces reductions, qui est d'éviter la confu-sion que cause la multitude mal rangée. Il est beau encore sans contredit de voir naitre

d'un

d'un petit nombre de lettres des assemblages d'une infinie varieté ; les distinctions qui varient l'Ecriture par des caracteres differens, les Virgules, les Ponctuations, les Lettres Majuscules, les à *Capite*, plaisent aussi, parce que toutes ces distinctions ont leur régles qui les raportent à de certaines unités. Le but de tous les à *Capite* est le même, aussibien que de toutes les *Lettres Majuscules*. Les *Virgules* & les *Ponctuations* se raportent encore chacune à sa fin. Les mêmes raisons qui les demandent dans un endroit les demandent dans un autre. On aime des varietés qui ont des retours uniformes.

L'unité de gênie qui regne dans chaque Langue en fait une des principales beautés : c'est une grande faute de s'en écarter, c'est une perfection de le suivre & de s'y soûtenir, & ce génie qui regne dans chaque Langue est ordinairement l'expression de celui du Peuple qui l'a mise en usage, c'est pourquoi c'est une beauté réelle pour lui puisqu'elle a un raport réel à ses organes & à son tour d'Esprit.

Pour conclurre delà que toutes les Langues sont également belles, puisque chacune a également de rapport au génie du Peuple qui s'en sert, (ce qui seroit à peu près faire dépendre toute la beauté des Langues de la seule imagination) il faudroit avoir prouvé qu'aucun Peuple ne cede à l'autre en Bon Sens & en beauté d'Esprit, & que les organes de la voix & de l'imagination ont chez tous une disposition également heureuse. Mais peut-on dire que par la constitution même de leur corps tous les Hommes soient également souples, & qu'ils ayent tous la même

même delicateſſe de goût. On manque ordinairement de douceur dans les païs, où la
prononciation eſt rude ; là où l'on s'exprime
trop mignardement, on remarque auſſi trop
de molleſſe dans les mœurs ; une prononciation trop précipitée eſt un effet d'impatience dans ceux qui parlent auſſi bien que
dans ceux qui écoutent, & une preuve par
conſéquent que l'humeur domine en eux
plus que la Raiſon. A meſure que les Nations ſe ſont polies & ont étendu leurs connoiſſances, leurs Langues ſe ſont perfection-
nées en même temps que leur génie, elles
ſont devenues plus riches en mots, & plus
variées en tours, elles ont fourni à l'Eſprit
dequoi exprimer ſes penſées avec plus d'exactitude, de quoi fraper l'oreille avec plus
de plaiſir & flatter plus agréablement l'imagination.

Un Homme qui s'exprime en termes extraordinaires ou que l'uſage n'a pas aſſez encore autoriſé, manque à l'unité, ſon langage
n'eſt pas aſſez uniforme avec celui des autres. C'eſt un grand défaut, comme au contraire rien ne fait plus briller un Orateur que
de ſavoir placer des termes communs à tous,
d'une maniere qui leur donne une nouvelle
force ; il faut qu'ils paroiſſent naiſſans, tant
ils ſemblent uniquement formés pour exprimer ce qu'on veut faire comprendre par
leur moyen. Tout communs qu'ils ſoient,
un homme éloquent s'éleve & ſe diſtingue
par le choix qu'il en fait, & l'arrangement
qu'il leur donne ; on aime à voir ainſi de la
diſtinction dans l'unité même.

K   III. Com-

III. COMME toutes les régles qu'on donne pour la perfection du diſcours tendent uniquement à le rendre plus propre au but auquel il eſt deſtiné, la *Beauté* de l'Eloquence ſe trouve par là établie ſur les mêmes fondemens que la *Beauté* de toutes les autres choſes dont nous avons déja parlé, qui ſont *réellement* belles à proportion qu'elles ont de *convenance* avec leur *deſtination*.

Le Langage étant établi pour l'utilité des Hommes, quand on parle on doit avoir en vûe de faire paſſer dans l'Eſprit des idées juſtes & des ſentimens raiſonnables, afin de les amener par là à la connoiſſance & à l'amour de la Verité, & de quelque verité qui leur ſoit utile. Il ne ſeroit pas Beau d'employer ſon tems à orner un Diſcours, dont on ne pourroit tirer aucun fruit. Une penſée fauſſe peut éblouïr par des tours vifs qui préſentent une *aparence de Beauté*, parce que quand on juge des choſes par *ſentiment*, on donne le nom de beau à ce dont on eſt vivement frapé. Mais après y avoir penſé avec plus d'attention on a honte de s'être mépris, on s'aperçoit qu'on a été frapé des *images* parce qu'elles étoient *grandes*, mais qu'on ne l'a point été du ſens, parce qu'il n'y en avoit point ; de ſorte que d'une admiration trop précipitée, il eſt naturel de paſſer au mépris des ornemens qui ne ſervent qu'à couvrir un fantôme ou qu'à déguiſer une erreur ; & ſur ce ſujet comme ſur une infinité d'autres la prévention peut impoſer ſur la beauté, mais la prévention ſe diſſipe chez ceux qui ont du goût pour la Verité, & dont l'Eſprit juſte s'eſt

fait

fait une habitude d'examiner une seconde fois avec plus d'aplication, ce qu'il n'avoit parcouru que legerement d'une premiere vûe.

La *Verité* est tellement essentielle à la Beauté de l'Eloquence, & cette Beauté dépend si necessairement de la juste convenance des ornemens qu'on répand dans un discours avec le merite de la pensée qu'on présente ainsi embellie, que si la vrai-semblance paroit en bien des rencontres suffire à un Poëte & même à un Orateur, c'est uniquement, ce me semble, parce que les Hommes n'ont guére accoûtumé d'aller au delà, & que le Vrai-semblable a presque toûjours chez eux toute l'autorité du Vrai.

Dans le temps du Paganisme les *Fictions* des Poëtes répandoient une grande Beauté dans leurs Ouvrages, parce que c'étoient des opinions à la mode & que l'Erreur populaire apuyée sur une ancienne & obscure tradition leur donnoit, auprès d'une infinité de gens, la force de la Verité. Loin de s'être fait une habitude de les méprifer comme des *Fables*, on s'accoûtumoit dès l'Enfance à les écouter comme des *Histoires Sacrées*, & par ce moyen la force du préjugé avoit encore quelque reste d'effet sur ceux-là mêmes qui s'en étoient desabusés, de maniere qu'on ne se bornoit point à sentir ces Fictions comme grandes, on les recevoit de plus comme veritables.

Aujourd'hui si l'on invoque les *Muses*, c'est souvent par *Ironie*. En vûe de faire plus vivement sentir le ridicule d'un sujet que l'on veut rendre méprifable, on invoque,

K 2

pour

pour le traiter, un secours dont les plus grands Poëtes passoient pour avoir besoin dans les sujets les plus serieux, & les plus élevez. C'est ainsi que Monsieur *Despreaux* invoque agréablement les Muses à la tête de son *Lutrin*.

On s'adresse encore à ces Déesses de la Fable par des *Prosopopées* qui donnent de la vie & de l'intelligence à ce qui n'en a point. Pour comprendre ce que cette figure a de *verité*, & se convaincre qu'elle en tire sa *Beauté* aussi bien que de la grandeur de ses images, il faut se souvenir qu'il y a deux sortes de propositions veritables, les unes *Absolues*, & les autres *Hypothetiques*, ce sont les noms qu'on leur a donné dans l'Ecole. Quand je dis, *le Soleil éclaire*, cette proposition est vraye & absolue, mais quand je dis, *si la Lune tiroit d'elle-même son éclat, l'ombre de la Terre ne la feroit pas éclipser*, la verité de cette proposition est *Hypothetique*, chacun des membres dont elle est composée est faux, car il n'est pas vrai que la *Lune* tire *son éclat d'elle-même*, & il n'est pas vrai non plus qu'elle conserve sa *splendeur dans l'ombre de la Terre*, mais la necessité où l'on est d'admettre ces deux parties ou de les rejetter toutes deux, cette liaison, dis-je, qu'il y a de l'une à l'autre, forme une *espece de verité*, & c'est cette verité qui plait dans les Fables & dans les Prosopopées. Quand on supose qu'un homme dans le trouble excessif & les symptomes les plus violens d'une passion, qui a pris chez lui le pouvoir de la Raison & l'a presque éteinte, oublie que les arbres, les eaux, & les rochers sont in-

incapables de l'entendre, on ne fupofe rien
que fon trouble ne rende à peu près vrai-
femblable, les difcours qu'on lui met dans
la bouche s'accordent avec cette fupofition,
s'il penfe ainfi , il doit ainfi parler , & fi
cette fupofition étoit vraye il auroit raifon
de parler comme il fait. Les *Sages* ont auffi
leurs Profopopées, les *Fables* ont été & font
encore le langage des *Philofophes*. Si les Animaux brutes avoient de l'intelligence & fa-
voient s'exprimer, il y a lieu de croire qu'ils
nous feroient certaines leçons, on leur fupofe cette intelligence & ce langage qui leur
manque pour leur mettre dans la bouche ces
leçons. La feconde de ces fupofitions eft
la fuite neceffaire de la premiere , & leur
liaifon fait une verité *Hypothetique*. S'il y
avoit des Mufes Madame *Des Houlieres*
auroit eu pour le moins autant de raifon de
leur faire fes plaintes dans fes *Epitres chagri-*
nes, que d'exprimer dans fes *Idylles* fes tendres mouvemens à fes Moutons & à fes Ruif-
feaux, au cas que ces Auditeurs fupofez euf-
fent été affez heureux pour l'entendre. Si le
fameux *Marot* étoit en état de profiter d'un
commerce de Lettres , on ne pourroit lui
écrire rien de plus fenfé, de plus à propos,
ni de plus delicat que l'Epitre que Monfieur
Rouffeau lui adreffe; & comme dans ce Poëme il rend à *Marot* une vie qu'il a perdue,
dans le précédent il en donne aux Mufes une
dont elles n'ont jamais jouï, pour leur demander dans cette fuppofition , une juftice
qu'elles n'auroient pû lui refufer , & que
tous ceux qui ont la même inclination que
les Mufes doivent lui rendre en leur place.

K 3 Non

Non seulement les *Romans*, mais les *Contes* les plus éloignés de toute verité doivent, afin de plaire, renfermer quelque chose qui lui ressemble. S'il y avoit eu des *Fées* telles qu'on les dépeint, les unes bonnes & les autres méchantes, qui eussent pris part au bonheur & au malheur des Hommes, selon les égards qu'on auroit eu pour elles, on leur auroit vû faire des prodiges tout semblables à ceux qu'on se plait de leur attribuer.

Ce n'est pas assez qu'il y ait de la grandeur dans les objets que l'on présente à l'Esprit humain, qui aime à être ébranlé par des images vives & extraordinaires, il faut de plus que ces images, que ces fantômes mêmes, dont il veut bien se repaitre, renferment une *aparence de verité*, pour avoir au moins une *aparence de Beauté*. Cette aparence de verité se trouve dans la liaison que les Fictions ont entr'elles, c'est un effet du soin qu'on se donne de ne point dementir aucun des caracteres, que l'on a une fois trouvé à propos de feindre.

Il ne faut pas s'étonner si des caracteres, & des narrations bien liées les unes aux autres suffisent à un Lecteur oisif, & lui font presque oublier qu'il ne s'amuse qu'à des *Fables*, car les *Philosophes* ne se laissent-ils pas à tout coup éblouïr par de semblables aparences? Une enchainure de conséquences bien liées ne laisse pas d'imposer, quand même le premier principe dont elles sont tirées n'est qu'une suposition hazardée, & la plûpart des faiseurs de *Systêmes* contens d'en bien lier les parties, se mettent peu en peine d'en démontrer les fondemens, comme de
leur

leur côté la plûpart des Lecteurs ne se donnent pas plus de soin de les examiner, il est
agréable à leur paresse de les suposer vrais,
& dans cette supposition ils leur paroissent
beaux.

IV. Si l'aptitude des moyens à conduire
au but auquel on les destine, presente une
Beauté réelle, tout ce qui contribue à rendre le langage plus instructif ne doit point
passer pour une *beauté imaginaire* ; la plus
essentielle de toutes les qualités qui le rendent propre à cet effet, c'est la *netteté* ; des
termes *propres* qui portent dans l'Esprit d'un
Auditeur tout ce qu'on veut y faire naître
d'idées, & rien au delà , des termes *usités*
qui ne l'arrêtent point ; des *constructions ap-
prouvées* qui ne l'embarrassent point, ce font
là des *beautés essentielles*.

Comme on parle pour se faire entendre &
que ceux qui écoutent entrent d'autant plus
juste dans nos vûes , & saisissent d'autant
plus exactement nos pensées qu'ils se rendent plus attentifs, tout ce qui sert à engager l'attention va au grand but du discours,
& en fait une Beauté essentielle. Quand on
manque de *netteté*, on rebute l'attention en
la fatiguant. Quand on péche contre la *pureté*, l'attention, au lieu d'aller droit & sans
détour aux choses, s'arrête tout court sur des
mots ou sur des tours qui la surprennent, &
qui la choquent, & l'Esprit se chagrine avec
raison contre un Orateur qui le distrait ainsi
par bizarrerie ou par negligence.   Si le style
n'est pas coulant il fait encore souffrir l'Auditeur , parce que son esprit s'unissant en
quelque maniere à l'Esprit de celui qu'il é-

Les agré-
mens du
discours se
raportent
encore à
son but.

K 4

coute,

coute, il fent fes peines & fes embarras.

Il ne fuffit pas d'éviter tout ce qui rebute l'attention en faifant de la peine, il faut de plus la foûtenir par le plaifir. Trop d'uniformité, foit dans le ton de la voix, & dans la maniere de prononcer, foit dans les mots, foit dans les tours & la forme des periodes, foit dans l'arrangement même des penfées & dans la méthode qu'on trouve bon de fuivre, tout cela ennuye & dégoûte; il faut à l'Efprit humain de la varieté fans quoi il languit. Son attention fe relâche dès que quelque nouveauté ne l'anime pas.

Dès qu'on fe propofe un but & que ce but eft louable, il eft beau d'y arriver par le plus court chemin , c'eft par cette raifon qu'on eftime la *Brieveté* , mais il faut que cette brieveté ne foit point *obfcure*, fans quoi elle retarderoit & feroit tout le contraire de ce à quoi on la deftine. Il y a plus, on doit s'arrêter fur les verités utiles, & par là on a raifon de fe plaindre d'un ftyle qui les fait paffer rapidement devant les yeux. Il ne faut pas que les grandes idées s'évanouïffent en naiffant, celui qui parle, doit avoir foin de les entretenir. On fe plait à arrêter fon attention fur un Tableau qui en eft digne, on veut dans un Orateur non feulement de la *Brieveté*, mais de l'*étendue* , on veut non feulement qu'il fache faire naitre promptement des idées , mais qu'il fache de plus les graver & les foûtenir.

Mais comme il y a une fauffe brieveté qui allonge en effet le chemin , parce qu'elle arrête l'Efprit par fon obfcurité, il y a auffi une fauffe étendue qui fatigue inutilement

l'atl'attention, qui amufe & diftrait l'Auditeur par des fuperfluités. Plus il y a *d'ordre* dans les idées, & dans les mots qui les expriment, moins il arrive d'être obfcur par la brieveté, ce même ordre en mettant chaque chofe dans fa jufte place, évite l'embarras & l'ennui des longueurs, & c'eft dans l'ordre que nous avons trouvé un des traits effentiels du Beau.

Si un Difcours tire quelque beauté de fa *jufte brieveté*, s'il en tire auffi de fa *jufte étendue*, fi cette brieveté, & cette étendue varient fuivant le génie de ceux à qui l'on s'adreffe auffi, bien que fuivant d'autres circonftances, fi enfin ces circonftances doivent varier le genre du ftyle, il femble qu'un difcours qui conviendra à certains Auditeurs, & à quelques circonftances ne convenant point à d'autres, les uns auront raifon de trouver Beau ce que d'autres auront raifon de rejetter comme ne l'étant pas. Je ne tombe pas d'accord de cette conféquence, car je ne laifferai pas de trouver beau un difcours dont la longueur auroit quelque chofe de fuperflu, s'il n'étoit fait que pour moi, lorfque ceux à qui on le deftine ont befoin qu'on leur parle dans cette étendue. Un *Oculifte*, qui a la vûe courte trouvera tout auffi belle une *Lentille Convexe*, à l'ufage d'un Vieillard dont l'œil eft très-aplati, qu'une *Concave* faite pour corriger le mauvais effet de la courbure trop aigue du fien : il choifira celle-ci comme lui étant plus commode, mais il eftimera également celle-là, fi le verre en eft auffi pur & que le travail en foit auffi exquis, & auffi inconvenable à fon but.

Il y a des beautés de plus d'une espece, c'est une remarque qu'il est peut-être necessaire de repeter de tems en tems. D'une difference on ne doit point conclurre à l'exclusion de l'autre, il ne faut pas confondre l'oposition & la diversité. Le nom d'un *Genre* est commun à toutes les *Especes* pour differentes qu'elles soient, les caracteres essentiels du *Beau* se trouvent dans toutes les especes qui portent ce nom, quoi qu'en differens degrés & differemment placés.

Ce n'est donc pas seulement de la nature des sujets que l'on traite que dépend la juste mesure de la longueur & de la brieveté, elle se régle encore sur la portée de ceux à qui un discours s'adresse, & sur les circonstances du tems & du lieu, où on le prononce. Mais ce genre de beauté pour être relatif, n'en est pas moins réel, à moins qu'on ne regarde toutes les relations comme imaginaires. La Beauté est attachée à la proportion, les proportions varient, & les beautés de même.

Suivant la nature des sujets que l'on traite & le génie des Auditeurs à qui l'on s'adresse, aussi-bien que suivant les circonstances du temps & des lieux, le discours doit être plus élevé ou plus simple. Ceux qui ont donné des régles pour l'Eloquence ont fait trois *Genres* de style, & chacun de ces *Genres* a encore ses degrés, proportionnés au degré d'élevation, de petitesse ou de simplicité des matieres, pour lesquelles on employe ces styles. La convenance des choses en fait la beauté, les idées doivent être en nous des images de leurs objets, nos expres-

sions

ſions doivent repréſenter nos idées. Or afin
que les images plaiſent aux perſonnes de bon
goût , & qu'elles puiſſent paſſer pour belles
à juſte titre, ce n'eſt pas aſſez qu'elles ſoient
Grandes, il faut de plus qu'elles ſoient *Juſtes*,
& quand elles ſont & grandes & juſtes on
veut encore qu'elles ſoient *embellies*. Un
riche *Quadre* réleve la Beauté d'un excellent
Tableau , mais il terniroit une peinture mediocre, car il ne lui ſeroit pas aſſez proportionné.   Un Diſcours élevé , des termes
pompeux, un ſtyle ſublime ne feroient pas
honneur à celui qui traiteroit un ſujet médiocre, un Auditeur ſe plaint qu'on le trompe quand on lui donne peu en lui faiſant eſ-
perer beaucoup. Mais quand le ſujet qu'on
traite le comporte, en élevant l'Eſprit à de
ſublimes idées, on doit fraper l'imagination
par de grandes images , & flatter l'oreille
par d'agréables ſons. Quand des Facultez
differentes ſont toutes également ſatisfaites,
c'eſt une unité qui charme au milieu de la
varieté.

La nature de chaque choſe étant déterminée, le ſtyle dont on ſe ſert pour la décrire
y doit convenir, & ſa beauté dépend de ce
raport. Il n'eſt jamais rien arrivé de ſi affreux que le Deluge , *Ovide* le décrit ſous
de grandes images qui portent l'effroi dans
le cœur , il fait ſentir de moment en moment le Genre humain accablé par de nouvelles pertes, les bleds ſont arrachez, & le
Laboureur après s'être conſumé en travaux
continuels ſe voit enlever tout d'un coup
tous les fruits de ſes longues peines. Les
Rivieres ſe débordent dans les plaines les
plus

plus vaſtes avec l'impetuoſité des torrens les plus furieux. Les Tours les plus ſolides ſe renverſent ſous le poids de l'eau qui les preſſe. Toute la Terre n'eſt qu'une vaſte Mer, car la Mer a perdu ſes bords. Tout accoûtumé que *Seneque* ſoit aux grandes images, il paroit vivement frapé de celles - ci, mais il ajoûte avec raiſon que cet excellent Poëte gâte tout, quand il ajoûte que les Loups nageoient au milieu des Brebis, & que l'on voyoit les Lions flottans ſur le deſſus des eaux. Un Eſprit occupé des malheurs du Genre humain prêt à s'éteindre pour jamais par la plus affreuſe des deſolations, doit peu ſe mettre en peine du ſort des Loups & des Brebis, une telle chûte du grand au petit n'eſt pas belle, la fecondité de la veine d'*Ovide* le jette dans le ſuperflu, & en s'abandonnant à ſon naturel qui aime à badiner, à varier ſes images & à faire des deſcriptions fleuries, il oublie ce qu'il doit à la Raiſon & il ne ſe ſoûtient pas dans ſa narration, car ce qu'il dit n'eſt pas ſeulement vraiſemblable ; un débordement ſi impetueux ne portoit point ſans doute des troupeaux nageans, ces flots terribles renverſoient & noyoient d'un même coup tout ce qui ſe trouvoit à leur paſſage.

Quand *Seneque* dit en parlant du *Deſtin*, que *comme l'eau d'un rapide torrent ne remonte point vers ſa ſource, & ne peut même s'arrêter dans ſon cours, toûjours précipitée par celle qui la ſuit ; de même tous les évenemens ſe ſuccedent les uns aux autres par une neceſſité également inſurmontable, une éternelle Loi en a reglé toute la ſuite, & le point capital de*

cet-

cette Loi c'est d'être irrévocable ; cette image est grande & terrible, s'il y a un Destin, cette peinture lui convient parfaitement. Mais comme rien n'est plus naturel que de lui opposer cette difficulté, *A quoi donc sert la Religion ? Pourquoi s'attacher au culte des Dieux ? Pourquoi chercher à les apaiser par des sacrifices & à prévenir les maux dont ils nous menacent par des expiations, si tout est reglé, si tout est irrévocable?* Seneque prévoit cette objection & entreprend de la resoudre. *Quand vous servez les Dieux,* dit-il, *quand vous leur offrez des sacrifices, & que par là vous évitez des maux, & vous vous attirez des biens, c'est la fatalité qui vous entraine & vous fait arriver à son but par un chemin que le Destin éternel a marqué, de même que quand il vous a destiné des richesses il vous fait entreprendre un commerce, & quand il a resolu de rétablir vôtre santé, il vous fait apeller un Medecin. C'est ainsi que votre Sort suit toûjours la Loi du Destin, & que ceux qui y contribuent ne font que l'executer.* Mais plus il y a de subtilité dans une réponse, plus elle promet par l'Eloquence de ses tours & le brillant de ses *Antitheses*, plus on est fâché de n'y trouver pas ce qu'elle faisoit esperer : on veut du *solide*, & les termes *pompeux*, quand ils ne répandent pas la lumiere à laquelle on s'attend, font une *monnoye brillante* qui n'est point de *bon alloi*, on se plaint de ceux qui la donnent. C'est le défaut qu'on trouve dans la réponse de Seneque, *Il ne faut pas negliger les moyens,* dit-il, *puisqu'ils sont dans l'ordre du Destin aussi-bien que le but.* Mais pourquoi me fera-t-on des reproches,

fi je les ai negligés, car la negligence de celui qui les meprife n'eft-elle pas auffi irrévo-
cablement marquée par le Deftin que l'aplication de celui qui les met en œuvre? L'un
& l'autre ne fait-il pas ce à quoi il eft en-
traîné par une fecrette, & invincible régle?
N'étant point maître l'un ni l'autre de leurs
actions & de leur choix, ils ne meritent tous
deux ni reproche ni recompenfe. Un homme a beau être éloquent, un Efprit raifonnable ne fera fatisfait de fes endroits mêmes
les plus limés, fi au lieu de tenir parole, il
amufe, & fi au lieu de lever une difficulté il
ne fait que fournir une nouvelle occafion à
la renouveller.

La Raifon eft plus fatisfaite quand il ajoûte que *les Dieux fufpendent les fuites de certains évenemens d'une maniere à les faire heureufement tourner pour ceux qui les invoquent.*
Mais cette réponfe n'eft pas facile à accorder
avec l'*Hypothefe Stoïque* du Deftin: car fi les
évenemens font fufpendus & que notre choix
puiffe les prévenir ou les faire arriver, tout
n'eft pas donc decidé par un arrêt irrévocable, & l'éternelle Loi du Deftin peut quelquefois être interrompue ou changée.

Quand on voit les excès où *Lucain* s'a-
bandonne pour faire fa Cour à *Neron*, malgré toute l'élevation de fon ftyle, & la pompe de fes vers on ne peut s'empêcher de fentir contre lui de l'irritation, on ceffe prefque de le plaindre & on trouve moins étran-
ge, qu'il fe foit vû l'objet de l'ingratitude
d'un Monftre d'orgueil, & d'impieté quand
on voit les foins qu'il fe donne pour le rendre tel.

Le

Le Bonheur de vivre sous l'Empire de Ne-
ron n'a pas été trop acheté par tout le sang ré-
pandu dans les Guerres Civiles, c'est une exaggeration à quoi les commencemens de son
regne pouvoient donner lieu. *Mais que les*
Dieux aillent au devant de Neron faisant son
entrée dans le Ciel après une très-longue vie sur
la terre, & que chacun s'empresse à lui ceder
sa place & à reconnoitre celle qu'il choisira pour
le thrône de l'Univers, c'est une prophanation
insuportable. Il continue, & sa Raison se
perd de plus en plus, *Pour maintenir l'équi-*
libre du Firmament & l'empêcher de pancher
par un si grand poids, il le prie de se placer à
une égale distance des deux poles. L'exaggeration & l'impieté sont suivies d'un galima-
tias qui ne signifie plus rien. Après avoir
déja trop dit, pour vouloir encore plus dire, à la fin il ne dit plus rien.

V. PLAIRE est un des grands moyens
d'instruire avec succès, la vanité du Cœur
humain ne sent pas sans quelque peine la superiorité de celui qui l'enseigne, & il faut
que la maniere d'instruire soit accompagnée
de grands agrémens pour enlever la mortification qu'on éprouve à emprunter ses lumieres d'autrui. C'est par cette raison que
quand on insiste sur les mêmes pensées, il
faut que ce soit avec beaucoup de varieté
dans les expressions & les tours, afin que le
plaisir de la varieté ne laisse pas seulement
apercevoir à l'Auditeur la nécessité, où l'on
est de lui réïterer les mêmes instructions
pour les lui faire mieux comprendre. La
varieté plait par elle-même, elle plait aussi
parce qu'elle donne lieu à des assemblages

De la
Beauté des
ornemens.

de

de termes , qui frapent plus agréablement l'oreille. Quand un mot placé à la suite d'un autre rendroit la prononciation ou trop rude, ou trop lâche, c'est un avantage d'y pouvoir substituer un Synonyme qui fasse un autre effet sur elle , sans en faire un different dans l'Esprit. La beauté d'un trait croît par le nombre de ses usages, on voit avec plaisir que ce qui est destiné à un but , sert en même tems à un autre. Les intervalles des Periodes sont beaux par cette raison , ils soulagent également celui qui parle & celui qui écoute, & forment en même-tems une cadence qui plait à l'oreille. Mais pour plaire à l'Esprit il faut que les Periodes soient abregées ou soûtenues , simples ou harmonieuses, selon la grandeur ou la mediocrité des choses qu'elles renferment , qu'elles soient liées ou coupées à proportion que les matieres , dont on traite ont de liaison entr'elles, ou n'en ont pas. Le style d'une narration , par exemple, doit être lié. Cela est conforme à la liaison , qui doit se faire sentir entre les évenemens dont on raporte la suite. Mais comme on rit quand on est frapé d'un ridicule à quoi on ne s'attendoit pas , on doit se servir d'un style coupé , quand on parle à dessein de faire rire.

Il ne faut pas que le plaisir de l'oreille fasse le moindre préjudice au fruit que l'Esprit doit tirer du Discours. Si pour être harmonieux dans la prononciation on se sert d'expressions moins justes, on en omet de necessaires , ou l'on en insere de superflues, le Discours manque de justesse , & puisque ce qu'on doit avoir principalement

en

en vûe y manque , & que l'acceſſoire y eſt
préferé , l'Auditeur n'eſt pas content d'un
Orateur qui paroit avoir aſſez mauvaiſe
opinion de ceux à qui il s'adreſſe, pour croire qu'ils lui ſauront plus de gré du ſoin qu'il
ſe donne de flatter leur oreille, que de l'attention qu'il doit avoir à les éclairer. Nous
aimons qu'on nous faſſe plaiſir, mais nous
ne voulons pas que ce plaiſir ſoit un effet de
l'étude & de l'art, nous voulons qu'il par-
te du cœur, nous comptons plus ſur celui qui
nous oblige ainſi , & en même-temps nous
nous trouvons dans une moins grande néceſſité de lui marquer notre reconnoiſſance ;
celui qui fait plaiſir ſans paroitre chercher à
le faire, & comme ſans y penſer exige moins
de retour. Il faut donc que tout ſe raporte
au principal, les varietés réveillent l'attention, l'ordre la ſoulage, les tranſpoſitions
l'obligent à ſe ſoûtenir dans les occaſions ,
où il faut neceſſairement qu'elle s'applique
tout à la fois ſur pluſieurs idées, les deſcriptions l'éclairent en lui expoſant les choſes
dans le détail, le ſtyle ſerré , & les termes
feconds en idées acceſſoires rendent ſes lumieres plus vives en les raſſemblant. Quand
tout cela eſt bien diſpenſé les Sens s'amu-
ſent, l'Eſprit s'éclaire, & le Cœur ſe laiſſe
ébranler ; il eſt beau d'obtenir d'un ſeul coup
trois fins ſi differentes , ſans que pour arriver à l'une on s'écarte en quoi que ce ſoit
des autres. C'eſt un défaut de ne s'en propoſer qu'une, ſur tout quand ce n'eſt pas la
plus digne ; dès que les *Tropes* & les *Figures*
qu'on met en œuvre pour s'emparer de
l'imagination, & ſe rendre maître des paſ-

L

ſions

fions par ce moyen , rendent un Difcours tenebreux , dès que l'*Allegorie* aproche de l'*Enigme*, & qu'une continuation de termes empruntez peuvent aifément donner lieu à des idées fauffes , l'Eloquence ainfi parée n'a que de fauffes Beautés.

Il eft donc tout-à-fait neceffaire que les ornemens deftinés à plaire & à reveiller l'attention, tels que font la varieté, la richeffe, les fleurs, la pompe, & l'abondance, foient menagés avec beaucoup de circonfpection. Un Difcours qu'on écoute avec affez de plaifir, pour entrer fans diftraction dans toutes les chofes dont il traite, produit l'effet auquel il eft deftiné, mais s'il occupe l'attention par d'inutiles brillans, fi les mots & les tours, c'eft-à-dire, l'écorce s'empare en partie d'une attention qui eft dûe tout entiere aux chofes & à l'interieur, alors ce qui devroit conduire au but en éloigne, les ornemens font de trop, ils ne font plus un bel effet parce qu'ils font mal placés, c'eft affez qu'ils excitent l'attention , c'eft trop qu'ils s'en faififfent.

Rien fur tout ne produit un plus mauvais effet qu'un attachement fervile aux régles, dès qu'il ôte au Difcours de la force ou de la netteté, en un mot s'opofe à quelcun des effets en vûe defquels on a inventé des régles. Rien n'eft plus deraifonnable que de s'en fervir contre leur deftination ; le Beau s'évanouit dès que les moyens font difproportionnés au but.

On n'aime pas même que l'attention aux régles foit trop marquée ; car l'Efprit humain hait naturellement la contrainte. D'ail-

leurs

leurs on admire davantage un naturel heureux qui s'éleve de lui même, & sans le secours de l'art, & l'admiration que l'on sent
pour celui qui parle se répand ordinairement
sur ce qu'il dit. Outre cela on se flatre aisément qu'on pourroit, ou qu'on auroit pû
égaler celui qui doit son habileté à son travail, mais on sent & on avoue la superiorité d'un grand naturel ; non seulement on la
sent, mais on ne se fait pas une peine de la
sentir. On ne voit pas avec le même plaisir celle d'un homme , qui doit à ses propres soins ce qui le met au dessus des autres,
cette consideration renferme un reproche
secret , & emporte la condamnation d'une
paresse qui a empêché de l'égaler. Mais il
n'y a qu'une excessive malignité du cœur
qui puisse faire regarder avec chagrin une
élevation de génie qu'on a obtenu sans l'a-
voir cherchée.

VII. Il arrive souvent aux Hommes de ne
s'entretenir qu'à dessein de s'amuser, & on ne
sauroit raisonnablement contester que du
moins l'imperfection de notre nature & la
foiblesse de notre genie, incapable de se soûtenir sans cesse dans le sérieux & dans l'é-
levation , n'exige ces delassemens & ne les
rende tout-à-fait légitimes. Souvent donc ce
n'est point pour arrêter l'attention sur quelque verité, qu'on parle ; on se propose uniquement de plaire & de divertir, & tout ce
que l'on dit dans ce dessein passe pour *Beau*,
pour bien exprimé & pour bien pensé, quand
il a le succès qu'on cherche : car lorsqu'un
but est innocent & que les moyens dont on
se sert pour y arriver , sans avoir rien de

De la
Beauté des
Discours
où l'on se
propose de
plaire plus
que d'inf-
truire.

condamnable en eux-mêmes , font propres pour y amener, il eſt ſans doute Beau de les ſavoir choiſir , & de les mettre en œuvre.

Il en eſt de la Faculté de parler comme de celle de marcher , on marche ordinairement pour ſe tranſporter là ou l'on a à faire , mais ſouvent auſſi on ſe fait de la promenade un ſimple divertiſſement, on ſaute même , & on danſe pour donner eſſor à ſa propre joie ou pour divertir les Spectateurs, & leur marquer ſon adreſſe. On parle de même ou pour inſtruire les autres , & leur faire part de quelque connoiſſance utile, ou ſimplement pour leur plaire , ou enfin pour leur exprimer ſes paſſions ou les leur communiquer.

Quand il s'agit d'établir une verité ſur des preuves ſolides & convaincantes, le ſtyle le plus uni eſt ſans contredit le plus à propos, & par là le plus beau. Un Orateur qui alors s'égaye dans des figures ne me paroit pas moins ridicule qu'un Voyageur, qui pour faire ſa route plus agréablement, marcheroit par bonds, par pirouettes & par cabriolles , & par là ſe fatigueroit beaucoup en avançant fort peu. Les ornemens que l'on n'a inventé que pour amuſer, & pour divertir ne font pas un meilleur effet dans une matiere *grave* : ce ſont des *parures mal placées* , qui , ſans embellir celui qui s'en charge , découvrent ſeulement en lui une affectation peu ſenſée de briller & de paroitre Beau.

Diſons un mot ſur la Beauté des piéces dont l'Eloquence ſe réduit à plaire & à amuſer. Ce que nous remarquerons ſur un petit

tit nombre pourra aisément s'apliquer aux autres.

Il faut qu'il y ait de l'Esprit dans l'*Epigramme*, & que la pensée en soit juste, parce qu'elle n'est pas destinée à divertir les sots, mais à plaire aux personnes qui ont du goût. Les *jeux de mots* n'y sont pas mal placés puisqu'elle est faite pour amuser en badinant, mais ces jeux, qui font un bon effet, sont bien differens des *mauvaises pointes* qui ne renferment point de sens, ou dont tout le sens, si on en change les termes, pour en faire évanouïr le jeu, se réduit à une sottise manifeste. On peut dire qu'à cet égard le monde & l'Ecole se sont corrigés en même tems: dans l'un & dans l'autre, on se paye moins de mots qu'on ne faisoit autrefois, on méprise un langage extraordinaire qui ne dit rien, loin de dire quelque chose de mieux pensé qu'on ne fait ordinairement.

Lorsqu'une pensée a quelque chose d'un peu libre ou de malin, elle ne sauroit plaire qu'à des cœurs gâtés, à moins que la finesse du tour & l'esprit, qui y regne ne s'attirent l'attention à un tel point qu'on ne fasse plus qu'entrevoir ce qui pourroit offenser pour être trop hardi. C'est une marque de respect pour ceux à qui l'on s'adresse de ne leur présenter, que comme en éloignement tout ce sur quoi la Bienséance ne veut pas qu'on arréte ses yeux. J'aplique au discours la même réflexion que j'ai déja faite sur les traits du visage, on a raison de trouver Beau un exterieur qui marque un interieur raisonnable. Il y a beaucoup de termes qui ne font préferés à leurs synonymes, que parce

qu'en-

qu’entre les idées acceſſoires qu’ils font naître , il y en a qui découvrent de quel œuil
l’Orateur regarde ce qu’il traite,& ſous quelle
face il cherche à le faire voir à ſon Auditeur. Ce n’eſt pas regarder le Vice comme
on doit que d’en faire une matiere de plai-
ſanterie. Quand on le tourne en ridicule ,
il faut que ce ridicule porte à le faire mépri-
ſer , & à s’en éloigner de peur de ſe rendre
ſoi-même mépriſable. La *Satyre* eſt d’autant plus belle qu’elle va plus à corriger qu’à
aigrir ceux ſur qui elle tombe , c’eſt le but
qu’on doit ſe propoſer dans cet Ouvrage,&
quand on ſe trouve dans des diſpoſitions contraires , il eſt plus beau de ſe taire que de parler. J’ajoûterai que s’il eſt neceſſaire d’avoir
un tour naturel pour plaire avec raiſon, c’eſt
ſur tout dans la *Satyre*. L’art & l’affectation
y ſont inſuportables. Quand un homme
ſait reprimer la vivacité de ſon imagination,
& que la bonté de ſon cœur le détermine
à des tours modeſtes, il eſt juſte de lui tenir compte de ſa moderation. Mais il n’eſt
pas pardonnable de s’exciter ſoi-même à des
idées dont il faut au contraire ſe détourner
dès qu’elles ſe préſentent, pour ne les voir
qu’en fuyant, & on ſe rend odieux, comme
on le merite , quand on paroit avoir employé ſon tems & ſon habileté à chercher les
vices des autres & à les étaler. Il faut que
les bons mots naiſſent comme d’eux-mêmes
qu’ils paroiſſent échapés , & qu’ils portent
le caractere d’une ſaillie d’eſprit , dont la
promptitude a devancé le conſentement du
cœur.

On écoute avec plaisir une raillerie lorfque paroiſſant échapée ſans deſſein elle ne
laiſſe pas de menager celui ſur qui elle tombe, car alors elle eſt également une preuve
de fineſſe & de douceur, deux qualités neceſſaires pour plaire aux gens d'Eſprit & aux
honnêtes gens.

Il ne faut blâmer qu'avec retenue pour
faire ſentir, que ce n'eſt ni par vanité, ni
par haine qu'on ſe laiſſe aller à ce langage,
mais que la verité en arrache une partie,
pendant que la douceur en ſupprime l'autre.

La retenue eſt même néceſſaire quand on
loue, car une certaine délicateſſe d'expreſ-
fions, qui en diſant peu donnent lieu à penfer beaucoup, fait connoitre qu'on reſpecte
la modeſtie de celui qu'on loue, en même-
tems qu'on rend juſtice à ſes autres vertus.

Quand l'imagination s'égaye, une penſée
libre ne doit être énoncée qu'à demi & tellement envelopée, ſous l'honnêteté des expreſſions, qu'on ne découvre la vivacité de
celui qui parle qu'à travers ſa pudeur & ſa
retenue. On ne regarde pas les penſées de
cette nature comme une marque de licence,
quand on n'y vient que rarement; & que le
tour en eſt aſſez ingenieux pour occuper
l'Eſprit beaucoup plus que le Cœur. On ne
doit avoir en vûe de divertir qu'honnêtement,
& le ſtyle dont on ſe ſert, pour meriter le
nom de *Beau*, doit avoir du raport à cette
juſte vûe.

Je trouve aſſez de raport entre le *Poëme*
qui porte le nom de *Sonnet*, & ces ſauts qui

L 4　　　　　　　font

font admirer la force & l'adreſſe de ceux qui
ſe donnent en *ſpectacle*. On ſe plait d'autant
plus à les voir que le difficile ſemble ne l'ê-
tre plus pour eux , tant leurs mouvemens
paroiſſent aiſés & naturels.   On eſtime de
même un *Sonnet* à proportion que toutes ſes
parties ſe ſoûtiennent également ſans aucune aparence de chûte , & que toutes ſes expreſſions ne ſe trouvent pas moins heureuſe-
ment placées que ſi en le compoſant , ſans
s'aſſujettir à aucune régle , l'Eſprit n'avoit
ſuivi que ſon inſtinct & ſon feu.   Le naturel plait par tout, parce qu'il eſt proportionné à ce que nous ſommes, mais il plait davantage , quand les ſujets où on le trouve
ſemblent moins le comporter , on y aperçoit une unité qui charme d'autant plus
qu'on s'attendoit moins à la rencontrer.

De la
Beauté de
l'Eloquen-
ce, qui a
pour but
d'émou-
voir les
paſſions.

VIII. QUAND le cœur eſt agité par de violentes paſſions, un ſtyle uni, quoique recomman-
dable par ſa netteté , ſa force & ſa délicateſſe, ne peindroit pas aſſez au juſte ſon état,
il n'y auroit pas aſſez de convenance entre
les émotions qu'on voudroit repréſenter, &
les expreſſions qu'on employeroit pour les
faire connoitre , le ſtyle ordinaire n'eſt pas
propre à décrire une ſituation du cœur extraordinaire, & dans ces cas-là le desordre
fait une *Beauté*, parce qu'il offre une *peinture* plus reſſemblante à *l'Original*.   Quand il
s'agit ſimplement d'*éclairer* il faut tout *aplanir*, il faut menager l'attention & lui laiſſer
toute ſa liberté , mais pour remplir un cœur
d'*agitations*, il faut le *ſurprendre*; car c'eſt de
la *ſurpriſe* que les *Paſſions* tirent leur force.
Les frequentes *Interrogations* ne lui donnent
pas

pas le tems de ſe reconnoître, les *Metapho-
res* l'ébranlent.   Il s'en faut beaucoup que
les idées les plus nettes n'ayent la force des
Comparaiſons qu'on tire des choſes ſenſibles,
parce que l'imagination ſe laiſſe entraîner
par des objets de cette nature.   Les *Excla-
mations* aident le cœur à s'élever & à ſe ſoûtenir dans l'admiration.   Les *Plaintes* l'atten-
driſſent ; les *Deſcriptions* quand elles ſont
vives & pouſſées dans le détail, ont la force
des choſes mêmes , parce qu'elles les mettent en quelque maniere ſous les yeux , &
amenent l'Eſprit à s'en former les mêmes
idées que s'il les voyoit.   L'*Hyperbole* même
eſt ſouvent neceſſaire quoi qu'elle s'écarte
de la verité.   Quand on a de grands effets à
produire, il faut s'animer par des efforts extraordinaires , il faut demander exceſſive-
ment, afin de ne laiſſer pas d'obtenir beaucoup en obtenant beaucoup moins que ce
qu'on demande.   Il en eſt du diſcours dans
ces cas-là comme de la main , qui ſe propo-
ſant un but fort éloigné s'efforce , afin de
l'atteindre, de porter ſon coup beaucoup au
delà.   Mais ſoit que l'on ſe borne à des
Comparaiſons, ſoit qu'on aille juſqu'à l'*Exaggeration*, il ne faut jamais que ces figures
ſoient aſſez outrées pour faire perdre de vûe
la *Verité*.   On entre beaucoup plus aiſément
dans les paſſions d'un homme , quand on
voit que les agitations qu'elle lui donne
n'offuſquent point ſa Raiſon. Et en général
quelle route qu'on choiſiſſe pour s'ouvrir un
chemin au cœur , il faut que cette route
convienne aux diſpoſitions naturelles de ce
cœur dont on a en vûe de ſe ſaiſir. Les *Paſ-*
L 5   *ſions*

fions ont leurs *régles* auffi bien que les *idées*, & foit qu'on veuille *éclairer* foit qu'on veuille *toucher*, le grand *art* confifte à bien imiter la *nature* pour bien profiter de fes fecours. Tout ce qu'on met en œuvre pour faire naître des paffions doit être, dans celui qui parle, l'effet de ces paffions mêmes qu'il fe propofe d'exciter dans les autres. Comme donc il s'eft paffionné lui - même pour avoir regardé les objets dans un certain point de vûe, & prévenir par de certaines difpofitions, il faut qu'il tâche infpirer à ceux qui l'écoutent ces mêmes difpofitions, & les placer dans le même point de vûe, où il s'étoit mis. Une *Figure* eft à *propos* & produit un bel effet lorfqu'elle aide l'Auditeur, à s'élever à un mouvement dans lequel il alloit entrer de lui - même, & auquel ce qu'il vient d'entendre l'avoit déja préparé, la Beauté des moyens roule fur leur convenance avec le but pour lequel on les met en œuvre. Les plus *propres* à l'obtenir font fans doute les plus *Beaux*.

Conclufion. IX. En matiere d'éloquence auffi - bien que de tout autre fujet les hommes n'ont pas le même *goût*. L'un ne regardera qu'avec indifférence, & peut-être même trouvera infuportable ce qui charmera un autre. Mais toutes ces diverfités confirment mon Syftême, & prouvent que le mot de *Beau*, eft équivoque, de même que les termes de *Vrai* & de *Jufte*. Une partie des Hommes ne reçoivent pour *Vrai*, que ce qui eft conforme à leurs *préjugés*, & n'eftiment *Jufte*, que ce qui fe raporte ou à leurs *interêts*, ou aux maximes dans lefquelles on les a *élevés*. Par une femblablable erreur ils donnent le nom de *Beau*, à ce qui les frape agréablement par un certain raport qu'il a avec leur naturel, ou leurs habitudes. Mais si la *Verité*, si la *Raison*, si la *Droiture*, font quelque chose de réel, il faut aussi convenir que ce qui merite l'aprobation des personnes raisonnables, & qui par là est capable de leur plaire, soit qu'il s'agisse d'éloquence, soit qu'il s'agisse de quelque autre sujet, est effectivement *Beau*.

CHAPITRE XI.

De la Beauté de la Musique.

SECTION PREMIERE.

Qui contient des Réflexions générales.

I. IL Y A peu de sujets surquoi les Hommes soient plus partagez que sur celui de la Musique. S'il y en a qu'elle enchante, il s'en trouve aussi qui ne la peuvent soufrir; elle calme l'inquietude des uns, elle en fait naître dans les autres; on en voit chez qui elle répand l'allegresse, & on en voit qu'elle rend sombres & reveurs. Parmi ceux qui l'aiment, quelle diversité de goûts ne se rencontre-t-il pas? Le Peuple veut des Vaudevilles & des airs à danser; mais pour ce qui est des ouvertures, des Chacones & d'autres airs de cette force, il n'y aperçoit que du bruit. Les Nations mêmes se trouvent parta-

Du raport que les Sons, & le Chant ont avec nos organes, & les dispositions de notre corps.

ta-

tagées sur la preférence, qu'on doit donner aux differentes especes de Musique. Si nos principes nous conduisent à découvrir du réel au milieu de tant de diverstés, qui tiennent, ce semble, de la bizarrerie, ce sera une nouvelle preuve de leur justesse. Tout ce qui a du raport avec les organes de nos Sens bien constitués & qui fait sur eux ces impressions, en vûe desquelles la bonté de la Cause suprême les a construits avec tant d'art & de sagesse, merite sans contredit d'être reconnu pour Beau. Or l'oreille est faite, pour recevoir les sons , & par conséquent ils doivent déja plaire par eux-mêmes ; mais comme la joye donne de la vigueur à nos organes, on aime, quand on en est occupé, les impressions les plus fortes , & par conséquent les sons plus vehemens, parce qu'ils ont plus de raport avec nos organes disposés alors à les soûtenir : Nés pour sentir, nous préferons toûjours les sentimens vifs aux sentimens foibles , pourvû qu'ils ne soient pas douloureux.

Quand il s'excite du son , les petites parties de l'air, qui , toutes minces qu'elles soient, & d'une petitesse qui échape à la plus subtile imagination , ne laissent pas d'avoir un ressort d'une prodigieuse force , ces petites parties, dis-je, se compriment & se dilatent alternativement , & causent dans les fibres de l'oreille qu'elles ébranlent, des trémoussemens conformes à ceux dont elles font agitées ; les Esprits qui remplissent les pores de ces fibres s'en ressentent, & répandent ensuite dans tout le Corps leurs agitations. Or des trémoussemens vifs, délicats,

ré-

réguliers , doivent toûjours être accompagnés de fentimens agréables, enfuite du raport que l'Auteur de la Nature a établi entre la fatisfaction de l'Ame, & le bon état de fon Corps. S'il y en a qui n'éprouvent rien de femblable, cela vient d'une mauvaife conftitution de leur oreille, dont le tiffu fe trouve ou trop groffier pour être ébranlé par les impreffions de l'air, ou trop mou pour être fufceptible des trémouffemens du reffort.

La joye répandant en abondance des Efprits pleins de force dans toutes les parties du Corps , nous excite à former des fons plus élevés , & difpofe notre oreille à les fouhaitter & à les recevoir agréablement.

II. La Nature qui fait naître les Hommes pour s'unir en Societé, les porte à communiquer aux autres leur fatisfaction. La vanité qui leur eft encore fi naturelle les engage à chercher des témoins de leur bonheur, & ils fe croient plus en droit de s'y abandonner quand ils voyent que les autres n'y font pas infenfibles. Une habitude toûjours fortifiée dès la premiere enfance ne leur permet pas de fe réjouïr feuls que très - imparfaitement ; ils aiment donc à s'entretenir avec les autres des fujets de leurs joyes , & comme dans tout ce qui agrée, il y a toûjours quelques traits qui frapent plus vivement que les autres, on aime à s'y arrêter, on aime à y revenir, & c'eft-là aparemment une des premieres caufes qui a donné naiffance à la Poëfie. Ces retours uniformes, ces chûtes égales ont paru s'accorder avec cette réïteration des penfées fur lefquelles

De l'origine du Chant.

on

on aimoit à revenir ; or la rime & la répe-
tition font le principal caractere de la plus
ancienne Poësie.

Ces endroits deftinés à toucher plus que
les autres , ont paru dignes d'être pronon-
cés plus agréablement ; on a jugé que la voix
devoit s'y faire entendre tout à la fois , &
avec plus de douceur & avec plus de force.
Pour lui donner plus de force, on l'a élevée,
c'eft une différence du chant d'avec le recit ;
& cela s'eft fait aifément. Mais pour attra-
per cette douceur qu'on trouvoit à propos
d'y joindre, il a fallu des effais, & après a-
voir effayé divers tons, on s'eft arrêté à ceux
dont l'impreffion paroiffoit la plus douce.
Cette douceur dépend encore d'un jufte raport des mouvemens du fon avec l'état des
fibres qui en font ébranlées.

III. Pour faire comprendre en quoi
confifte ce raport ; il eft neceffaire d'avertir
que le principal organe de l'ouïe , confifte
dans une *Lame Spirale* , fituée dans le fond
de l'oreille , & fufpendue dans ce fond par
fes deux extrêmités. Elle eft compofée de
fibres extrémement fines, & toutes d'inégale longueur, & les autres parties de l'oreille fervent à faire paffer plus efficacement fur
cette *Lame Spirale* les impreffions de l'air.

Il y a toute aparence que chaque *fibre* eft
deftinée à recevoir un certain *ton*, à peu près
de la même maniere que dans les Claveffins,
les plus grandes cordes font pour les tons
graves, & les plus courtes pour les *aigus*.

On trouvera dans cette conjecture plus
que de la vrai-femblance , quand on faura
que dans pareil degré de tenfion, les cordes

les

les plus longues font dans un même- temps
un nombre de *vibrations* d'autant plus petit
qu'elles font plus longues, au lieu que les
autres s'agitent avec d'autant plus de fréquence, vont & viennent, fe plient & fe re-
plient d'autant plus fouvent, qu'elles font
plus courtes. l'ar exemple, fi de deux cordes la *premiere* a 3 mefures de longueur, &
la *feconde* 5, celle - ci ne fera que 3 *vibrations*, pendant que celle-là en fera 5. Quand
donc un certain *ton* produit dans l'air une
certaine frequence d'*ondulations*, l'impreffion
de cet air ainfi agité paffe toute entiere fur
la *fibre*, qui fe trouve difpofée à *ondoyer* avec
une égale *frequence* ; au lieu que cette impreffion ne fait que glisser fur les autres qui
ne font pas également difpofées à la recevoir.

IV. L'EXPERIENCE établit cette ve-
rité ; car fi l'on frape fucceffivement les differentes touches d'une Orgue, on verra que
les cordes d'un Luth, ou d'une Guitarre
fufpendue à une muraille voifine de cette
Orgue *fremiront*, jufques à rendre du fon
lorfqu'elles feront tendues pour des *tons* de
même degré par raport au *grave*, & à l'*aigu*
que ceux qu'on fait fortir de l'Orgue.

Non feulement les cordes qui font ainfi
tendues à l'*Uniffon*, mais de plus celles qui
le font à l'*Octave* & à la *Quinte* du côté de
l'aigu trémouffent encore, & font quelquefois entendre du fon ; & de là on doit inferer que quand une fibre de la *Lame Spirale*,
eft ébranlée les deux qui lui répondent du
côté de l'*Octave*, & de la *Quinte aigue*, le
font en même tems, quoi que plus foiblement.

Si

Si donc un nouveau ton s'éleve propre à agiter ces fibres déja ébranlées , leur agitation en devra être plus vive ; mais outre cela l'oreille se trouvera plus parfaite , parce qu'une foible agitation fait naître un *commencement* de sensation , & avec cette sensation foible & naissante le *desir* de la sentir plus forte & plus *achevée*. Un tel ton remplit donc un secret desir, & il acheve ce qu'on étoit fâché de ne sentir qu'imparfaitement , c'est par là qu'on a reçu agréablement les tons qui formoient les *accords* de l'*Octave* & de la *Quinte*, & qu'on les a trouvés plus doux.

Mais s'ils ont plû quand ils se *succedoient*, ils ont paru d'une toute autre douceur *joints* ensemble. La Nature n'aime pas la contrarieté , nous nous trouvons bien à mesure que tout est d'accord chez nous. Or les impressions dont nous venons de parler se soûtiennent & se fortifient , puis qu'une seule est déja capable de faire naître les autres. Le plaisir qu'on a à sentir ces impressions *unies* répand sur elles un *agrément* , en vertu duquel elles plaisent encore lorsqu'elles se succedent. On peut même dire , que, quand elles se suivent , elles ne laissent pas de se faire sentir en même tems , les trémoussemens de l'une continuans encore quand ceux de l'autre commencent.

Pour comprendre comment une certaine agitation d'air peut plûtôt se communiquer à une certaine corde , & par conséquent à une certaine fibre qu'à une autre , il faut considerer 1. Que quand une corde s'élance assez vivement pour faire entendre du son,

son , elle comprime par la vigueur de son mouvement les parties d'air qu'elle rencontre & qu'elle frape immédiatement, & par le moyen de celles - ci, d'autres jusques à une certaine distance. Ainsi avec la corde s'élance une certaine quantité d'air comprimé. 2. Cet air embrassant une *seconde* corde, d'un ressort précisément égal à celui de la *premiere*, fait impression sur elle, l'entraîne & l'oblige à s'élancer tant soit peu. 3. Le foible élancement de cette seconde corde ne laisse pas d'être précisément de la *même durée*, que celui de la premiere, parce que toutes les vibrations des cordes également tendues s'achèvent dans des tems égaux, soit qu'ils fassent *peu* de chemin, soit qu'ils en fassent *davantage*. 4. La seconde corde en vertu du degré de son ressort se trouve donc disposée à faire son *premier retour* au moment que la premiere, & l'air qui l'environne , & qui en suit le mouvement, font le leur ; ainsi la corde reçoit de cet air une nouvelle impression, qui rend son *retour* un peu plus vigoureux que n'avoit été son *élancement.* 5. Le retour de la seconde corde finissant & son second élancement recommençant en même-tems que celui de la premiere, une *troisiéme* impression s'aplique sur elle & fait encore que le *second élancement* passe les bornes du *retour* qui l'a precedé. Ainsi chaque vibration aquiert de nouvelles forces, & par là, les *dernieres*, du moins, deviennent *sensibles.* Les vibrations de la seconde corde s'augmentent précisément de la même maniere que celles d'un pendule qui n'ayant d'abord été poussé que très-foiblement , & n'ayant fait qu'une oscillation très-petite , recevroit un nouveau coup toutes les fois qu'il commenceroit à descendre.

Ces impressions réïterées de l'air vont jusques à casser un verre dont le ton est à l'*unisson* de la voix qui en ébranle les parties; car les allées & les venues des parties du verre croissans de vibration en vibration , leurs mouvemens se rendent à la fin assez vifs pour être suivis de séparation. Un grand verre d'un ton *grave* se cassera plus aisément qu'un petit , quoi que plus mince, dont le ton sera aigu , parce que la voix qui est à l'*unisson* est la plus propre pour produire de vifs ébranlemens , & qu'une voix *grave* a plus de force qu'une voix *aigue*, car elle fait sortir du poulmon un air plus comprimé , comme nous le prouverons dans la suite. Ajoûtons à cela qu'un verre d'une grande capacité renferme à proportion de son enceinte plus d'air qu'un petit, & disons enfin que les plus épais contiennent souvent des parties plus *heterogènes*, c'est-à-dire, moins semblables entr'elles & plus faciles à desunir.

Quand une corde *grave* s'élance , & fait élancer avec elle une certaine portion d'air comprimé , 1. cet air coulant le long d'une corde *aigue* qui est à l'*Octave* de la *grave*, fait aussi effort sur elle, & par conséquent la plie un peu. 2. Cette corde *aigue* a déja fini son élancement lorsque la *grave* n'a encore fait que la moitié du sien ; mais comme cette aigue ne se dispose au retour que très-foiblement , l'*élancement* de l'air qui continue

nue à s'avancer a la force d'empêcher ce *re-*
tour, & de tenir la corde *aigue pliée*, elle
ne revient donc qu'en même-tems que la
grave, & en revenant elle reçoit *une nou-*
velle impreffion, qui lui fait faire à fon retour
plus de chemin qu'elle n'avoit fait à fon é-
lancement. 3. Après avoir fini fon premier
retour, elle demeure pliée par la force de
l'air qui continue à rebrouffer jufques à ce
que le fecond élancement de la grave commence. Ainfi à chaque élancement & à
chaque retour de la grave, l'aigue reçoit
une augmentation de force, jufques à ce
qu'enfin fes vibrations fe font indépendamment de la caufe qui les avoit fait naître.

Mais quand une corde *aigue* a été mife en
mouvement, l'air qui s'élance avec elle venant à rencontrer une corde *grave* fait fans
doute auffi impreffion fur elle & la plie,
au moins tant foit peu. 2. Cette corde grave n'a fait qu'une *moitié d'élancement*, & fe
trouve difpofée à continuer l'autre, quand
l'aigue *retourne* avec l'air qui la fuit; ainfi
la grave reçoit une fecouffe de l'air qui revient, contraire à l'élancement qu'elle eft
difpofée à continuer, & ces deux *mouvemens*
opofés empêchent que chaque vibration ne fe
fortifie par deffus la précédente.

Quand l'air comprimé qui s'élance par
l'impulfion d'une corde grave vient à s'apliquer fur une corde aigue à la *quinte*, 1. il la
plie & l'oblige à s'élancer pendant *deux*
tems. 2. Il la tient pliée pendant le *troifié-*
me. 3. Au *quatriéme* tems la grave commence fon retour, & l'air qui l'accompagne,
non feulement laiffe l'aigue en liberté de re-

ve-

venir ; mais de plus il ajoûte par une *nouvelle impreſſion* quelque degré à la viteſſe de ſon *retour*. Ainſi on conçoit encore comment l'ébranlement de l'une peut être ſuivi de l'ébranlement de l'autre qu'elle ne touche pas immédiatement.

Mais quand deux cordes ſont montées à la *Quarte*, les commencemens de leurs élancemens & de leurs retours ne ſe font pas avec aſſez de *frequence*, pour recevoir cette augmentation de force qui rend enfin ſenſible le mouvement, de celle qui n'eſt ébranlée que par le ſon de l'autre. Quand les cordes ſont à l'*uniſſon*, *chaque* élancement & *chaque* retour eſt fortifié ; quand elles ſont à l'*Octave*, de *deux* il y en a *un* qui reçoit une accroiſſement de force. Quand elles ſont à la *Quinte*, les élancemens & les retours des deux cordes s'uniſſent moins ſouvent qu'à l'*Octave*, & à la *Quarte* encore moins qu'à la *Quinte*.

Ces mouvemens *ſympatiques* des cordes qui ſont à l'*Uniſſon*, à l'*Octave* & à la *Quinte* réüſſiſſent mieux quand les cordes ſont longues que quand elles ſont courtes, parque l'air a plus de priſe ſur les longues & qu'elles cedent plus facilement à ſon impreſſion, ils réüſſiſſent encore mieux dans un même inſtrument ; & ſi les cordes ſont tendues ſur deux inſtrumens differens, leur ébranlement aura de la peine à devenir ſenſible, à moins que ces deux inſtrumens ne ſoient poſés ſur une même table, ou que l'un d'eux au moins ne ſoit appliqué contre un Corps ſolide, & propre à fortifier le ſon ; car les parties de l'air ſont ſi minces en comparaiſon fon de celles d'une corde, que pour y agir fenfiblement , il eft neceffaire que leur vigueur foit fortifiée par les trémouffemens des Corps folides , qui font à portée de caufer des ébranlemens dans la corde qu'on veut agiter.

Il fe peut auffi que la groffeur des cordes *graves*, les mette en état d'agir avec efficace fur les *aigues* qui font plus *minces* , au lieu que les *aigues* ne peuvent produire qu'une impreffion beaucoup plus foible, & plus lente fur les *graves* dont la maffe *excede* de beaucoup la leur, à quoi il faut ajoûter que l'impreffion des aigues qui paffe *rapidement*, doit produire moins d'effet que celle des graves qui s'*arréte* plus longtems.

V. Les mouvemens violens , les plis trop aigus qui mettent la *Lame Spirale* en quelque danger de déchirure doivent neceffairement déplaire , tels font précifément ceux qui fe font fentir quand les deux tons Ut & Re naiffent en même tems , car la *fibre* qui répond au ton Ut & qui eft propre à en recevoir l'impreffion , étant très-voifine de celle qui répond au ton Re, fi ces deux tons agiffent enfemble, les ofcillations qui les forment n'étant pas de pareille frequence, & d'égale durée dans l'un & dans l'autre , il doit neceffairement arriver que le mouvement d'un de ces tons produira un *élancement*, tandis que l'autre formera un *retour*. L'un pouffera donc la fibre Ut d'un côté , & l'autre tirera la fibre Re du côté opofé , & incontinent après la fibre Re s'élancera du côté qu'elle vient de quitter; pendant que la fibre Ut aura un re-

Aplication aux con-
fonnances.

M 3

tour

tour tout contraire. Il est bien manifeste que cette contrarieté d'agitations, en tiraillant la *lame* y forme des plis trop *aigus*, qui pourroient être suivis de quelque *rupture*. Or un mouvement si dangereux doit être accompagné d'un sentiment incommode, aussi semble-t-il à ceux qui ont les fibres délicates, & d'un vif ressort, que l'on déchire leur oreille.

Mais si la fibre UT & la fibre SOL sont toutes deux agitées en même tems, elles sont assez éloignées pour ne se point troubler par la contrarieté de leurs mouvemens, l'une n'est point assez voisine de l'autre pour la tirer violemment ; quand ses retours se font d'un côté oposé à celui où l'autre se porte par ses élancemens.

Si les tons UT & SI se font entendre en même tems il est bien vrai qu'ils agiront sur des fibres encore plus éloignées entr'elles, que celles qui répondent au ton de la *Quinte* UT & SOL; cependant la *Septiéme* UT & SI ne laisse pas d'être une *dissonnance* très-desagréable. Il est facile d'en tirer la raison de ce que nous avons dit un peu plus haut. Quand on ébranle la fibre UT on agite aussi son *Octave*; il arrive par là que la fibre SI trémousse en même tems, que sa voisine UT qui n'est point disposée à des inflexions d'égale frequence, & d'égale durée ; & cela même nous découvre encore d'où vient le desagrément de la *Quarte*. Quann les tons UT & FA se font entendre en même tems, il y a trois *fibres* agitées, UT, FA, SOL, & ces deux dernieres ne s'accordent point dans leurs oscillations non plus

plus que Ut & Re. Mais si le ton FA ne
dure qu'un moment, & que le ton Sol lui
succede, c'est alors que la *Quinte* se fait sentir avec un singulier *agrément*; car d'un côté ce qui incommodoit s'évanouit presque
en naissant , & d'un autre le ton Sol qui
avoit commencé de naître, mais accompagné d'un obstacle qui l'obscurcissoit se trouve libre, & reçoit toute la force, & la perfection qui lui manquoit.

Il est facile d'apliquer cette même raison
au plaisir que donnent généralement les *ac-*
cords, qui succedent à une *dissonnance* d'une
très-courte durée. Car dans ces rencontres
l'oreille n'a pas seulement le tems de sentir
le mal-aise d'une impression qui incommode; à peine a-t-elle eu le tems de l'aprehen-
der qu'il est déja évanoui , pour faire place
à un accord desiré.

Le son n'étant autre chose qu'un air qui
se comprime & qui ensuite se dilate d'une
vîtesse , & d'une frequence prodigieuse, il
s'ensuit que cet air ainsi agité frape l'oreille
& l'abandonne alternativement. Quand les
mouvemens de deux tons s'appliquent sur
l'oreille tous deux à la fois , & se retirent
de même, on les apelle à l'*Unisson* , & il y
a trop d'unité dans cet assemblage pour faire une *beauté*. Mais quand l'un d'eux fait
son impression pendant deux tems , & que
celle de l'autre ne dure qu'un seul , si
nous divisons une certaine durée en 8 parties, ces deux tons s'élanceront sur l'oreille tous deux à la fois pendant la *premiere* ,
ils s'uniront pour la comprimer , & ils se
confondront en un pendant toute cette pre-

M 4

miere

miere partie. Mais pendant la 2. l'un d'eux, favoir l'*aigu*, fe retirera pendant que le *grave* continuera fon impreffion, & au 3. tems le *grave* ceffera d'agir, & l'action de l'*aigu* recommencera au 4. tems ; l'oreille ne recevra l'impreffion ni de l'un, ni de l'autre ; au 5. tous deux agiront derechef, au 6. le *grave* feul, au 7. l'*aigu* feul auffi, & au 8. l'un & l'autre laifferont repofer l'oreille pour réünir leur action au 9. & ainfi fucceffivement.

Si on réflêchit fur ces impreffions, on y remarquera des alternatives d'*unité* & de *diverfité*, qui ont des retours reguliers ; & c'eft dans la *regularité* de ces *mélanges* que nous faifons confifter, au moins en partie, la nature du *Beau*. Deux pendules dont les élancemens fe feroient d'abord enfemble, fe fepareroient enfuite, pour fe réünir après s'être féparés, & fe fepareroient encore après s'être réünis, feroient plaifir aux yeux, parce que nos Sens auffi-bien que notre Efprit fe plaifent dans la diverfité, quand elle fe reduit par ordre à l'unité.

Si les *Ondulations* d'un ton font d'une fréquence, qui frape trois fois l'oreille pendant que les ondulations d'un autre ne le fraperont que deux fois, leurs impreffions fe réüniront moins fouvent en une, & ce mélange aura plus de diverfité que le précedent ; car fi l'on partage une certaine durée en 12. tems ; pendant les 2 *premiers*, les impreffions fe confondront ; pendant le 3, celle de l'*aigu* ceffera, & celle du *grave* continuera ; pendant le 4. l'une & l'autre difcontinueront ; au 5. l'*aigu* recommencera fon impreffion &

la

la continuera pendant le 6 ; au 7, le *grave*
agira feul à fon tour de même qu'au 8 ; au
9. l'*aigu* fe joindra au *grave* ; au 10. il fe
trouvera feul ; pendant l'onze & le douze ni
l'un ni l'autre n'agiront, & au 13. tout recommencera dans le même ordre qu'auparavant. Telles font les alternatives de la
Quinte, confonnance beaucoup plus *vive* que
l'*Octave*, parce qu'elle renferme plus de *diverfité*; car on fait que la diverfité excite, &
anime l'Efprit & les Sens.

La *Quarte* renferme encore plus de diverfité, puifqu'elle fe forme par l'affemblage de
deux tons dont l'un fait trois ondulations
pendant que l'autre en fait quatre , & fans
doute qu'elle plairoit, fi un de ces tons n'é-
toit pas fi voifin de la *Quinte* dont nous a-
vons déja parlé.

Dans la *Tierce majeure* , qui a lieu entre
deux tons, dont l'un donne à l'oreille 5 fecouffes pendant que l'autre n'en donne que
4; & dans la mineure dont un ton frape 5.
fois pendant que l'autre frape 6, la diverfité eft encore plus grande.

Je ne fonde pas mon raifonnement fur des
conjectures en l'air , mais fur des faits d'experience. Quand deux cordes égales en tour,
fi ce n'eft en longueur font tendues par des
poids égaux , & fe trouvent l'une & l'autre
affez longues pour faire des vibrations auffi
lentes qu'il eft neceffaire , afin de les pouvoir compter, on remarque vifiblement que
celles de la plus longue font moins frequentes que celles de la plus courte. Si deux
cordes d'égale longueur font tendues à l'*U-
niffon* , & qu'on place un chevalet fous le

M 5

milieu

milieu de l'une, chacune de ces moitiés donnera un ton d'une *Octave*, plus aigu que celui de la corde qui est restée dans sa longueur. Si le chevalet partage une corde en deux parties, dont l'une soit de *trois* mesures & l'autre de *deux*, le *ton* de la plus courte sera d'une *Quinte*, plus aigu que celui de la plus longue, si les deux portions sont comme 3 à 4, leurs tons feront la *Quarte*, si elles sont comme 4 à 5. ils formeront la *Tierce majeure*, & si elles sont comme 5 à 6, ce sera la *Tierce mineure*.

On se formera une image d'une oreille successivement frapée & dechargée de diverses impressions, si l'on se représente un *vaisseau* dont le fond & le couvercle soit de bois, & le contour de cuir, plié de la même maniere que l'on plie le papier pour en faire des lanternes. Concevons ce vaisseau plein d'air sans aucune issue. Qu'on imagine ensuite divers poids apuyés successivement sur son couvercle, & retirés de dessus ; le premier poids, par exemple, comprimera l'air d'un degré au delà de son état ordinaire ; si le second plus grand que le premier peut seul faire une double compression ; quand ils seront l'un & l'autre placés sur le couvercle, le fond en recevra une impression de trois degrés par le moyen de l'air qui tend à se débander sur lui avec cette force. On peut successivement appliquer les deux poids, soulever le premier, le replacer avec le second, retirer le second en laissant le premier, les ôter tous deux, les replacer en même tems, & puis successivement, & donner à ces alternatives des periodes réglées

pour

pour avoir une image de l'*Octave*. Si les poids font l'un de *deux* degrés de force, l'autre de *trois*, & que dans les *alternatives* de leurs *pofitions* & de leurs *déplacemens*, on fuive les periodes de la *Quinte*, on en aura encore une image. Si on employe des poids d'un degré d'efficace, de 2, de 3, de 4, de 5 & de 6, & que les alternatives de leurs pofitions & de leurs déplacemens fuivent la proportion, des élancemens & des retours de l'*Octave*, de la *Quinte*, de la *Quarte* & des deux *Tierces*, on fe repréfentera de quelle maniere ces tons s'affemblent & fe desuniffent.

Cet exemple me paroit tout-à-fait propre à faire comprendre comment ces tons differens naiffent & fe confervent fans fe détruire mutuellement, & même fans fe nuire en aucune façon les uns aux autres. Les *vibrations* des cordes qui produifent le fon compriment l'air par leurs *élancemens*, & le laiffent en liberté de fe rétablir pendant leur *retour*. Les élancemens qui fe font enfemble produifent un certain degré de compreffion qui eft fuivi d'un certain fentiment, & lorfque quelques-uns de ces élancemens fe changent en retour, pendant que les autres continuent, la compreffion de l'air diminue, & le fentiment qu'elle a produit change; & fuivant que les élancemens & les retours s'accordent plus ou moins, & fe réüniffent plus ou moins frequemment; l'oreille éprouve plus d'unité ou plus de diverfité dans les mouvemens qui l'agitent, & dans les fentimens qui les accompagnent. La *vivacité* du fentiment dépend de la *vigueur* avec

la-

laquelle l'oreille est frapée, & ce qu'on appelle la diversité des *tons* répond au plus ou moins de *frequence* des coups qui se réïterent sur elle.

Ceux dont l'oreille est fort fine & fort exercée sentent ces réünions d'élancemens & d'impressions, & ils donnent le nom de *battement* à l'impression que font sur elle differens tons, au moment que leurs actions se confondent en une.

Des dissonances. VI. QUAND les vibrations d'un ton sont à celles de l'autre comme 6 à 7, ou comme 7 à 8, c'est-à-dire, quand les ondulations de l'un font 6 élancemens & 6 retours, pendant que les ondulations de l'autre en font 7, ou que les uns en font 7 pendant que les autres en font 8. Ces tons ne se réünissent pas assez souvent, & leur *diversité* se réduit trop rarement à l'*unité* pour paroître *belle*. On doit dire la même chose de la proportion de 8 à 9 qui fait le *Ton majeur* de celle de 9 à 10. qui fait le *Ton mineur*, de celle de 15 à 16 qui fait le *demi ton majeur* de celle de 24 à 25 qui fait le *diese*, de celle de 135 à celle de 128. qui fait le *b mol*.

Ceux qui ont quelque Théorie de Musique comprendront d'abord mes pensées ; mais pour y faire entrer ceux qui ne se sont jamais attachés à cet étude, il est necessaire que je m'étende davantage sur la nature du son.

S E C

SECTION II.

Où l'on explique plus particulierement quel-
les doivent être les agitations de l'air
pour produire du son.

I. **L**ES Corps dont on tire du son en les frapant ne font d'impreſſion ſur l'o-reille que par le moyen de l'air qui eſt entre deux; car ils ne s'apliquent pas immédiate-ment ſur elle , & il ne faut pas s'imaginer qu'il s'en échappe des particules propres à heurter l'oreille pour y faire naître le ſenti-ment du ſon. Un ſeul coup de cloche pro-duit un ſon qui s'étend à pluſieurs lieues à la ronde , quelle foule de particules n'en devroit-il pas ſortir pour produire cet effet? Quel prodigieux eſpace ne parcourroient-el-les pas, avec une ràpidité qui leur feroit fai-re 400 pas en une ſeconde ? Un boulet de canon ne va pas ſi vîte , & cependant il va beaucoup plus vîte que ne feroit une petite bale, parce que la viteſſe du mouvement eſt toûjours retardée à proportion de la petiteſſe du Corps qui ſe meut ; par la raiſon que moins un Corps a de maſſe , plus il a de ſurface en comparaiſon de ſa maſſe, & par conſéquent rencontre plus d'obſtacles & plus d'arrêt en chemin, ce qui retarde ſon mou-vement & le fait plûtôt ceſſer. Puis donc que les petites particules qui s'échaperoient du Corps reſonnant perdroient bien-tôt leur vîteſſe, & ne pourroient aller fort loin, il faut convenir que le mouvement du Corps

frapé

L'air eſt
le ſujet du
ſon.

frapé se communique à l'air, & par le moyen
de l'air à l'oreille.

Il en fait naître le sentiment quand ses parties se compriment.

II. TOUTE sorte de Corps n'est pas propre
à agiter l'air de la maniere qu'il faut pour en
tirer du son , il faut le fraper avec un certain degré de vitesse. Il circule simplement
autour d'un Corps qui se meut dans une
certaine lenteur ; mais quand la rapidité du
mouvement s'augmente , le choc que les
parties de l'air en reçoivent les plie & les
comprime. Nous remarquons quelque
chose de semblable dans une cuve pleine
d'eau où l'on remue un bâton ; car si on le
pousse lentement, l'eau ne fera que circuler
autour ; mais si on le pousse rapidement, il
élevera l'eau qu'il rencontre , & il laissera
derriere lui un enfoncement, parce qu'il a-
bandonnera la place qu'il occupoit plus vîte
que l'eau n'y sera entraînée par sa pésanteur.
Si un fil de fer est suspendu par le moyen de
deux filets attachés à ses extrêmités, un coup
de baguette qui le frapera très-foiblement le
fera simplement avancer sans y causer de la
courbure ; mais si le choc est plus rude , ce
fil de fer se pliera, & ses deux extrêmités
s'avanceront du côté d'où vient le coup. Si
le fil suspendu est plié en cercle , le coup
qui le frapera vivement dans son exterieur
changera sa figure de courbe en ovale, & la
partie qui répond diametralement à celle qui
reçoit le coup, au lieu de s'éloigner de cet
endroit frapé s'en aprochera. C'est ainsi encore qu'un rameau d'arbre suspendu s'avan-
cera simplement du côté où on le pousse ,
quand il ne recevra qu'une médiocre impul-
sion , au lieu qu'un coup rapide plie d'a-
bord

bord la branche fur laquelle il tombe, & fait enfuite avancer le tronc qui le foûtient.

III. Concevons donc une partie d'air pliée & comprimée par la vitefle du coup qu'elle reçoit, fon reffort (car il eft connu que l'air a un très-puiffant reffort) ne manquera pas de la dilater avec autant de vigueur qu'elle a été comprimée, & en fe dilatant elle frapera fa voifine avec autant de force qu'elle a d'abord été frappée elle-même. Cette feconde agira de la même maniere fur une troifiéme, celle-ci fur une quatriéme &c. De forte que toute l'*agitation* qui s'excite dans l'air quand on entend du *fon*, n'eft point l'*unique* effet du Corps folide par où elle a commencé ; l'ébranlement des parties de ce Corps a fimplement été une *occafion*, qui a mis en *jeu* le *reffort* de l'air ; c'eft-à-dire, qui a donné lieu à une matiére d'une très grande force, & toûjours prête à agir de déployer fa vigueur fur les parties de l'air. On voit par là d'où vient qu'en fuite d'un coup d'une force médiocre, le fon ne laiffe pas de fe porter à une très-grande diftance. C'eft à la vertu du reffort de l'air qu'eft duë cette *propagation*.

Comme le *premier* effet du Corps qui frape l'air affez vivement pour faire du bruit, fe réduit à *plier* les particules qu'il rencontre ; plus ce coup eft vif, plus les particules fur lefquelles il s'aplique font violemment pliées & réduites, par la compreffion qu'il leur caufe, à un petit volume, elles fe dilatent enfuite avec plus de vigueur, & compriment celles qu'elles rencontrent à proportion qu'elles ont été comprimées elles-mêmes. C'eſt delà que dépend la *vehemence* du bruit. Quand les particules d'air qui en font le ſujet ſont réduites par la compreſſion à un plus petit volume, il en entre un plus grand nombre dans la capacité de l'oreille, & de plus, quand elles y ſont entrées, elles ſe dilatent avec plus d'effort. C'eſt par là que le *vent* peut augmenter la force du ſon ; car déja il aide quelque peu à comprimer les parties de l'air, d'où vient qu'il eſt lui-même bruyant, & outre cela il pouſſe & raſſemble dans l'oreille un plus grand nombre de parties.

L'action du Corps qui produit le ſon, s'occupe donc toute entiere & ſe conſume à plier, & à comprimer les premieres parties d'air qu'il vient à toucher, & cela plus ou moins, ſuivant que l'agitation qu'il a reçu lui-même eſt plus ou moins vive ; il ſuit de là qu'un coup d'une *double* force ne plie pas *deux fois* plus de parties d'air qu'un coup de la *moitié* plus foible ; mais que ſon action ſe réduit à employer un nombre *égal*, chacune d'une compreſſion le *double* plus ſerrée.

Cette verité develope la raiſon d'un Phénoméne qui a paru d'abord ſurprenant ; c'eſt que la propagation des ſons vehemens, ne ſe fait pas avec plus de viteſſe que celle des plus foibles ; c'eſt un fait bien averé, & c'eſt dequoi on peut aiſément s'aſſûrer, ſi on ſe place avec un pendule, à une certaine diſtance d'un Echo ; car on ſe convaincra que le bruit (qu'il ſoit très-vehement ou qu'il ſoit très-foible) employe toûjours également de tems à aller & à venir.

Un

Un coup, pour être vehement, n'agit pas
sur un plus grand nombre de parties d'air ,
il comprime seulement davantage celles qu'il
rencontre ; & une particule d'air, pour avoir
été plus comprimée , n'employe ni plus ni
moins de tems à se dilater , & par conséquent
ne heurte, ni plûtôt, ni plus tard, sa voisine
en se dilatant contr'elle. La même chose
arrive aux allées & venues dont le ressort est
la cause , qu'aux oscillations des pendules.
Dans un même pendule , les plus longues
sont d'égale durée avec les plus courtes ; car
les tems qui terminent la durée des mouvemens sont toûjours égaux , quand la longueur de l'espace, que ces mobiles parcou-
rent, croit précisément dans la même raison
que leur vitesse. Si un Corps parcourt une
toise dans une minute , avec le double de
vitesse il en parcourra deux toises, avec le
triple il en parcourra trois dans ce même
espace de tems , & avec dix fois plus de vitesse il en parcourra dix , toûjours pendant
la durée d'une seule minute.

IV. CE n'est pas qu'un son vehement ne De sa
se porte plus loin, & ne dure plus long-tems durée.
qu'un foible , parce que les alternatives de
compression & de dilatation des parties de
l'air , se multiplient d'autant plus qu'elles
ont été plus violemment comprimées ; or le
son dure & s'étend toûjours , pendant que
ces alternatives continuent.

Le son dureroit beaucoup plus long-tems,
& s'étendroit beaucoup plus qu'il ne fait, si
les parties de l'air grossier , qui en font le
sujet , après avoir été comprimées , ne se
débandoient que contre d'autres particules,

N

d'un

d'un reſſort & d'une force égale ; car la partie frapée recevroit toûjours un mouvement
égal à celui de la particule qui la fraperoit,
ſuivant les Loix du choc des Corps quand
ils ſont égaux & d'un reſſort exquis ; mais
une partie de la vigueur, avec laquelle les particules de l'air ſe débandent, ſe perd inutilement, & ſans contribuer à la conſervation
du ſon , *contre* l'humidité des vapeurs qui
flottent toûjours en très-grand nombre dans
l'air , *contre* les Corps terreſtres d'un tiſſu
mol & cedant, & enfin *contre* les parties du
liquide qui nous environne qui ſont plus petites que l'air groſſier. Car les fibres de notre oreille ont un certain degré de ſolidité qui ne les laiſſe pas ſuffiſamment
ébranler par des particules plus minces que
celles de l'air groſſier ; c'eſt par cette raiſon
qu'un coup de Piſtolet tiré ſur le ſommet
d'une haute montagne ne s'y fait entendre
que très-foiblement, parce qu'il y frape un
air trop ſubtil. Mais ce bruit ſi foible au
deſſus de la montagne s'augmente prodi-
gieuſement en deſcendant dans les vallons.
Car les parties d'air qui viennent à heurter
les parties des Rochers , les ébranlent , &
mettent en jeu leur reſſort , & ces reſſorts
étant une fois excités ne s'arrêtent pas, mais
heurtent & frappent à leur tour les parties
d'air qui leur ſont voiſines. Voilà donc de
nouvelles alternatives de compreſſion & de
dilatation dans des parties plus proportionnées à celles de l'oreille , & plus capables
d'y faire impreſſion. Comme les agitations
ne peuvent pas ſe diſſiper dans une vaſte é-
tendue , & que les ondes d'air pouſſées par
un

un des côtés du Vallon, rencontrent celles qui font pouffées par l'autre, cette multiplication de chocs, dont la force ne fe diffipe pas en fe répandant fort loin, augmente le bruit prefque jufques à égaler celui du tonnerre.

Il eft certain que les tremouffemens des Corps folides & terreftres, contribuent beaucoup à fortifier & à répandre le fon ; c'eft par cette raifon qu'il conferve mieux fa vigueur, & qu'il s'etend plus loin fur un terrain fec que fur un terrain humide. La neige l'affoiblit beaucoup, mais la gélée le fortifie. Auffi y a-t-il des Echos qui, dans la rigueur de l'hyver, repetent beaucoup plus de fois le même mot, que dans une autre faifon. La force du fon fe conferve encore beaucoup mieux le long d'un lac tranquille, que le long d'un lac agité ; car l'air gliffe aifément fur une furface polie, au lieu que les ondulations de fes parties s'alterent, & fe perdent contre des inégalités, & c'eft par cette raifon que le fon eft beaucoup plus clair dans une chambre dont les murailles font polies. Les exhalaifons même, qui dans la fuite du tems s'y attachent & les obfcurciffent, abforbent une partie de la vigueur du fon, quoi que beaucoup moins que les tapifferies.

V. On aura une preuve inconteftable de la facilité, & de la rapidité avec laquelle le tremouffement du fon fe communique à travers un nombre prodigieux de particules à reffort, fi après avoir fait un creux dans la terre on y aplique l'oreille; car on s'y apercevra d'un bruit qui fe fait à quelque lieuës

:udelà. Pour longue que soit la continuation de plusieurs poutres apliquées, l'une à
l'autre par leurs extrêmités , un petit coup
frapé sur l'un des bouts de cet assemblage,
se fera distinctement entendre à l'autre. Mais
c'est-ce qui n'arrive point dès qu'il y a entre ces poutres le moindre intervalle , l'air
qui se trouve entre deux n'ayant pas la force de porter sur la seconde l'ébranlement
qu'il a reçu de la premiere. Et voila pourquoi si on veut avoir une chambre bien sour-
de , il n'y a qu'à l'environner d'un double
mur, & laisser entre ces deux enceintes un
espace vuide. La Théorie du choc des
Corps à ressort découvre les raisons de cette propagation de tremoussemens , & léve ce
qu'elle a de paradoxe. Mais sans entrer dans
cette Théorie , & me donner la liberté de
passer ainsi de digression en digression, je me
contenterai de dire qu'on peut se convaincre, par ses propres yeux, de cette commu-
nication de mouvemens, dont la rapidité &
l'étendue paroit d'abord si surprenante. Car
si l'on pose des grains de mil sur un bout
d'une poutre bien séche , on les verra sauter , dès qu'on fera tomber sur l'autre des
coups même très-mediocres.

De l'effi-
cace du
vent sur
le son.

VI. Quoi que le vent augmente la force du son & serve à le porter plus loin ,
néanmoins il ne le répand pas plus vite, &
en effet la vitesse du vent ordinaire, & même celle d'un vent un peu plus fort que l'ordinaire, est si peu de chose, en comparaison
de la rapidité avec laquelle le son se répand,
qu'elle ne sauroit ajoûter une acceleration
sensible.

Un

Un vent assez vehement ne parcourt qu'environ trente pieds dans une seconde, & le son en fait 6co. Ajoûtons à cela que quand il fait un grand vent, un vaste volume d'air coule d'un terme à un autre, & que les particules qui composent ce volume, ne s'y compriment & ne s'y dilatent alternativement , que précisément comme elles le feroient si le volume qu'elles composent ne changeoit point de place. Les alternatives de compression & de dilatation étant donc toûjours d'égale durée, dans l'air tranquille & dans le vent, leur mouvement ne passe pas d'une partie à l'autre , avec plus de promptitude dans le second cas que dans le premier. Outre cela, si le mouvement du vent facilitoit les élancemens des particules d'air, ce même vent retarderoit à proportion leurs retours. Or c'est dans les alternatives d'élancemens & de retours que consiste le son.

VII. On peut voir une image de ces alternatives d'élancemens & de retours , en quoi je fai consister le son, dans ces cercles qui se forment dans une eau, où l'on vient de jetter une pierre. Le creux, que la pierre y fait, en y tombant de quelque hauteur, ne se remplit pas à mesure qu'il se forme , parce que les parties d'eau, qui n'y tombent pas d'aussi haut que la pierre , s'y portent aussi d'un mouvement plus lent. La pierre laisse donc d'abord après elle un vuide; les parties d'eau qui environnent ce vuide , y coulent bien-tôt après , par leur propre pesanteur , & non seulement celles qui composent la circonference du creux que la pier-

Image sensible des mouvemens de l'air en quoi consiste le son.

N 3 re

re a formé s'y portent toutes d'une égale viteſſe ; mais de plus chacune des parties
d'eau, qui touchent immédiatement à ce
creux, entraînant celle qui la ſuit, il arrive
qu'un plus grand nombre de parties s'y portent qu'il n'en faudroit pour le remplir. Il
ſe fait donc une élevation préciſement là où
auparavant il y avoit un creux, & les parties
d'eau, après s'y être élevées par-deſſus le ni-
veau du reſte de la ſurface, retombent de
cette élevation, tant par l'effet de leur peſanteur, que par les chocs mutuels dont elles ſe repouſſent. Par-là il ſe fait un ſecond
mouvement du centre à la circonference, &
par conſéquent tout opoſé au précedent ; &
dans ce mouvement, chaque partie entrainant
encore celle qui la ſuit, il ſe fait une ſeconde fois un vuide au centre, parce que plus
de parties en ſortent qu'il n'en faudroit pour
aplanir ſeulement la ſurface. Le creux du
centre ſera neceſſairement accompagné d'u-
ne élevation à la circonference ; cette circonference élevée retombera comme auparavant vers le centre, d'où elle ſera répouſ-
ſée pour former une nouvelle élevation, &
ainſi ſucceſſivement. Dans chacune de ces
alternatives, l'agitation ſe répand ſur un plus
grand nombre de parties, par la facilité a-
vec laquelle chacune entraine ſa voiſine.
C'eſt par cette raiſon que les cercles croiſſent. Ils croiſſent peu à peu, & voici comment : 1. Les parties qui compoſent la premiere tumeur, qui s'éleve au centre, ceſſent
de s'y élever, & ſont forcées par leur peſanteur de retomber, avant qu'il en ſoit venu un plus grand nombre. 2. En retom-
bant

bant, elles se portent un peu plus loin du centre que l'endroit d'où elles étoient parties
pour y courir, parce que la pesanteur seule
les avoit obligées de quitter leur premiere
place, au lieu qu'elles y retournent non seulement par le mouvement de leur pesanteur; mais de plus par l'effort des chocs
mutuels avec lesquels elles viennent de se
heurter à ce centre où elles se sont élevées.
3. La circonférence qui se forme ensuite de
ces chocs mutuels , & qui s'éleve elle-même, a aussi ses bornes, parce que la pesanteur
oblige les parties qui la composent à retourner vers le centre qui vient de se vuider, a-
vant qu'elles ayent eu le temps d'étendre
leurs impulsions sur une plus grande quantité. Ainsi chaque onde croit au delà de la
précedente, mais dans de certaines bornes
jusques à ce qu'enfin l'agitation, que la chu-
te de la pierre avoit causé, s'étant en partie
dissipée contre la surface de l'air qui frotte
sans cesse l'eau , & le reste s'étant distribué
de moment en moment entre un plus grand
nombre de parcelles, ce que chacune en a
devient trop foible pour surmonter l'effort
de la pesanteur, & produire de nouvelles a-
gitations.

VIII. L'IMAGINATION se figurera aisément dans l'air quelque chose de semblable à ce que les yeux aperçoivent dans l'eau.
Si on allume dans l'air une *pincée* de *poudre*
composée de trois parties de *souphre* , de deux
de *salpetre* & d'une *de sel* de *Tartre* , cette
flamme produira un éclat égal à celui d'un
coup de *Pistolet*. Les parties qui la composent se trouvant assez vigoureuses pour com-

Aplication
de cette
image.

N 4   pri-

primer violemment celles de l'air, & les chaf-
fer de l'enceinte qu'elles rempliffent, ces parties d'air, au moment que la flamme s'éteind,
retombent dans l'efpace qu'elles venoient de
quitter, & la vigueur du reffort, qui les y
fait retourner, les y porte auffi en plus grande quantité qu'elles n'y étoient auparavant.
De-là nait une nouvelle compreffion, & ces
parties qui fe compriment, en fe heurtant
de toutes parts & en fe rendant à un centre
commun, fe repouffent violemment les unes
les autres vers la circonference. Voila donc
ce centre derechef abandonné. En même-
tems qu'il eft abandonné, il fe forme une
nouvelle circonférence de parties comprimées, qui d'abord après fe dilatent du côté
du centre qu'elles avoient quitté. Ainfi fe
font des alternatives d'élancemens vers la
circonférence & de retours vers le centre,
& à chaque retour, & à chaque élancement
le bruit s'augmente. Mais comme la vigueur
du mouvement qui l'a fait naitre fe diftribue
de moment en moment dans une plus grande étendue, & fe partage entre un plus grand
nombre de parties, le degré de force de chacune devient à la fin fi petit, qu'il n'eft plus
capable de produire de la compreffion dans
celles qui en font frapées, & de vaincre la
force de leur reffort. Alors ceffe la propagation du fon, dont la force diminue toûjours à mefure qu'elle aproche de fon dernier terme, parce que l'oreille, étant toûjours d'une même capacité, reçoit toûjours
le même volume d'air, & que ce volume
qu'elle reçoit a une quantité de mouvement
d'autant plus foible, qu'il fait partie d'un
cer-

cercle plus grand ; & où le mouvement s'eſt diſtribué dans un plus grand nombre de parties.

La poudre ordinaire doit être enfermée pour faire du bruit ; parce que les parties de charbon , étant incomparablement moins ſolides que celles du ſel de Tartre, ne heurtent pas l'air avec aſſez de vigueur pour produire du bruit , à moins que toute la force de leur mouvement ne ſe jette d'un ſeul côté.

IX. L E s ondulations du ſon ne ſont pas viſibles dans l'air ; parce que l'air lui-même n'eſt pas un Corps viſible : mais on les ſent en apliquant ſa main ſur des Corps ſolides, & cela plus ou moins à proportion que le ſon eſt plus voiſin de ces Corps , ou qu'il eſt plus vehement; on les ſent ſur tout ſi les Corps contre leſquels on aplique la main ſont creux , parce que l'air enfermé dans leur cavité en frape les parois avec plus d'efficace. Ces ondulations de l'air inviſibles en elles - mêmes deviennent encore viſibles dans leurs effets, c'eſt-à-dire, dans les ondulations qu'elles font naître ſur la ſurface de l'eau , ou du vif argent même , quand on poſe les vaiſſeaux, où ces liqueurs ſont enfermées, ſur une table voiſine du lieu, où ſe fait le bruit. Quand le bruit eſt, foible ces ondulations peuvent être ſi petites qu'elles ne ſe font apercevoir que par les tremblemens qu'elles cauſeront à un rayon de Soleil qui tombera deſſus, & qui ſera differemment renvoyé , ſuivant les differentes poſitions des cercles ſur leſquels il tombe dans le moment qu'il y tombe.

Preuves
des ondu-
lations de
l'air.

N 5   X. IL

X. Il faut expliquer, d'une maniere un peu plus distincte, ces ondes de l'air qui portent le son à l'oreille, afin de prévenir des difficultés qui pourroient se présenter assez naturellement. Un feu violent & composé de parties, dont la rigidité porte, sur l'air qui les avoisine, des secousses très-vives, s'allume subitement dans l'espace C, & en chasse l'air qui y étoit contenu; pendant que ce feu dure, cet air chassé, & en même tems comprimé, fait successivement passer son mouvement dans l'étendue de la bande B; je dis successivement, & en voici la preuve. Si vous avez une suite de Corps à ressort, 8 boules (par exemple) d'yvoire, égales, & tellement placées que leurs centres se trouvent tous dans la même ligne droite. Quoi que ces boules se touchent immédiatement, cependant la boule 9 venant à heurter à plomb la boule 1 ne fera pas avancer toute la suite de ces boules en même-tems, comme si c'étoit un Cylindre. Mais cette boule 9, après avoir frapé la boule 1, & avoir transporté sur elle tout son mouvement, s'arrêtera au point O, la boule 1 transportera de même tout son mouvement sur la boule 2, & ensuite restera dans sa place. Le mouvement passera ainsi de boule en boule jusques à la 8. qui partira de sa place avec une vîtesse égale à celle qu'avoit la boule 9 au moment qu'elle a frapé la boule 1. Car chacune de ces boules, au moment qu'elle est frapée, change de figure; elle devient ovale, & ensuite, en se dilatant par son ressort, elle frape celle qui la précede & l'engage à un pareil jeu; aussi entend-on une

suite

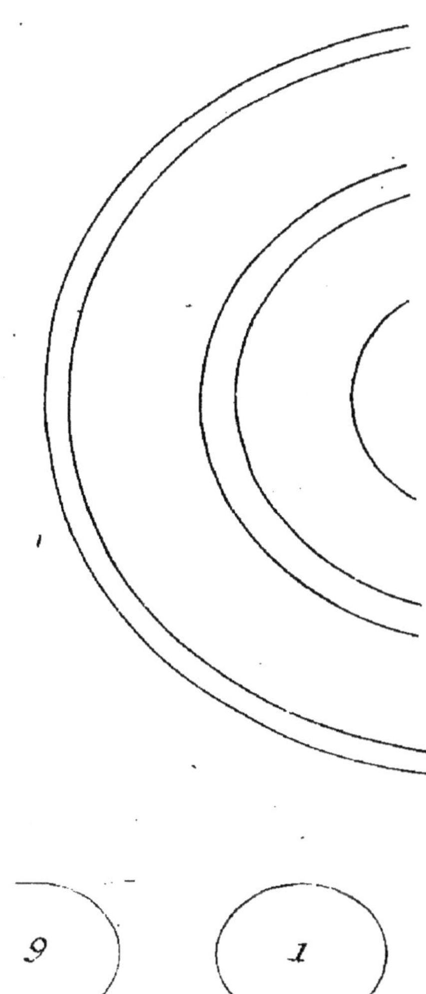

9
1

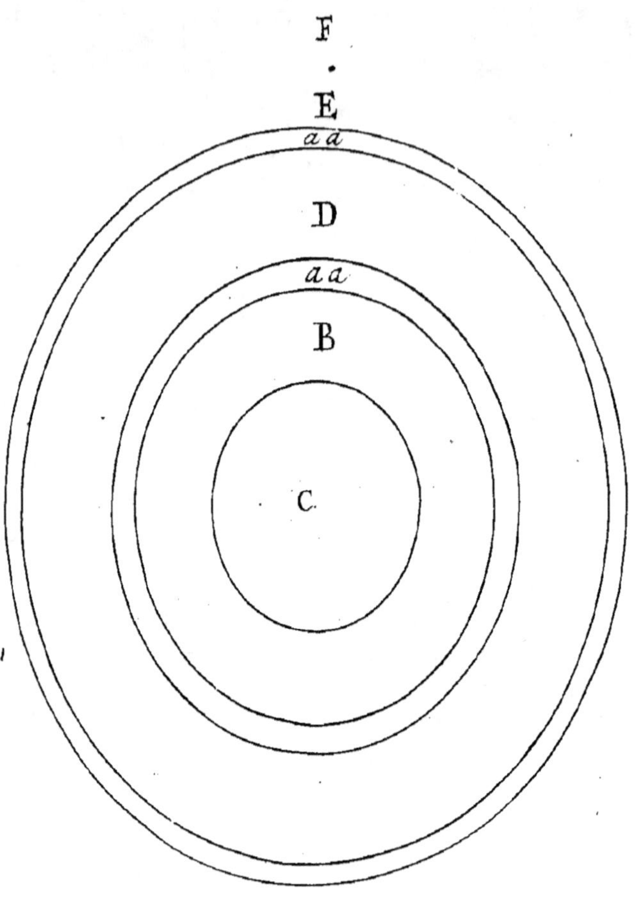
F
E
a a
D
a a
B
C
9
1
2
3
4
8

uit
e f
roi
que
par
bar
eig
dar
nir
se
de
&
les
ter
ver
ter
pr
dil
de
ba
ce
co
da
se
dit
fer
m
l'a
da
de
du
ou
de
co
d'a
tre

uite de craquettemens.   Cette experience
ſe fait plus aiſément avec des Dames d'y-
voire ſur une table bien polie.   C'eſt ainſi
que le mouvement paſſe ſucceſſivement de
partie en partie depuis une extrêmité de la
bande *B* juſques à l'autre. Le feu *C*, en s'é-
teignant, donne lieu aux parties comprimées,
dans l'étendue *B*, de ſe dilater, & de revenir du côté de *C*. Mais les parties d'air, qui
ſe trouvant ſur la circonférence exterieure
de la bande *B*, viennent d'être comprimées,
& pouſſées en avant, au moment même que
les parties qui ſont vers la circonférence interieure commencent à prendre leur route
vers *E*. ces parties, dis-je, placées ſur l'exterieur de la bande *B* ſe dilatent d'abord a-
près leur compreſſion, & heurtent (en ſe
dilatant & avant que de revenir) l'interieur
de la bande *D*. Ces premieres parties de la
bande *D* s'avancent donc, & pouſſent ſucceſſivement les ſuivantes juſques à la circonférence exterieure de cette bande; pendant que celles qui rempliſſent la bande *B*
ſe jettent en foule du côté de *C* ; Par ces
différens mouvemens, les bandes *B* & *D* laiſſent entr'elles un intervalle *aa* vuide, ou
moins rempli d'air groſſier : Le reſſort de
l'air, qui remplit la bande *D*, le ramene donc
dans cet eſpace, & le fait revenir du côté
de *B* dans le tems que la bande *E* s'avance
du côté de *F*. Cela nous fait comprendre
que, depuis le centre *C* juſques à l'exterieur
de la bande *B*, il ſe fait des alternatives de
compreſſion & de dilatation; qu'il s'en fait
d'autres dans l'étendue de la bande *D*, d'autres dans l'étendue de la bande *E*, d'autres
dans

dans l'étendue de la bande *F*, &c. Le son consiste dans ces alternatives de compressions & de dilatations ; car l'air est un Corps si mince qu'un seul de ses coups ne produiroit pas sur l'oreille un effet sensible, s'il n'étoit suivi d'un second , celui-ci d'un troisiéme, & le troisiéme d'un quatriéme, &c. chaque secousse produisant plus d'effet que la précedente, parce qu'elle tombe sur une partie déja ébranlée. Or comme les allées & venues, que nous venons d'expliquer, se ralentissent de moment en moment, jusques à ce qu'elles s'anéantissent entierement, tout son finit après avoir un peu continué ; & comme les ondulations de la premiere Bande ont commencé quelque-tems avant celles de la troisiéme, par exemple, elles finissent aussi plûtôt. Il se peut encore que celles de la premiere seront déja d'une foiblesse à ne plus se faire sentir, lorsque celles de la 40 commenceront ; & par-là on comprend, d'où vient que le bruit a déja cessé dans le lieu même où il est né , lorsqu'il commence à se faire entendre à quelque distance delà, & d'où vient qu'on a cessé de l'entendre à une premiere distance lorsqu'on l'aperçoit à une seconde. Enfin plus chaque bande est éloignée de la centrale , moins ses vibrations ont de force & de durée.

Une cloche vient d'être frappée en *C*, le son, que ce coup en tire, passe de bande en bande, comme nous venons de l'expliquer; les agitations de l'air, propres à porter dans l'oreille l'impression de ce premier coup , ont cessé dans l'espace *C* , quand elles naissent dans une 30. bande au delà ; mais les

tre-

tremouſſemens, qui ſubſiſtent dans les parties de la cloche , communiquent à l'air de la bande *C* une autre ſorte d'agitation qui fait entendre un ſon un peu different du premier, & cette nouvelle agitation paſſera de bande en bande tout comme la premiere & s'y fera entendre ſucceſſivement, quand celle qui a précedé aura ceſſé d'agir.   Il eſt très-important, pour bien entendre la propagation du ſon, de ſe rendre familier ce principe fondamental , qui partage en diverſes bandes l'eſpace où le ſon s'étend, & aſſigne à chacune ſes ondulations diſtinctes.   Et c'eſt un principe dont il faut néceſſairement convenir. Car 1. toute compreſſion dans les Corps à reſſort eſt ſuivie de dilatation , qui étend une partie au delà de ſes bornes précedentes, & eſt à ſon tour ſuivie d'une nouvelle compreſſion.   2. Avant que la dilatation d'une bande l'ait étendue bien avant , ſon reſſort la comprime de nouveau, & la fait revenir ſur elle-même.

Nous avons encore, dans les ondulations de l'eau , une image aſſez juſte de ce qui ſe paſſe dans l'air ; car les petits cercles , tout voiſins du centre où ils ont pris naiſſance , ont déja ceſſé quand les grands durent encore & continuent à en former de nouveaux. La peſanteur donne des bornes à chaque génération de cercle , & en l'empêchant de s'élever davantage l'oblige à revenir ſur ſes pas. Mais comme l'eau, qui avoit formé un Cercle en s'élevant de l'interieur à l'exterieur , en forme un autre en s'élevant de l'exterieur à l'interieur, cette ſeconde élevation a auſſi, comme la premiere, ſes bornes d'eſpace & de tems.   Nous

Nous avons établi en quoi consiste le son par un grand nombre d'experiences, & de raisonnemens qui ont une liaison necessaire avec ces experiences. Ce que nous avons dit pour en établir la nature, nous a engagé à diverses remarques qui en font comprendre la naissance, la durée, la propagation, l'affoiblissement, & enfin l'extinction.

En faisant cela, nous avons posé plusieurs principes qui peuvent faire comprendre de quelle maniere le son se fortifie; mais c'est un article sur lequel il faut encore s'étendre, & qui merite un plus long éclaircissement.

XI. Tout ce qui contribue à produire, dans les parties de l'air, des compressions plus serrées, & par-là des dilatations plus impetueuses, augmente sans doute la force du bruit. Or c'est-là précisément l'effet des réflexions qui en repoussant, les unes contre les autres, les parties d'air déja comprimées, les pressent encore davantage & leur causent par-là des dilatations plus violentes.

Qu'on supose une partie d'air frapée par l'élancement d'une corde, & comprimée d'une certaine quantité, que nous apellerons d'un degré, cette partie presse & pousse sa voisine avec la même force d'un degré, & celle-ci une troisiéme & ainsi successivement. Le mouvement imprimé à la premiere passe donc de l'une à l'autre avec une extrême rapidité, & se transmet dans une longue suite, jusques à ce que la particule d'air qui termine cette suite rencontre les parties d'un Corps solide & à ressort. Posons que les parties de ce Corps dur se plient aussi d'un degré;

gré ; une particule du Corps folide qui vient d'être pliée, par l'aplication d'une partie d'air qui fe comprime fur elle , fe rétablit enfuite, & fe débande au moment que la partie d'air, qui s'étoit comprimée fur elle, commence à fe dilater ; de forte que cette partie d'air, repouffée par la partie du Corps folide fuivant la force d'un degré, en même tems que fa propre dilatation fe fait auffi avec un degré de force ; cette partie, dis-je, heurte fa voifine avec une force de deux degrez. Si nous concevons maintenant que cette fuite de parties d'air, qui revient (par exemple) de la droite à la gauche, avec le double de vigueur qu'elle n'y étoit allée , rencontre une autre fuite, qu'une femblable réflexion jette de la gauche à la droite , ces deux fuites de parties fe repousferont mutuellement, & chacune retournera du côté d'où elle étoit venue , mais avec une augmentation de forces. Car au moment que celles qui alloient à la gauche, après avoir été arrêtées par celles qui fe portoient à la droite , & s'être comprimées fur elles avec une force de deux degrez, fe dilatent du côté de la gauche avec cette force , dans ce même moment elles font repouffées du même côté par celles de la droite avec deux degrez de vigueur , il fuit delà qu'elles retournent avec une force doublée, c'eft-à-dire, avec 4 degrez. La même chofe arrive à celles qui rebrouffent du côté de la droite; chacune fe jette du côté d'où elle étoit partie, & fuivant la force avec laquelle fon propre reffort la dilate, elle acquiert la force, avec laquelle le reffort de l'autre la repouffe.

De

De cette maniere la surface du Corps solide, qui n'avoit reçu la premiere fois qu'un choc d'un degré, en reçoit déja un de 4 à la 2. En continuant de raisonner comme nous venons de faire, on trouvera que le second choc des parties de l'air , & la réflexion qui succedera à ce choc, portera la vigueur du mouvement jusques à 8 degrez. On voit donc qu'un petit nombre d'allées & de venues suffit pour porter l'accroissement fort au dela de ce qu'on auroit d'abord imaginé.

Mais si cela est ainsi, le son deviendroit prodigieux & dureroit beaucoup plus longtems qu'il ne fait. Il est necessaire de lever cette difficulté. Pour cet effet nous remarquerons *premierement* , que quand nous avons supposé dans les parties du Corps solide, qui reflêchit le son, & l'augmente en le reflêchissant, un ressort d'une vigueur égale à celui des parties de l'air, nous l'avons fait pour rendre notre calcul plus aisé en évitant d'y faire entrer des fractions. Mais il en faut rabattre ; de sorte qu'après tel nombre de réflexions qui, suivant notre hypotese, auroit porté le bruit à 32 degrez, il ne se trouvera peut-être qu'à 5 ou 6 , plus ou moins. 2. A mesure que les chocs des Corps à ressort sont plus impetueux, une plus grande portion de la vigueur, avec laquelle ils se heurtent, se consume en froissement de parties , & leur ressort ne la rétablit pas. C'est une verité d'experience : Faites que deux boules d'acier & égales se rencontrent avec des mouvemens oposés & égaux , mais foibles l'un & l'autre, vous les verrés rebrousser précisément avec la même vitesse qu'elles

les

les étoient venues, & faire, dans un temps égal, également de chemin, mais à mesure que vous augmenterés la vigueur de leurs chocs, il s'en faudra toûjours plus qu'elles ne se reflêchissent avec autant de vitesse qu'elles en avoient en se frappant.   3. Il n'y a point de Corps parfaitement *homogene* & dont toutes les parties soient exactement d'un tissu égal ;   les particules *élastiques* n'ont pas toutes leur ressort de la même vigueur , & parmi celles qui en ont il s'en trouve encore de molles qui l'émoussent.   Et en voila assez pour empêcher que le son ne se multiplie par la réflexion autant que l'objection sembloit le demander.

Il ne faut pas douter que la diversité, qui se trouve dans la rigidité des parties à ressort qui composent un Corps solide, ne contribue beaucoup à affoiblir le son.   Car quand les parties à ressort ne font pas d'égale vigueur, leurs vibrations non plus ne font pas d'égale durée , de sorte que les unes font des retours lorsque les autres s'élancent, les unes se compriment lorsque les autres se dilatent; par-là l'une retire l'autre, & elles affoiblissent leurs agitations par les obstacles mutuels qu'elles y aportent.

XII. Cela nous découvre la raison pourquoi un Instrument à corde sera plus resonnant, dans un certain degré de tension de ses cordes, qu'il ne le seroit, non seulement dans un plus bas , mais encore dans un plus haut ; car plus les ondulations des cordes ont de conformité avec celles des particules, qui composent le corps de l'Instrument , plus le son en sera fortifié.   Après

D'où vient que le même Instrument est plus resonnant sur un ton que sur l'autre.

O   cel-

celles de l'*unisson*, les vibrations de l'*Octave* & de la *Quinte*, soit simple soit doublée, sont celles qui s'accordent le mieux.

D'où vient que le bruit se fait mieux entendre la nuit.

XIII. On voit encore par-là, d'où vient que le même bruit s'étend beaucoup plus loin la nuit, & frape beaucoup plus fortement l'oreille qu'il n'auroit fait pendant le jour. On parle d'un Echo, dans la Province d'Oxford, qui repete 17 Syllabes le jour, & 20 la nuit. Cela ne vient pas seulement de ce que pendant le jour l'oreille est déja occupée d'autres sons, puisque souvent, en nous rendant bien attentifs sur nous-mêmes, nous pouvons nous convaincre que notre oreille n'est prévenue d'aucun bruit, & cependant nous n'entendons point celui qui se fait à une distance, d'où on ne manqueroit pas de l'entendre dans le silence de la nuit. Il faut donc concevoir que le grand nombre de bruits qui s'élevent dans l'air, pendant le jour, y faisant naître des agitations fort differentes & souvent fort contraires les unes aux autres, ne leur permet pas de s'étendre si loin & de conserver leur force. L'exemple des ondulations de l'eau, dont nous nous sommes déja servis, éclaircira ce que je viens de dire. Si dans une eau fort tranquille vous jettés plusieurs pierres, il s'y fera un grand nombre de cercles, dont chacun s'étendra beaucoup moins & s'évanouïra beaucoup plûtôt, que s'il avoit été seul. Vous pouvez encore faire naître de petits cercles dans un grand, mais ils s'étendront très-peu. C'est ainsi que dans un grand bruit vous pouvez vous faire entendre, mais à une oreille fort voisine de vôtre bouche.

XIV. Nous

XIV. Nous avons expliqué ci-deſſus de
quelle maniere les tons qui s'uniſſent pour
faire des acords, quelque differens qu'ils ſoient,
ſubſiſtent enſemble. Tout l'effet de leur union
aboutit à rendre, par intervalles régulierement
diverſifiés, l'oreille, tantôt plus, tantôt moins
comprimée. Les Sons articulés ne peuvent
pas s'unir ainſi, car chacun caracteriſe l'air
& y cauſe des inflexions differentes. Ces inflexions ſont en quelque maniere viſibles
dans une colomne de pouſſiere que les rayons
du Soleil traverſent, au milieu d'une chambre obſcure; puiſqu'on n'a qu'à parler tout
près de cette colomne, pour y faire naître
mille & mille tournoyemens. Or ces tournoyemens venant à ſe rencontrer, s'affoi-
bliſſent, ſe confondent & ſe détruiſent. U-
ne perſonne qui chante ne ſe fait pas entendre, à beaucoup près ſi diſtinctement, qu'u-
ne perſonne qui parle, parce que les organes de la parole ſe trouvant dans une ſituation plus contrainte quand on parle en
chantant, ne peuvent pas ſi bien caracteri-
ſer & ſi exactement modifier un air, qui outre cela eſt pouſſé avec plus de véhemence.

XV. Cette augmentation de force, que
le ſon tire des Corps ſolides, qui le repouſſent, ſe verifie manifeſtement, par un grand
nombre d'experiences; ſans cela la plûpart
des ſons ne ſeroient point aperçûs, & les
plus vehemens ne ſe feroient que très-foiblement entendre. Que l'on tende une corde de violon ſur deux apuis, au milieu d'u-
ne chambre, auſſi fortement qu'on voudra,
& qu'on la pince vivement, elle fera ſes allées & venues, avec une extrême viteſſe,

O 2

mais

mais sans faire entendre aucun son, à moins
que l'oreille ne s'aplique immediatement sur
un des apuis, où cette corde est attachée.
Car en ce cas, les tremoussemens des Corps
solides, sur qui l'oreille s'aplique, se trouvent assez vigoureux, pour lui en causer de
sensibles. Il faut donc que les agitations, que
la corde produit dans l'air, par la vivacité
de ses vibrations, aquierent encore de nouvelles forces, par des reflexions, qui se reï-
terent coup sur coup, avant que de se porter fort loin.

Le bruit d'un coup de fusil tiré, dans une
Cave, égale presque celui d'un Fauconneau.
Les boucliers, qui environnoient le Theatre
des Romains, par le ressort de leur matiere,
& par leur concavité, fortifioient tellement
la voix des Acteurs, que sans la forcer ils
pouvoient se faire entendre fort loin.

Le Corps qui refléchit le son le caracteri-
se quelquefois, en le fortifiant & en change
l'espece, de sorte qu'il semble que le Corps,
qui refléchit le son, en est lui-même l'origine & le seul qu'on ait frapé. Le bruit, que
font deux mains, qui se heurtent par leur
cavité, est un bruit fort sourd, & fort cave.
Mais quand elles se frapent ainsi, dans une
chambre où il y a beaucoup de vaisselle d'argent, sur tout si elle est enfermée, ce bruit
devient tout-à-fait clair & argentin.

Quand on frape deux cailloux, dans l'air,
au milieu d'une Cuve d'argent, il se forme
un son, qui tient en partie de celui de l'argent, & en partie de celui des cailloux fra-
pés. Mais si la Cuve est pleine d'eau, le son
fera tout-à-fait argentin, & tel qu'il le seroit
si,

fi, au lieu de fraper les cailloux, le corps même de cette Cuve avoit été frapé immediatement. Dans le premier de ces cas, l'air, qui est au deſſus de la Cuve, porte dans l'oreille le bruit des cailloux parce que les parties de ces cailloux font paſſer leur impreſſion, depuis l'air interieur, qu'elles touchent, juſques à l'exterieur. Mais dans le ſecond cas, les cailloux n'agiſſent plus ſur l'air ſuperieur, par le moyen de l'eau, peu propre à tranſmettre dans l'air l'impreſſion qu'elle en a reçu, ſa peſanteur ne lui permettant pas de s'élever avec cette force contre l'air ſuperieur. Mais le tremouſſement des cailloux ſe communique, par le moyen de l'eau, & paſſe tout entier ſur la ſurface de la Cuve; car l'eau agit ſur cette ſurface, par un mouvement horizontal, auquel ſa peſanteur ne s'opoſe point. Or les parties de la Cuve étant une fois ébranlées, tremouſſent, ſuivant leur nature; & l'air, qui reçoit leurs impreſſions, porte à l'oreille un ſon d'un caractere conforme au dernier corps qui vient de l'agiter.

XVI. L'AIR qui ſort des Poulmons ne parviendroit point à l'oreille, avec aſſez de force pour l'ébranler, s'il n'en recevoit une nouvelle par les reflexions du Palais, & du Nés, dont la ſurface interieure le repouſſe, & en le repouſſant, lui donne de nouvelles ſecouſſes. La multitude innombrable de petits Canaux, qui, en ſe comprimant, font ſortir du Poulmon l'air qu'ils avoient reçu en ſe dilatant, ſe decharge dans celui qui eſt apellé la *Trachée Artere*, dont ils ne font qu'un épanchement. Cette Trachée, auſſi-bien

De quelle maniere la voix prend de la force.

bien

bien que les petits Canaux, dans lesquels elle se distribue , est toute composée d'anaux
d'une tissure moyenne, entre une substance
osseuse & une substance charnue. Quoi que
ces petits Canaux, pris un à un , soient incomparablement plus petits que la *Trachée Artere* , ils ne laissent pas de contenir
tous ensemble beaucoup plus d'air, qu'il n'y en
peut avoir dans ce large canal. Voilà pourquoi,
quand le Poulmon se vuide d'air , cet air
est comprimé dans la *Trachée*, & y passe a-
vec d'autant plus de vitesse , que l'espace
qu'il traverse a moins de capacité, que les
espaces d'où il vient. Cet air condensé &
qui s'échape avec vitesse , agit donc sur la
surface de la *Trachée Artere*, l'ébranle, & met
le ressort de ses parties en jeu ; les tremoussemens de leur ressort fortifient à leur tour
les ondulations de l'air , & cet air prend enfin une nouvelle vigueur en sortant par l'ouverture retressie du *Larinx* , ou ce nœud ,
qui est au dessus de la Trachée. On apelle cette ouverture la *Glotte* ; c'est un *bord* ,
dont la substance, d'un vif ressort, envelo-
pe un nerf très-delié , qui contribue sans
doute à la serrer plus ou moins ; le *bord* forme un *cercle* de quatre lignes de diametre,
tout au plus, & c'est par là que l'air entre & sort
sans aucun bruit. Mais quand les *bords* de
cet espace *circulaire* s'aprochent , & en s'a-
prochant changent sa figure, de ronde en *ovale*, l'air qui le traverse, trouvant son passage retressi , non seulement s'élance avec
plus de vigueur, & frape plus vivement celui qu'il rencontre dans le nés , & dans la
bouche, mais deployant, outre cela, sa vigueur

gueur contre les bords de la *Glotte* ,   plus
rendus qu'à l'ordinaire, il y cause des vifs
tremouffemens.   La *languette*, qui couvre
cette *Glotte*, & qu'on apelle à cause de cela l'*Epiglotte*, peut auffi, en fe baiffant plus
ou moins, augmenter la viteffe de l'air, dont
elle retrecit le paffage, & recevoir elle-même des tremouffemens dans fon tout & dans
fes parties.   Quand les ondulations des parties de l'air, fortifiées par toutes ces caufes,
viennent à fraper la furface interieure du *Pa-*
lais, du *Nés* & des *Dens*, elles en font repouffées avec de nouvelles fecouffes en fe
heurtant les unes les autres ; en fuite de ces
reflexions differentes, leur vigueur croit encore ,   & fe trouve enfin en état de faire
une impreffion fuffifante fur l'air exterieur.
On fait combien la perte d'une *dent* affoiblit la voix & comme elle devient *cave*, lorfque l'humidité d'un *Rhume* affoiblit le reffort du *Palais* & du *Nés*, ou qu'en le bouchant
elle empêche l'air d'y circuler. Alors le fon eft
cave & desagréable ; non pas parce que le *Nés*
y contribue ,   & lui donne cette modifica-
tion ; mais au contraire ,   parce que le *Nés*
ne le modifie pas, & n'en augmente pas la
clarté, comme il a accoûtumé de faire.   De
forte qu'on accufe mal à propos de parler
du *Nés*, ceux dont la voix n'eft desagréable,
que parce qu'ils ne parlent pas du *Nés*.
Quand on ferre les levres ,   outre que l'on
oblige l'air à fortir avec plus de viteffe ,   en
s'échapant par une ouverture retrecie ,   on
bande encore leur reffort, ce qui leur caufe un tremouffement, qui donne au fon un
nouveau caractere ; & il s'en trouve qui fa-

O 4

vent

vent tendre leurs levres à un tel point, qu'ils imitent tout-à-fait, par leurs fremiſſemens, le bruit de la Trompette, à la vehemence près.

XVII. MAIS ſi les agitations, que ce tremouſſement des levres à fait naître dans l'air, viennent à ſe fortifier, le bruit croîtra & deviendra plus éclatant. C'eſt-là l'effet de la *Trompette*; car 1. l'air qui ſe feroit librement échapé de toutes parts, & qui par-là auroit agi plus foiblement de chaque côté, porte toute ſa vigueur vers un certain terme; de ſorte qu'alors le bruit s'augmente par la même raiſon que celui de la poudre, lorſqu'au lieu d'être allumée dans l'air libre, elle l'eſt dans un canal, qui détermine tout ſon feu, & toute ſon action d'un ſeul côté. 2. Comme le canal de la Trompette va en s'élargiſſant, l'air, qui s'étend toûjours par la vertu de ſon reſſort, venant à heurter la ſurface interieure de ce canal la plus voiſine de la bouche, en eſt repouſſé contre le milieu. 3. Les parties qui ſe choquent dans ce milieu, ſe repouſſant les unes les autres contre les bords, il ſe fait une nombreuſe ſuite de reflexions de l'axe à la circonference, & de la circonference à l'axe, c'eſt-à-dire, à la ligne qui joint tous les centres des differens cercles, qui compoſent la ſurface de la Trompette. Dans chacune de ces reflexions, la vigueur de la compreſſion, & de la dilatation des parties de l'air s'augmente, parce que leur reſſort ſe bande toûjours davantage. Il faut une grande vigueur dans les *Poulmons*, & dans les Muſcles qui ſervent à les faire mouvoir, pour tirer du ſon de la Trompette, parce que comme

me

me tout cet air ſi comprimé , par la frequence des reflexions , ne peut lui-même
ſortir que du Poulmon, il faut que ce vaiſ-
ſeau ſe dilate extrémement, pour ſe remplir
d'une ſi grande quantité d'air , & il faut de
plus , qu'il le comprime & le condenſe a-
fin d'en pouvoir faire un plus grand amas.
Il faut en ſuite qu'il l'élance avec une
grande vigueur , pour lui donner la force
de pouſſer toûjours en avant, avec une ſu-
fiſante viteſſe , les cercles qui ſe forment
l'un après l'autre , dans l'interieur de la
Trompette.

XVIII. Il s'en faut beaucoup que les
Porte-voix ne fatiguent autant que les Trompettes. Car premierement les organes de la
voix ont leurs mouvemens beaucoup plus
aiſés , dans l'embouchure des *Porte-voix*,
qui eſt beaucoup plus large. 2. Le ſoufle
ne ſortant pas de la bouche, par une ouverture ſi retrecie, n'en eſt pas chaſſé avec tant
d'effort. 3. L'air ne conſume pas une partie de ſa force à produire du tremouſſement dans les levres. 4. Les muſcles ne ſe
laſſent pas à entendre le reſſort. 5. La ſurface des *Porte-voix* s'élargiſſant davantage
que celle des *Trompettes*, il s'y fait un plus
petit nombre de reflexions , parce que les
cercles d'air, qui de la bouche ſe repandent
ſur cette ſurface, qui s'élargit davantage, y
tombant plus obliquement, en ſont auſſi plus
obliquement reflêchis , & par-là s'avancent
plus du côté de l'iſſue; car ils ſe réüniſſent
& ſe choquent reciproquement, dans des
points de l'axe , plus éloignés de la bouche. On n'eſt donc pas obligé à fournir une

Des Porte-
voix.

ſi grande abondance d'air, pour remplir les
Porte-voix , parce qu'y recevant moins de
reflexions, il ne s'y condenſe pas à beaucoup
près autant que dans les Trompettes , &
il ne faut pas la même peine pour pouſſer en
avant un air moins condenſé, que pour pouſſer un air plus ſerré & plus comprimé.

On s'imaginera aiſément que pour tirer,
ſoit des *Trompettes* , ſoit des *Porte-voix*, les
ſons les plus *vehemens* qu'il ſe pourra, il
eſt neceſſaire d'obſerver une certaine proportion, entre leur dilatation & leur longueur,
& on n'aura pas de la peine à comprendre ,
qu'une poitrine foible doit tirer un ſon
plus fort d'un tuyau plus court ; quoi qu'u-
ne poitrine plus vigoureuſe faſſe ſortir des
ſons plus vehemens, des tuyaux qui ſont
plus longs ; parce qu'il eſt neceſſaire que la
vigueur du ſouſle croiſſe toûjours à meſure que l'air ſe comprime , de peur que la
force, avec laquelle ſon reſſort tend à le dilater , ne le repouſſe contre la bouche ; ce
qui l'empêcheroit de s'élancer hors de la
Trompette, avec un effort ſuffiſant pour faire
avancer aſſez vivement l'air exterieur qu'il
vient à fraper. La *matiere* des Trompettes
& des Porte-voix doit contribuer à leur force, & l'experience le prouve ; parce que plus
les parties ſolides , à la rencontre deſquelles celles de l'air ſe reflêchiſſent, ont de reſſort, plus cette reflexion ſe fait vivement.

Un Homme d'une taille & d'une force
extraordinaires, dont la bouche égaleroit en
ouverture l'entremiſe d'un *Porte-voix* , &
dont les Poulmons auroient une vigueur
proportionnée à cette ouverture , ſe feroit
en-

entendre incomparablement plus loin, que le commun des Hommes ne fait ordinairement. Or la figure *conique* du *Porte - voix* eſt cauſe que l'air n'eſt pas moins vivement comprimé à ſa baſe, qu'il le ſeroit à l'extrêmité d'un Cylindre creux, d'un diametre par tout égal à celui du cercle qui termine le Porte-voix, ſi une bouche de la même capacité s'apliquoit à l'extremité opoſée. C'eſt une verité d'experience, que, ſi on emplit d'eau les deux vaiſſeaux *A* & *B*, égaux en baſes & en longueur, mais très-inégaux en largeur, le fond de l'un ſe trouvera autant preſſé que le fond de l'autre, nonobſtant l'inégalité des poids qui rempliſſent les vaiſſeaux, & qui preſſent leurs fonds, les parties d'eau tirant, de leur reflexion ſur la ſurface interieure de celui qui en contient moins, la force qui manque à leur propre poids. L'impetuoſité, avec laquelle l'air eſt chaſſé de la bouche, apliquée en *b*, lui tient lieu de poids, par raport à ſon action ſur l'orifice *C*. Et ainſi, quoi qu'une bouche ordinaire, apliquée en *b*, pouſſe avec beaucoup moins d'effort qu'une bouche *Gigantesque*, apliquée en *a*, ces deux efforts differens, étant, entr'eux, comme les deux poids inégaux des liqueurs, dont nous venons de parler, dans le premier exemple, la figure des canaux que l'air traverſe rend ſon impreſſion égale ſur *C* & ſur *B*.

Le Pere Kircher raporte la figure d'un Porte-voix, dont il a lû, dans un vieux Manuſcrit, qu'Alexandre ſe ſervoit, pour ſe faire entendre aux deux extremités de ſon armée. De l'embouchure *a*, la voix s'étendoit,

à

à droite, & à gauche, dans le Canal circulaire *cccc*, & après s'y être fortifiée par de fréquentes reflexions, en s'avançant dans ce Canal, qui alloit en s'élargiſſant, elle en ſortoit par l'ouverture *conique x*, où toutes ſes forces ſe raſſembloient.

SECTION III.

Où l'on traite plus particulierement du ſon reflêchi.

JE continuerai à fortifier l'hypotheſe, que j'embraſſe ſur le Son, par l'explication des Échos.

Pour former un *Echo*, il faut 1. qu'un Corps ſolide ſe trouve en état de reflêchir les ondes d'air qui tombent ſur lui, ſans y aporter d'autre changement, que celui qui eſt eſſentiel à la reflexion, ſavoir de repouſſer le Corps reflêchi vers le terme different de celui où il alloit. Les corps *heterogenes*, c'eſt-à-dire, compoſés de parties d'un reſſort très-inégal; les ſurfaces irrégulieres, par des élevations, & des enfoncemens, ou embarraſſées de mouſſe, & de broſſailles, ne ſont point propres à ces reflexions; on le comprend aiſément: On peut même ajoûter que la ſurface des Rochers, & des Murs, doit, pour produire un *Echo*, être du moins un peu diſpoſée en concavité, parce que n'étant pas exactement polie, l'inégalité de la poſition de ſes parties diſſiperoit trop le ſon, ſi leur courbure ne le raſſembloit. Et voilà pourquoi les Grotes, les Voutes, les Tours, dans la concavité deſquelles la voix ſe raſ-

ſem-

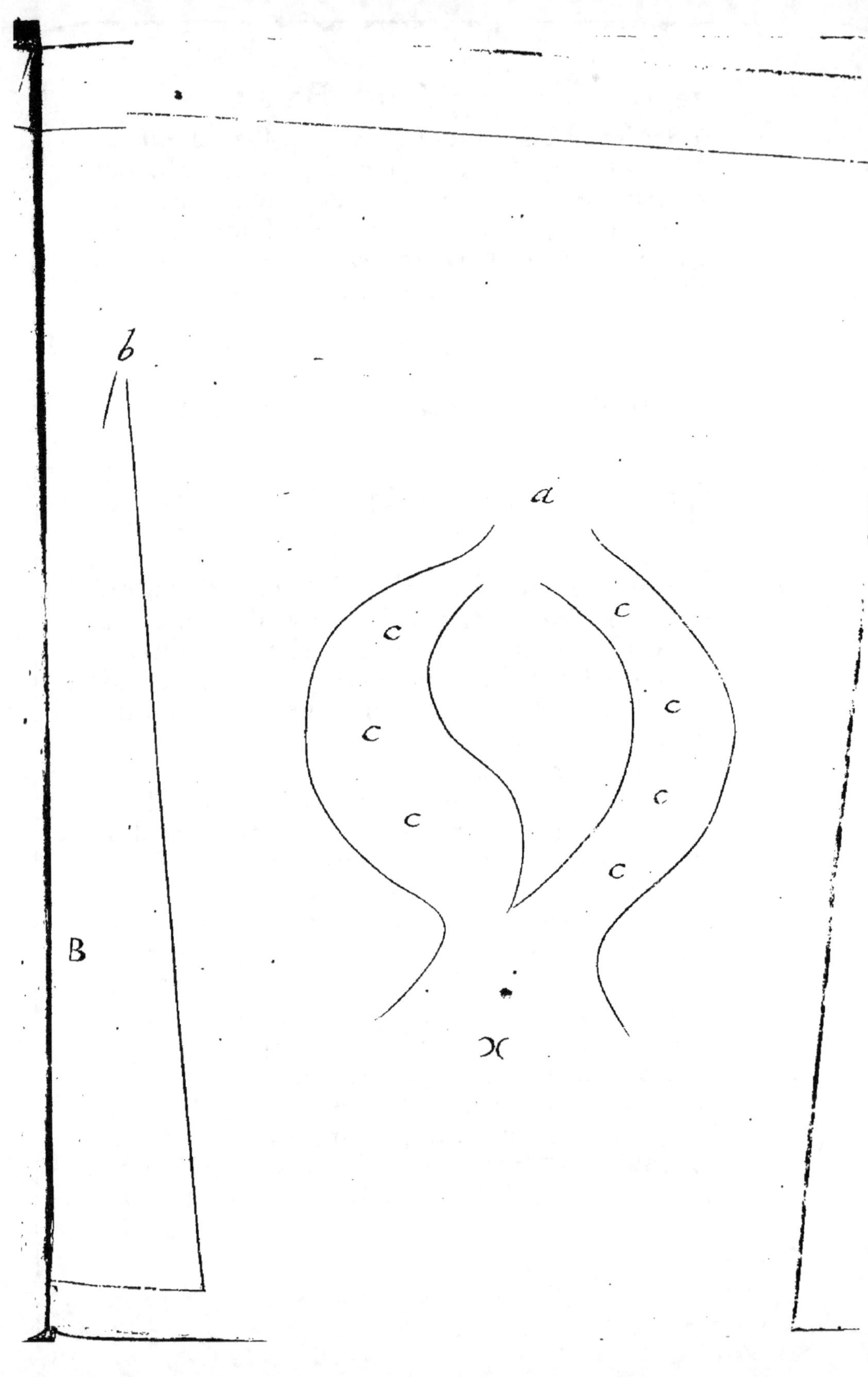

b
B
a
c
c
c
c
c
c
c
c
x

a
b
a
A
B
c
c
c
c
c
c
c
c
c
D
C
X

femble, & les ondulations de l'air fe fortifient, font propres à former des *Echos*.

Il faut 2. que le Corps qui reflêchit le
fon, foit affez éloigné du lieu où il fe fait
d'abord entendre , pour laiffer aux ondulations qui le forment le tems de s'éteindre,
& à leur impreffion fur l'oreille celui de s'é-
vanouïr , avant que les retours de la reflexion y arrivent. Plus le Corps reflêchif-
fant eft éloigné , plus il repete de fyllabes,
parce que l'impreffion directe de la derniere
a eu le tems de fe diffiper , avant que l'impreffion reflêchie de la premiere arrive.

Mais de peur que les premieres fyllabes,
en revenant de l'*Echo* , ne caufent de la
confufion dans les dernieres qui y vont, il
importe que le fon ne revienne pas précifément par le même chemin qu'il étoit allé.
Quand, par exemple , la courbure qui reflêchit la voix eft plus élevée , que le lieu
d'où on la pouffe , le fon direct monte ,
mais le reflêchi defcend ; & fi en defcendant
il rencontre une furface folide, où celle même d'une eau fort tranquille , il en fera re-
pouffé de bas en haut, puifqu'il tomboit fur
elle de haut en bas , & il pourra ainfi revenir, par une efpece de circulation , au même
lieu , d'où il étoit d'abord parti.

Quand on a prononcé un fort grand nombre de fyllabes , les premieres reviennent à
l'oreille toutes confondues , mais les dernieres fe font diftinctement entendre. On
peut conjecturer, pour rendre raifon de ce
phénoméne , que les ondes d'air, qui portent les dernieres fyllabes , & qui en font
caracterifées, troublent, dans la concavité, où

fe

se fait l'Echo, la forme de celles qui y étoient arrivées les premieres. Voilà pourquoi celles-ci sortent de cette concavité fort changées. Mais les dernieres y restant seules, après s'y être fortifiées par quelques reflexions, en sortent avec leur propre forme, & leur caractere tout entier.

Si on veut que la repetition de plusieurs syllabes soit distincte, il ne faut pas les prononcer trop rapidement, car lorsqu'elles se succedent avec quelque intervalle, la précédente a le tems de sortir de la concavité refléchissante, avant que la suivante y entre, ou l'une est toute prête de sortir, lorsque l'autre se présente pour y entrer.

Quand la même syllabe se repete plusieurs fois, cela vient ou de ce qu'il y a plusieurs surfaces refléchissantes à quelque distance les unes des autres, ou de ce que le bruit refléchi par l'une est renvoyé sur une autre, qui derechef le repousse à cette premiere. C'est ainsi que, sous un Pont d'une suffisante étendue, la voix, qui d'abord se porte directement d'une extrémité à une autre suivant la direction du diametre, reviendra suivant cette même direction sur l'extremité même près de laquelle elle a pris naissance, ou elle sera renvoyée une seconde fois à l'extrémité opofée ; la voute d'un côté, & d'un autre la surface unie de l'eau, empêchant la dissipation de la voix : Il se peut aussi qu'elle circule le long de l'arc même du Pont.

On peut se trouver dans une telle situation, que l'on sera plus vivement frapé du bruit refléchi que du direct ; car si la voute
qui

qui reflêchit le son, le renvoye avec plus de vigueur qu'elle ne le reçoit, celui qui fera plus près de cette voute, que de l'endroit, où le son a pris naiſſance, ſera plus frappé du bruit reflêchi que du direct.   Il ſe peut même qu'à égale diſtance de l'un & de l'autre, il ſe trouvera, entre l'oreille & l'endroit où le premier bruit ſe forme, des obſtacles qui en émouſſeront la force, au lieu qu'en allant juſques à l'Echo, & en revenant delà juſques à l'oreille, il n'en trouvera pas autant.

Il y a une autre maniere de faire reflêchir le ſon qui ne forme pas d'Echo, mais qui eſt plus ſurprenante.   Si une perſonne, placée à l'extrémité d'une grande chambre, tourne ſa bouche contre le mur, & prononce quelques paroles à voix baſſe, il ne ſera pas étonnant, que ceux qui ſont au milieu de la chambre ne l'entendent pas, la voix étant trop baſſe pour ſe faire entendre même à une mediocre diſtance.   Mais le mur pourra avoir une telle courbure, qu'au lieu de reflêchir la voix vers le milieu de la chambre, ou de l'affoiblir en la diſſipant de toutes parts, il la renvoyera obliquement d'eſpace en eſpace, tout le long de ſa courbure. Par ce moyen, après avoir circulé le long du mur, elle ſe réünira à l'extrémité opoſée à celle où l'on parle, & ſi on y aplique l'oreille, on l'entendra diſtinctement.

La voix circule ainſi, & monte par une ſuite de reflexions, depuis le bas d'une coquille d'eſcalier juſques au haut; & ſi cette coquille s'éleve en s'étreciſſant, la voix, en s'avançant dans cet eſpace toûjours moins

éten-

étendu, y prendra aussi toûjours plus de force. C'est sur ce fondement qu'on a inventé des *Cornets*, pour le soulagement des sourds. Tout le son qui y entre par la plus large ouverture, après avoir déja aquis quelque accroissement de forces par diverses reflexions, se réünit dans l'ouverture retrecie du cornet, que l'on insere dans l'oreille, & par ce moyen elle reçoit un son beaucoup plus vif: Car elle reçoit beaucoup plus d'air, qu'il n'y en seroit entré sans cela, & un air, dont les tremoussemens ont aquis en chemin de nouvelles forces. L'Auteur de la nature a disposé au fond de l'oreille une *Coquille*, dont les *spires* vont toûjours en s'étrecissant, & conduisent par-là un air toûjours plus fortifié sur le nerf *Acoustique*, dont l'extremité aboutit à la pointe de cette coquille. La cruauté inquiete du Tyran de Siracuse l'avoit porté à construire, dans ses Prisons, une Coquille, sur le modelle de celle que la bonté de l'Auteur de nôtre être a placée dans nos oreilles. Aucun Prisonnier ne pouvoit prononcer un seul mot, pour bas qu'il fût, qu'une oreille, apliquée au dessus de cette Coquille, ne l'entendît distinctement.

SECTION IV.

Où l'on explique de quelle maniere les Corps solides contribuent à la production du Son.

APRE'S avoir expliqué les agitations de l'air, en quoi consiste la nature du Son, & qui, par leur impression sur l'oreille, en font

font naître le sentiment , c'est-à-dire, qui font le sujet du Son exterieur , & la cause immédiate de l'interieur ; il faut passer à expliquer de quelle maniere les Corps solides forment ces agitations dans l'air.

SECTION V.

Du mouvement des Corps solides, quand on en tire du Son.

I. DE tous les Corps dont on tire du Son, il n'y en a pas dont l'action soit plus marquée que celle d'une corde de boyau ou de metal. Il faut qu'elle soit tendue , afin que son ressort puisse être mis en jeu , car le degré de sa tension fortifiant la vivacité de son ressort, & rendant par-là ses impressions plus puissantes sur l'air , fait que le son en sort plus vehement.

Dès que l'aprêté du crin d'un *archet*, & les petites dens, dont l'a poix resine l'a herissé, ou qu'un coup d'ongle , un coup de plume, ou quelque cause semblable tire une corde de sa situation, la figure des pores de cette corde , & la position de ses parties se changent. La matiere qui traverse ses pores, & qui heurte ses parties interieures, aussi bien que celle qui presse les exterieures agissent donc sur cette corde autrement qu'elles ne faisoient, avant qu'il y fût arrivé aucun changement. Et toutes ces causes, (ou si vous voulés d'autres qui ne nous font pas encore bien connues) se réünissant sur cette corde , forcent toutes ses parties à reprendre leur premiere situation , & la rame-

Du mouvement des cordes pour le son.

P

nent

nent ainſi dans ſon premier état. Mais l'impetuoſité, avec laquelle elle y retourne, n'étant pas évanouïe quand elle y eſt arrivée, elle continue à ſe mouvoir , & ſe courbe dans un ſens opoſé à la courbure , qu'elle vient de quitter; & comme c'eſt la force de ſon reſſort, qui lui a donné ce mouvement, en vertu duquel elle ſe courbe, cette courbure croit juſques à ce qu'une égale force de reſſort l'arrête, c'eſt-à-dire, juſques à ce que cette *ſeconde* courbure égale la *premiere*. L'action du reſſort qui détruit cette *ſeconde* courbure, en doit faire naître une *troiſiéme* encore égale; de ſorte que les allées & les venues d'une corde une fois ébranlée ne finiroient point , ſi une partie de ſon mouvement ne ſe perdoit contre l'air qu'elle frape , & contre les apuis qu'elle frotte, (d'où vient que le ſon ceſſe incontinent à la rencontre d'un Corps mol,) & enfin ne ſe conſumoit dans le froiſſement des parties mêmes de la corde , car les cordes s'uſent.

Mais il eſt bon de ſe former des idées plus exactes de tous ces mouvemens. *Premierement*, le coup, qui tire un certain point d'une corde, ne fait pas de ce point-là le ſommet d'un angle rectiligne , dont les deux portions de cette corde , de côté & d'autre du point frappé, ſoient les jambes. La rigidité de la partie, ſur laquelle le coup tombe, s'opoſe à un ployement ſi aigu. 2. Cette partie, qu'un coup vif plieroit de cette maniere , ſi elle n'y mettoit point d'obſtacle, tire ſa voiſine & en augmente la tenſion ; celle-ci tire de même une troiſiéme, & enfin, de l'une à l'autre, toutes les parties de

la

la corde se trouvent par ce moyen plus tirées & plus tendues.   3. Toutes ces parties,
dont la roideur s'est augmentée , s'unissant
à tirer celle que le coup d'archet à frapé ,
en diminuent l'inflexion , & la disposent
en courbure.   Par la même raison, chacune
des parties, qui composent la corde, étant tirée de deux côtés , doit elle-même faire partie d'une courbure.   C'est une loi de la Nature, & c'est une necessité, que, de plusieurs
effets possibles , le plus aisé naisse plûtôt que
le plus difficile & le plus violent.   L'action
donc de l'archet se répandant dans toutes les
parties de la corde, chacune resiste moins à
une foible courbure, qu'une seule ne resis-
teroit à une inflexion plus aigue ; c'est par
cette raison que toute la corde se courbe, &
elle passe d'autant plus facilement à un état
de courbure , qu'à parler exactement elle
n'étoit pas située dans la direction d'une ligne parfaitement droite.   Car on démontre
dans les Méchaniques, qu'il faudroit des
forces infinies pour dresser parfaitement une
corde.

On voit que toutes les cordes de boyau,
& toutes celles de metal, dès qu'elles font
en liberté, se courbent & se sinuent en divers
replis , le tissu de leur parties les disposant
sans doute à cette situation. Et en effet, la
main qui les file n'est jamais parfaitement
ferme, de sorte qu'en formant la corde elle
donne à ses parties diverses inflexions.   Or
voici , ce me semble , ce qu'on doit conclurre de-là.   Quand un coup d'archet a
courbé une corde , il en augmente la longueur ; voilà pourquoi, lorsque cette corde,

en paffant d'une courbure à une autre, traverfe la ligne de fa premiere fituation , elle
fe trouve dans cette ligne un peu plus lâche,
& plus libre qu'elle n'y étoit auparavant, &
cette liberté donne lieu aux parties qui la
compofent de reprendre leurs inflexions naturelles. Voilà donc une corde qui, depuis un
bout jufques à l'autre, forme une fuite d'inflexions , & une enchainure de SS. Chaque
courbure a du reffort, & par conféquent fe
change en une courbure opofée. Et voilà
par conféquent, outre les allées & les venues de la corde entiere, une infinité d'allées
& de venues dans les portions nombreufes
de cette corde. · Ce qui d'abord avoit été
plié ainfi S, au moment fuivant, fe plie de
cette maniere ꙅ.

Je confidere , outre cela, que la partie immédiatement frapée par l'archet, étant toûjours un peu plus pliée & un peu plus comprimée que les autres, doit auffi fe débander
plus vigoureufement ; or elle ne peut pas
avancer plus vite que les deux portions d'arc
qui font à fes deux côtés, fans caufer dans
la corde une finuofité telle que repréfente la
Figure G ; & comme ce changement de figure, qui furvient à la corde, en contraint
differemment les parties, leurs refforts iné-
galement tendus, & fe débandans par-là plus
vite dans les unes que dans les autres, mul-
tiplieront encore les finuofités & contribue-
ront à cette fuite, & à cette enchainure, dont
nous venons de parler.

Quand un archet, s'acrochant à la corde
A, la tire de *a* vers *b*, ou ce qui produit le
même effet, quand la plume d'une Epinette

la pouſſe de *a* vers *b* , les parties *A a* , au lieu de former un angle rectiligne en *b*, ſe diſpoſent en courbure ; & comme l'effort, qui produit cette courbure, eſt égal des deux côtés , il ſe forme un arc *a C* égal à l'arc *a A*. Le reſſort du point *c* faiſant une reaction, & tirant également à la droite & à la gauche , doit produire le même effet de côté & d'autre , & faire naître une troiſiéme courbure *e d* égale à *c a*. Il s'en forme de même une 4. *d e* &c.

Soit que l'archet abandonne la corde *A*, ſoit qu'il continue à la tirer & à lui faire violence, les portions qui ſe ſont pliées, en ſe portant à leur premier état, par la vertu de leur reſſort, ſe courbent en un ſens oppoſé. Et comme les parties voiſines de l'apui & de l'extremité *A*, auſſi-bien que celles qui ſont voiſines de la plume, ou de l'archet *a*, n'ont pas la même liberté de s'élancer du côté, d'où elles ſont venues, & d'y faire autant de chemin, que les parties qui ſont au milieu de la courbure *A a*, en *m*, qui ſont auſſi plus écartées de la ligne droite, & par conſéquent plus tendues, il doit arriver que le point *m* s'étendra, & tirera du côté de *g* beaucoup plus que les autres ; ce qui produira le même effet que ſi un archet le tiroit, ou qu'une plume le pouſſât vers *g*. Il naîtra donc de-là deux nouvelles courbures, & il ſe formera la ſinuoſité *A o m n a* ; la même choſe arrivera aux courbures *a c*, *c d*, *d e*, & ainſi toute la corde *A* ſe diſtribuera en diverſes portions égales, qui feront chacune leurs vibrations, & heurteront vivement les parties d'air qu'elles rencontreront.

Si

Si le Son ne naiſſoit que des vibrations de la corde totale *A*, elle n'en feroit entendre que lors que l'archet l'auroit abandonnée, pour la laiſſer en liberté de faire ſes allées & ſes venues : au lieu qu'au contraire le ſon l'abandonne en même tems que l'archet, au moins ſi c'eſt une corde de boyau de peu de longueur ; parce que ſon frottement contre les apuis a bien-tôt affoibli les tremouſſe-mens de ſes parties au point d'en étouffer le ſon ; au lieu que la contrainte, où l'archet la retient, en l'acrochant toûjours à meſure qu'il coule ſur elle, & en renouvellant la courbure, donne lieu aux parties, qui ſont ſituées de côté & d'autre, de continuer leurs vibrations.

Il importe beaucoup, & pour la vehemen-ce du ſon, & pour ſon agréement, que l'ar-chet frape la corde dans un endroit conve-nable. S'il la frape près du chevalet *A*, la courbure *A a* ſort moins lâche que ſi on l'a-pliquoit ſur un endroit plus éloigné, & nous avons vû comment les courbures, qui s'é-tendent de *a* vers *e*, ſuivent la forme de cel-les qui ſe forment entre *A* & *a*. De plus, ſi les diſtributions des ſinuoſités, qui ſe font de *A* en *e*, partagent la corde *A e* en portions égales, leurs vibrations s'accorderont mieux, & le ſon en ſera plus agréable, plus plein, & plus égal. Mais une corde n'eſt pas d'un tiſſu par tout égal, ou ſi un nœud la diviſe en deux portions, dont les ocillations ne s'accordent pas, il en naîtra un ſon total, compoſé de deux qui feront *diſſonance*, & cette corde ſera *fauſſe*. C'eſt ainſi que la voix eſt fauſſe, quand les organes, qui con-tri-

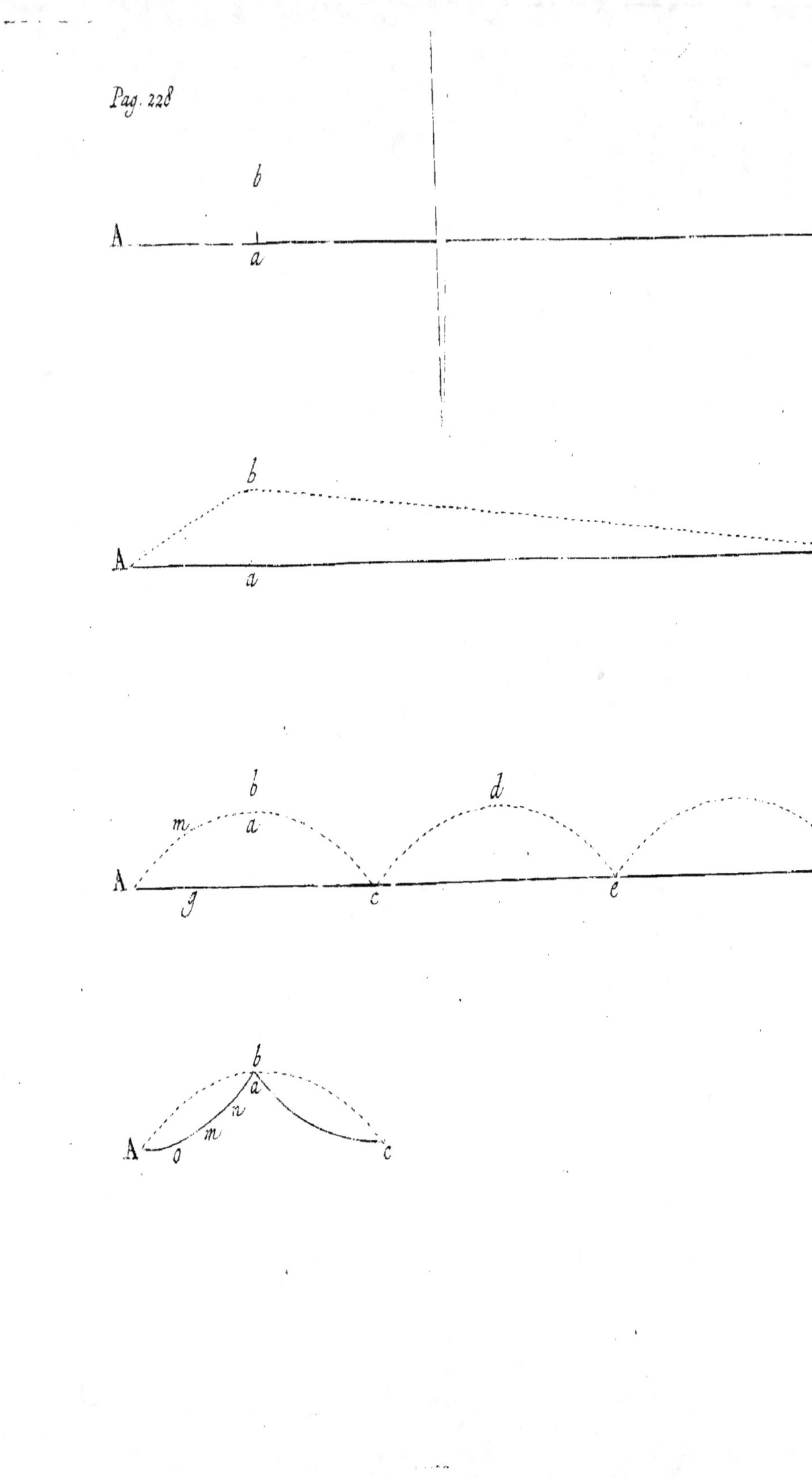
b
A
a
b
A
a
m
b
a
d
A
g
c
e
b
a
n
m
A
o
c

tri
la
m
Q
fau
ble
jou
ma
for
yeu
pe
ter
il
m
co
po

lé
fra
na
co
co
lie
ve
fe
au
po
d'
qu
do
de
q
p
v
&
p

tribuent à la former, & fur tout les bords de la *Glotte*, ne font pas d'un tiffu affez uniforme pour s'accorder dans leurs ondulations. Quand la voix mue, elle eft ordinairement fauffe ; car alors les organes croiffent fenfiblement, & le changement, qui y arrive de jour à autre, empêche qu'on n'en foit affez maître, pour les tendre avec toute l'uniformité neceffaire à la jufteffe des Tons. Il yen a dont un plus grand degré de tenfion peut corriger les défauts, & ceux-là chantent plus agréablement qu'ils ne parlent ; & il y en a, au contraire, qui ont affez uniforme tout ce qui eft neceffaire pour le difcours, mais en qui tout ce qui doit s'unir pour le chant ne s'accorde pas de même.

Quand une corde de Claveffin fait fes allées & fes venues, avec trop de lenteur, pour fraper l'air, dans le degré neceffaire à la naiffance du fon ; fi on lui oppofe quelque corps à reffort, elle reprendra du fon ; car ce corps qu'on lui opofe, qui l'arrête au milieu de fa vibration & l'empêche de l'achever, la rencontre dans un point de fa courfe, où elle a plus de vigueur qu'elle n'en auroit au moment que fon élancement finit pour faire place à un retour ; car la vigueur d'une vibration s'affoiblit toûjours à mefure qu'elle aproche de fon terme. Les parties donc de ce corps à reffort repouffant la corde, avec une vigueur proportionnée au choc qu'elles en ont reçu, la font rebrouffer avec plus de viteffe qu'elle n'en auroit eu en revenant, après avoir achevé fa vibration ; & ainfi fa vigueur, qui s'étoit trop affoiblie, pour donner du fon, fe fortifiant de quelques

de-

degrez, commence à en faire entendre. De plus, l'opofition du corps à reffort arrête, & par conféquent change, celle des finuofités de la corde qu'il frape immédiatement pendant que les autres tendent à continuer leur route. Il fe fait par-là de nouveaux tiraillemens qui mettent en jeu le reffort de la corde , & font naître de nouvelles finuofités, & de-là vient le bourdonnement qui raffemble un mêlange de Sons , qui femblent fe combattre. Car les nouvelles finuofités en font naître un d'un certain caractere , pendant que les anciennes renouvellent le précédent.

De quelle maniere une corde agit fur l'air.

II. APRE'S avoir ainfi conçu les agitations d'une corde, il fera facile de repréfenter fon action fur l'air. La corde totale & chacune de fes portions, en fe courbant & en s'élançant avec vigueur, compriment les parties d'air qu'elles rencontrent, & en même temps les pouffent en avant conformément à la viteffe de leurs chocs. Les parties d'air , que la corde touche immédiatement, agiffent fur leurs voifines, & les pouffent avec la même viteffe qu'elles ont été pouffées ; les fecondes continuent leur action fur les troifiémes , & celles-ci fur les 4. &c. Il faut donc concevoir diverfes *couches* de parties d'air, qui reçoivent leur mouvement les unes des autres, & qui toutes enfemble étendent leur action du côté où la corde, qui les pouffe, s'étend elle-même. Comme cette propagation de mouvemens & de compreffions , qui fe fait de couche en couche, eft fucceffive, elle à fes bornes , & elle fe trouve arrivée à un terme précis, lors

que

que l'*élancement* de la corde finit & que son *retour* commence. Alors les parties, contre lesquelles la corde s'apliquoit, ayant la liberté de s'étendre & de se dilater du côté de la corde qui cede, elles *reviennent* avec elle de ce côté, avec autant de vigueur qu'elles s'en étoient éloignées. Il se fait donc un *retour* de l'onde d'air qui s'étoit avancée ; mais ce retour est suivi d'un second *élancement* qui recommence avec celui de la corde ; & dans ce *second* élancement, le ressort de la corde, conjointement avec celui de la *premiere* onde d'air, en forme une *seconde* qui porte le son plus avant, & ainsi consecutivement, suivant la maniere dont nous avons expliqué la formation des ondes dans l'air.

III. UNE corde est si mince qu'elle ne paroit pas capable d'ébranler qu'une couche d'air de très-peu de largeur, d'où vient donc que le son qu'elle rend s'étend à la ronde & si loin ? 1. La vitesse avec laquelle la corde s'élance, & en s'élançant chasse l'air, fait une espece de vuide dans l'espace qu'elle parcourt. 2. Le ressort de l'air, qui environne cet espace, le ramenant, avec vigueur, dans la place d'où il vient d'être chassé, les parties, qui accourent de tous côtés dans ce vuide, s'y rencontrent avec des mouvemens oposés, & par conséquent s'y heurtent & s'y compriment dans le degré qu'il faut pour produire du son. 3. Et comme le ressort ne fait pas seulement couler, dans cet espace vuide d'air grossier, les parties qui en ont été chassées, mais en général toutes celles qui l'environnent à la ronde, il s'y

On resoud
une diffi-
culté.

fait

fait des chocs d'une grande quantité de parties, qui s'y rendent de toutes parts, comme à un centre commun, & de ce centre, où elles se rencontrent, elles se repoussent aussi de tous côtés à la circonference. 4. A moins qu'une corde n'ait un grand ressort, & par le tissu naturel de ses parties & par la tension qu'on lui a donnée, & qu'elle ne soit outre cela d'une grosseur suffisante, elle ne fera pas entendre du son, si la concavité d'une surface à ressort ne fortifie pas les agitations de l'air, auxquelles les élancemens & les retours de cette corde donnent la premiere naissance. C'est, après s'être ainsi fortifiées, qu'elles s'étendent à la ronde & de tous côtés, avec une vigueur sensible.

Des mouvemens d'une Cloche.

IV. C'EST une Verité d'experience que, quand un Cerceau d'une matiere à ressort est frapé en dedans d'un coup fort promt, qui pousse le point *a* du côté de *b*, sa figure devient *ovale* & s'étend de *a* en *c*, & se retrecit de *d* en *e*, *a c* devenant le grand diametre, & *e d* le petit; car un corps *f* voisin de *c* sera poussé du côté de *c* en *g*, & le corps *h* voisin de *d* est chassé du côté de *e*. Si au contraire le coup qui frape le point *a* le poussoit, de dehors en dedans, du côté de *c*, *a c* deviendroit le petit diametre de l'Ovale, & *e d* le grand. Alors un petit corps placé en *o* s'avanceroit du côté de *a*, & un autre placé en *e* s'avanceroit du côté de *h*. Pour faire ces experiences, il faut suspendre le Cerceau par trois filets, qui, attachés au point *K u x*, s'uniront à un même sommet.

Le

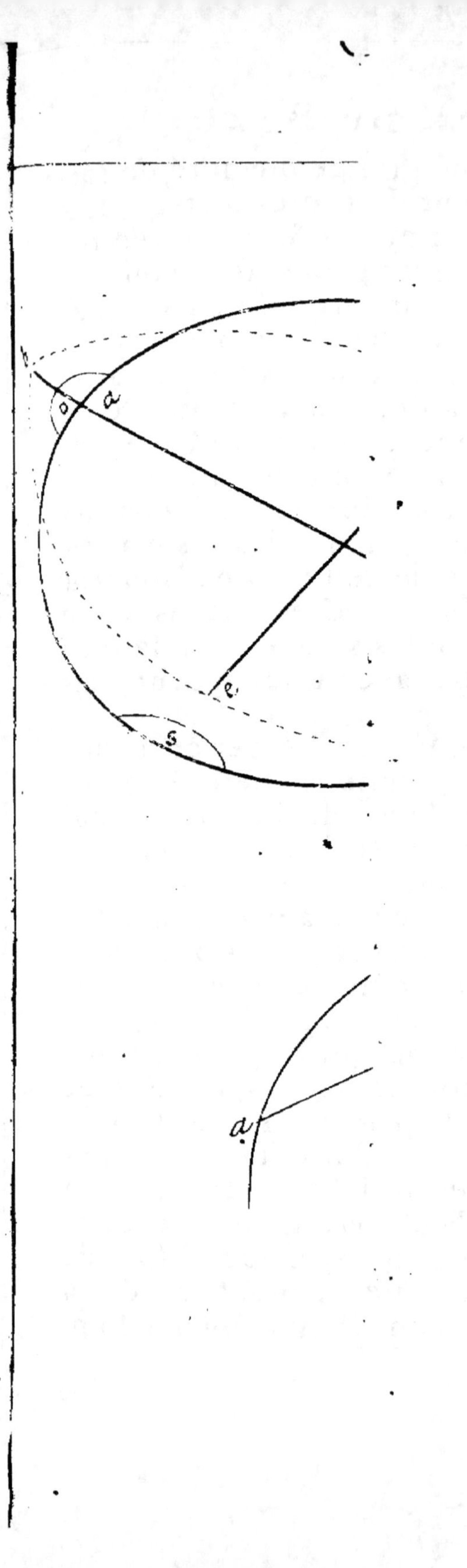

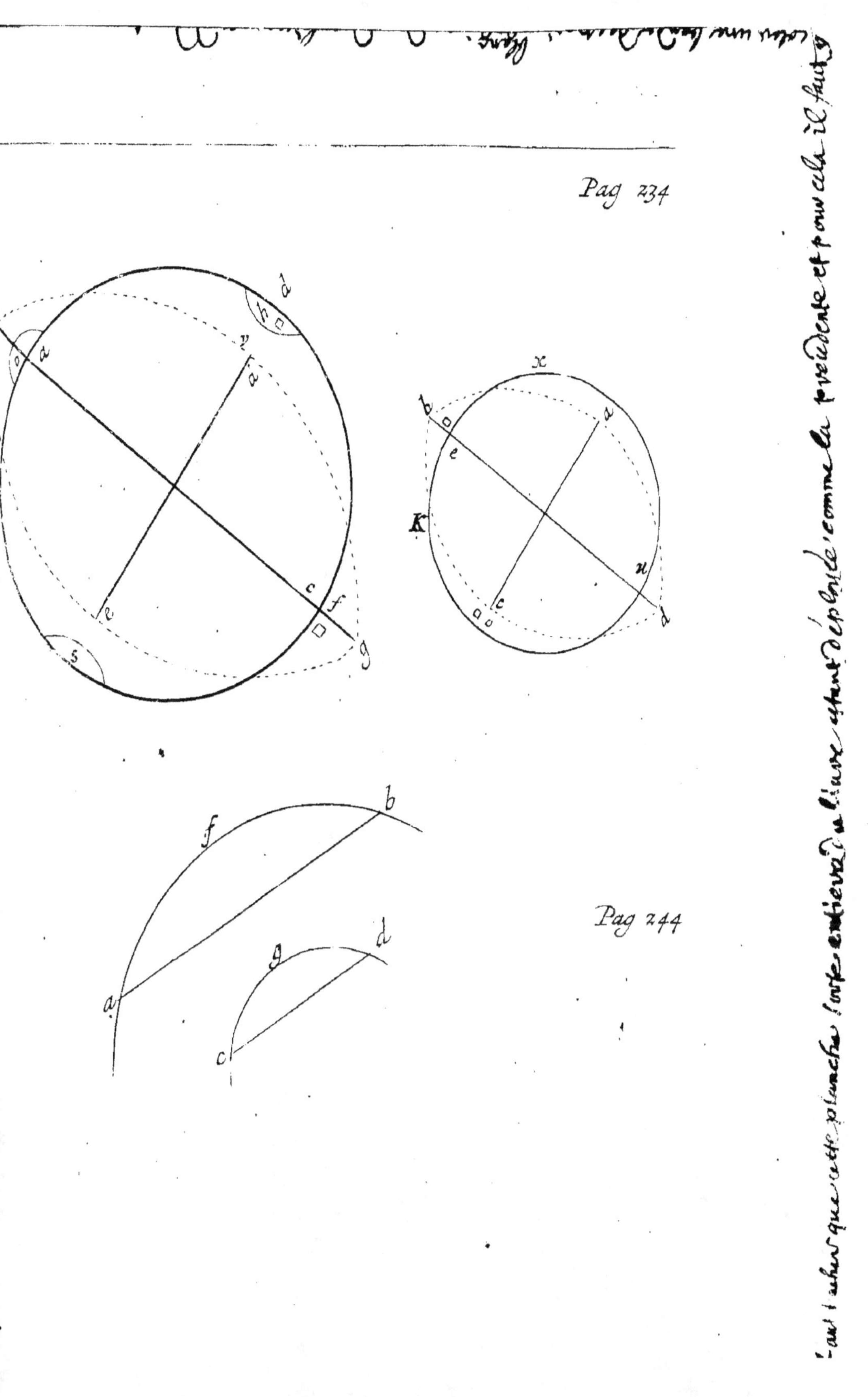

Pag 234
Pag 244

Le coup qui , porté fur le point *a* , le pouffe du dedans en dehors, en augmente la courbure, & la liaifon des parties qui compofent le demi-Cercle *dae* fait qu'elles fe reffentent toutes de ce changement. Or le le tiffu de ces parties eft beaucoup moins alteré par la courbure d'un demi-Ovale *dae*, que fi la partie *a*, avec quelque peu de fes parties voifines, s'avançoit pour former, dans le demi-cercle la voute *O*. Mais les points *d* & *e* ne fauroient s'aprocher fans éloigner les points *a* & *c* l'un de l'autre , & former une autre moitié d'Ovale, à moins que les parties voifines de *d* & de *e*, ne s'alongeaffent extrémement pour former les deux concavités *s* & *v*. En fe fervant des mêmes principes, on expliquera la maniere, dont fe forme l'Ovale dans le fecond cas.

On ne doute pas qu'il ne fe faffe de pareils changemens dans la figure d'une Cloche. Or ces changemens, qui alterent la fituation de fes parties , & la difpofition de fes pores, en mettent en jeu le reffort. Voilà pourquoi elle retourne à fa premiere figure avec rapidité; cette rapidité même, avec laquelle elle y court, porte chacune de fes parties au delà de fa premiere pofition ; de forte que la vigueur du reffort, au lieu de rétablir la figure circulaire , en fait naître une *ovale*, dont le grand diametre fe trouve fitué entre les deux points qui terminoient auparavant le petit, & le petit entre les deux points qui terminoient le grand. Ces *alternatives* recommencent plufieurs fois , & à chaque fois, non feulement l'air, qui environne la Cloche, reçoit de vives fécouffes préciféciſément du côté ou elle s'étend, pendant que celui qui venoit de s'avancer revient ſur ſes pas du côté du petit diametre; mais de-plus l'air interieur reçoit diverſes compreſſions réïterées, non ſeulement par la vivacité, avec laquelle la matiére rigide de la Cloche change ſa figure; mais encore parce que l'eſpace qu'elle renferme eſt plus rétreci, quand ſa figure eſt ovale que quand elle eſt circulaire.

Si on ſerre avec des cordes le circuit d'une petite Cloche, ſes alternatives de figure ovale ne pouvant plus s'exécuter, elle ne rendra pas de ſon. Il eſt vrai qu'on en tirera encore d'une groſſe, quoi que ſerrée de la même maniere; mais c'eſt parce que ſes mouvemens ayant beaucoup plus de force, ils ſe trouveront capables d'étendre les cordes, & de les obliger à ceder; cependant le ſon en ſera très-affoibli.

Si on aplique la main ſur une petite Cloche que l'on vient de fraper, on en arrêtera le ſon, parce qu'on en détruira les ondulations; on affoiblira ſeulement celui d'une qui ſera un peu plus groſſe; mais on pourroit ſe faire du mal en portant la main ſur une fort groſſe Cloche, qui viendroit de recevoir un coup vigoureux : on ne peut le faire ſans danger, que quand le ſon, qu'on en a tiré, ſe ralentit; & alors on ſentira ſeulement un engourdiſſement, cauſé par la violence avec laquelle les parties de la main ſont comprimées; compreſſion, qui empêche le ſang & les eſprits de s'y répandre librement.

On voit par-là d'où vient que la matiére

des

des Cloches doit avoir du reſſort, & d'où
vient auſſi que ſa rigidité ne doit pas être exceſſive. Sans le reſſort, les alternatives, dont
nous avons parlé, n'auroient pas de lieu ; &
ſi le reſſort étoit trop roide & trop impetueux, l'*ovale* devenant trop aigue, & la figure *circulaire* ſouffrant de trop violentes
alterations , les parties ſe ſepareroient en
parcourant ſi rapidement des eſpaces trop
longs, & la Cloche ſe caſſeroit.

On dit , que l'aplication d'un corps *mol*
contre une partie d'une Cloche, ſur laquelle
onporte de grands coups, eſt capable de la faire caſſer, parce que le corps mol, arrêtant
le mouvement des parties qu'il touche, empêche que les ondulations de la Cloche ne ſe
faſſent avec aſſez d'égalité. Comme donc
quelques-unes de ſes parties s'élancent vivement , pendant que les autres s'arrêtent ,
celles qui avancent ſe ſéparent de celles qui
ne les ſuivent pas.

Le ſon , que rend un *bloc* de metal, eſt
beaucoup moins vehement, & de beaucoup
plus courte durée , que s'il avoit reçu la
forme d'une cloche , quand même ce bloc
ſeroit ſuſpendu de même que la cloche, &
ſeroit frapé d'un coup auſſi vif, la courbure
donnant aü reſſort des parties , qui compoſent une cloche, un jeu tout different de celui d'un ſimple bloc.

V. On tire du ſon d'un Verre à boire, Des Verres
non ſeulement quand on le frape , mais de à boire.
plus quand on gliſſe le doigt le long de ſes
bords. Les parties du Verre, ſur leſquelles le
doigt s'aplique vivement, cedent à ſa preſ-
ſion & s'avancent contre le centre, maisin-
con-

continent après elles s'en éloignent avec u-
ne égale vigueur, parce que le doigt , qui
glisse rapidement sur elles , les laisse bien-
tôt en liberté ; & comme il se porte successivement de l'une à l'autre , il doit arriver
que l'une sort quand l'autre rentre , ce qui
multiplie les sinuosités & les ondulations du
Verre. On mouille le doigt pour le faire
couler plus rapidement, afin que les parties
qu'il a poussé du côté du centre ne tardant
pas à s'en éloigner, leurs allées & leurs venues se fassent avec toute la vitesse necessaire à la production du son.

Du son des masses solides. VI. On ne sauroit fraper un Corps solide sans en tirer du son, & la force de ce son
sera proportionnée au ressort du corps frapé , aussi bien qu'à la vigueur du coup dont
on le frape; car *non seulement* le ressort des
parties, qui composent un Corps solide, mis
en action par le coup qui vient de le fraper,
heurte vivement les parties de l'air qui environnent ce corps ; mais *outre cela* l'air enfermé dans les pores du corps frapé en est
exprimé, après y avoir souffert une violente compression ; & *de plus* l'air qui se trouve
entre les deux surfaces du corps frapé & du
frapant, est lui-même d'autant plus violemment comprimé , & par conséquent se débande avec d'autant plus de fureur , que le
corps a été plus fort, & que les deux surfaces , entre lesquelles il s'est trouvé serré, ont
été plus rigides.

Il n'est pas même necessaire que l'air frapé
se trouve entre deux surfaces solides ; un
coup de *fouet* bien vif est suivi d'un son très-
clair , par la promptitude avec laquelle il
com-

comprime l'air qu'il rencontre. De plus, ce fouet revenant, d'un mouvement très-prompt, fur lui-même, forme une courbure, dans laquelle il renferme & comprime encore l'air qu'il vient de heurter vigoureufement.

VII. On fait une entaillure à un tuyau de bled, à une petite diftance d'une de fes extremités ; on fouffle dans ce tuyau avec une certaine moderation, & l'air que l'on y pouffe, fe trouvant trop referré, fouleve, en fe dilatant, la languette qui en couvre l'entaillure. Si on fouffloit trop fortement, elle refteroit dans cette élevation, & il ne fe feroit aucun fon ; mais fi le foufle eft moderé, le reffort de cette languette, dont la réfiftance croit à mefure qu'elle s'éleve, & fe courbe en s'élevant, ce reffort, dis-je, la fait defcendre. Mais comme fon reffort fe relâche, à mefure qu'elle defcend; le foufle, dont la vigueur s'augmente à mefure que fon paffage eft rétreci, furmonte encore une fois ce reffort. En fuite la force du foufle, d'un côté, diminuant avec l'élevation de la languette, & la grandeur de l'ouverture qui fuit cette élevation, pendant que d'un autre, le reffort de cette languette fe bande davantage, elle obtient une feconde fois le deffus, & commence à redefcendre; par ce moyen, il fe forme une fuite d'allées & de venues très-promptes, qui obligent l'air à fe comprimer & à fe dilater alternativement.

Cette fucceffion d'allées & de venues n'auroit pas lieu, fi l'impulfion, que la languette a d'abord reçu du foufle, n'aidoit à la porter plus haut que la force du foufle

feul

Des Cha-
lumeaux.

feul ne feroit, & fi au moment fuivant, le mouvement qu'elle a conçu en defcendant, joint à la continuation de fon reffort, ne la faifoit defcendre plus bas que le reffort feul ne l'auroit portée. Le mouvement, par lequel le foufle fait monter la languette, s'affoibliffant toûjours par la rencontre de l'air, & par la largeur de l'ouverture, à la fin il ne peut plus tenir contre le reffort de la languette qui fe bande toûjours davantage; comme ce reffort reciproquement, qui s'affoiblit toûjours à mefure que la languette defcend, eft enfin obligé de ceder à l'air, qui la fouleve avec d'autant plus d'effort que fon paffage s'étrecit davantage; il fe fait un pareil jeu dans les hanches des Haut-Bois & des Orgues.

Du fiffement d'une Clef.

VIII. ON tire d'une Clef un fon très-aigu quand on la place fous la levre fuperieure, en telle forte que l'air, qui, après avoir circulé dans le palais, fort de la bouche, ne fe jette pas dans le trou de la Clef, mais s'infinue feulement dans la moitié de fon ouverture; car il fe fait alors un partage d'un Cylindre d'air en deux, dont une moitié, favoir celle qui répond à l'ouverture de la bouche, defcend, & en defcendant fait monter l'autre. La rapidité de ces deux courans, dont les mouvemens font contraires, froiffent l'une contre l'autre les portions d'air qui les compofe, & y caufent neceffairement des alternatives de compreffion & de dilatation. Le frottement de l'air contre la furface interieure de la Clef, produit fur fes parties un femblable effet, & de-là vient que la qualité du fon varie fuivant que l'interieur

rieur de la Clef eſt plus ou moins raboteux , & que les parties qui la compoſent
ont plus ou moins de reſſort.

IX. On tire des *Fifres* un ſon qui n'eſt pas
aigre, tant parce que l'interieur de leur ſurface eſt poli, que parce que l'air, que la bouche y introduit vivement , ayant un plus
grand eſpace pour ſe répandre, frotte moins
rudement celui qu'il y rencontre & qu'il en
fait ſortir. Quand les tuyaux ſont plus gros
& plus larges, comme dans les Flutes d'Al-
lemagne le ſon s'adoucit encore davantage.

L'air qu'on pouſſe dans le bec des Siflets,
y augmente la viteſſe de ſon cours , à proportion que ſon paſſage s'y trouve étreci. Il
y eſt outre cela comprimé , parce que la
même quantité qui rempliſſoit la bouche eſt
forcée de ſe ſerrer, dans un intervalle fort
étroit. Cet air ainſi comprimé & rapidement chaſſé s'élance, avec aſſez de vigueur,
pour pouſſer vivement, à ſon tour, les parties de l'air exterieur qu'il rencontre dans
ſon chemin, & les comprimer en les pouſſant.
Lorſque depuis le bec du Siflet l'air ſe répand dans le long canal des Flutes, il y reçoit des modifications, que nous explique-
rons dans la Section ſuivante.

C'eſt uniquement, par la viteſſe que l'air
reçoit en traverſant ces paſſages rétrecis, que
les Flutes font entendre du ſon ; car la matiere, dont elles ſont faites, n'y contribue que
par ſa forme ſeule. Qu'elles ſoient de Metal, de Bois, d'Yvoire, c'eſt tout la même
choſe, quand elles ſeroient également longues, également polies, également larges,
également percées.

DesFifres,
des Siflets,
& des Flu-
tes.

Q

Le

Le soufle sort de la bouche comme des Flutes, quand les levres retrecissent son passage en se serrant, & que la pointe de la langue modifie differemment cette ouverture, & laisse plus ou moins de liberté à ce passage.

SECTION VI.

De la Division des Tons en graves & en aigus.

Ce que c'est que Ton.

LA connoissance de ce qu'on apelle *Ton* est une affaire de sentiment. Une même corde rend des sons plus ou moins vehemens, selon que les coups dont on la frape sont plus ou moins vigoureux; une plaque de plomb ajustée sur le chevalet, ou une piece de drap apliquée sur le bois d'un Instrument en émousse le son; mais, parmi toutes ces differences, si la corde demeure également tendue, il se conserve une certaine égalité qui fait que le *Ton* ne change point. Il y a des oreilles nées pour la Musique qui sentent d'abord cette égalité; mais il y en a qui ont besoin d'attention, & de temps pour être en état de s'en apercevoir: ce discernement devient chez eux un effet de l'habitude, qui corrige la pesanteur de leur organe, & lui donne de la vivacité, & de la delicatesse. A mesure que l'on tend une corde, on dit que son *Ton* s'éleve, & devient plus *aigu*; mais en la relâchant il baisse & devient plus *grave*.

Des Causes qui varient les Tons.

II. LA seule difference dans le degré de tension d'une même corde faisant naître cette

te

te varieté , il paroit manifeſtement qu'elle
eſt une ſuite du *reſſort*. En effet , les Sons
que divers corps rendent , comme le bois ,
le fer , l'argent , l'acier , &c. ſont plus ou
moins aigus à proportion de leur *reſſort* ; auſſi
les cordes de *metal* ont-elles le ſon plus *aigu* que celles de *boyau*.

Or quel eſt l'effet du reſſort ? Il rend les
vibrations , c'eſt-à-dire , les allées & les venues , les élancemens & les retours , en un
mot les *oſcillations* des cordes beaucoup plus
promptes & plus vives. Un reſſort d'une
double vigueur produit deux vibrations ,
pendant que celui qui eſt d'une moitié plus
foible n'en fait qu'une. *La fréquence des vibrations* forme donc les tons *aigus* , & à meſure que cette fréquence diminue , c'eſt-à-
dire , à meſure que , dans le même eſpace
de tems , le nombre des vibrations devient
plus petit , le *ton* baiſſe ou devient plus *grave.*

Si deux cordes de même matiere & de
même épaiſſeur ſont enfilées , l'une & l'autre , dans les trous d'une même cheville , &
par-là ſe bandent avec la même force , la
plus courte rendra des ſons plus aigus ; &
quand on place un chevalet ſous une corde
tendue , le ſon de chaque partie d'une corde
ainſi diviſée ſera plus aigu que celui de la
corde entiere , parce qu'en tirant une corde
de ſon état de repos , on lui fait prendre u-
ne courbure d'autant plus aiguë , qu'elle eſt
plus courte. Par-là le reſſort de ſes parties
eſt bandé plus violemment , & la fait retourner avec plus de vîteſſe du côté d'où elle étoit venue ; ainſi l'onde d'air miſe

en mouvement par les vibrations de la corde entiere, & ces agitations qui suivent des
courbures partiales de cette corde, tout cela va & revient avec plus de fréquence,
quand la corde s'accourcit. Concevez deux
Cercles concentriques, dont l'exterieur soit
double de l'interieur : que la corde *ab* soit
double de la corde *c d*, l'arc *a f b* sera aussi
double de l'arc *c g d.* Les deux cordes *ab*,
c d, passant à l'état de courbure *a f b*, *c g d*,
s'allongeront également, mais la courbure
interieure *c g d*, sera le double plus violente que l'exterieure *a f b*.

Quoi qu'un plus *grand* coup courbe davantage une corde & par - là bande plus vivement le ressort de ses parties, le ton neanmoins n'en devient pas plus *aigu*, parce que
la corde ayant plus de chemin à faire dans
chaque élancement, & dans chaque retour,
precisément à proportion qu'elle est plus
courbée & par-là plus tendue , le chemin
qu'elle a à faire croissant ainsi avec la vitesse qui le lui fait parcourir, elle n'employe
ni plus, ni moins de tems à faire une *grande oscillation* , quand elle est plus courbée ,
qu'à en faire une *petite* quand elle l'est
moins, & par-là ses *oscillations* sont toûjours
de la même *fréquence* , soit qu'on la frape
fortement, soit qu'on la frape *foiblement*. U-
ne plus longue *vibration* , se faisant non à la
verité en moins de tems, mais pourtant avec
plus de vitesse, frape l'air qu'elle rencontre
avec plus de vigueur , & le comprime davantage ; c'est ce qui en rend le son plus
vehement , car son impression sur l'oreille
est plus forte, mais il ne devient point plus
aigu ,

aigu, parce que le sentiment , qu'on exprime par ce mot-là, est attaché à la fréquence des coups qui se réïterent sur l'oreille, dans le même espace de tems.

Quand une onde s'élance, elle comprime l'oreille ; quand cette même onde revient & fait son retour, elle l'abandonne. Des coups plus fréquens agissent donc autrement que des coups qui le font moins , & cette difference d'actions doit être suivie d'une difference dans les sentimens.

III. On voit par-là , d'où vient que les *Tons graves* sont plus *serieux*, & que les *aigus* sont plus propres à reveiller & à donner de l'*allegresse*. Les mouvemens de la joye sont vifs, & quand nous sommes tristes, ou que, sans tristesse, nous nous trouvons dans une paisible tranquillité, notre sang & nos esprits ont moins d'agitation. Quand des pensées serieuses nous occupent, notre attention seroit moins fine que cette circonstance ne le demande , si nos esprits s'agitoient avec vivacité. Or comme ce qui nous tire de l'état où nous nous trouvons, & dans lequel nous aimons à nous affermir , nous fait ordinairement de la peine , on veut des sons *graves*, quand on est *serieux*, & on leur préfere ceux qui sont *aigus* , quand on est gai. Le *Beau* est *relatif*, mais il n'est pas *imaginaire* , au contraire ce qu'il a de réel le rend ainsi *relatif*.

Le Ton d'une corde neuve ne tarde pas à baisser, & à tout coup il faut la remonter, parce que ses parties, en se deroidissant, perdent toûjours de leur ressort, jusques à ce qu'elles soyent parvenues à un degré de ten-

Comparaisons des Tons graves avec les Tons aigus.

sion

fion, que l'agitation continuelle de l'air, non
plus que celle de l'archet , ne puiſſe pas
aiſément changer.

Et pour *baiſſer* le *Ton* d'une corde, on ne
fait bien ſouvent que la plier avec quelque violence ; car après avoir été extrêmement courbée , elle ſe trouve plus lâche ,
quand elle a repris ſa premiere ſituation. Le
contraire arrive , & le *Ton* ſe *hauſſe*, quand
on la preſſe entre la cheville & le premier
appui ; car par-là on la retire, & on la tend
davantage, après quoi elle demeure dans ce
même degré , parce qu'elle s'accroche aux
entaillures de ce premier appui.

Quand deux cordes ſont de même *matiere*
& de même *longueur* , ſi les *efforts* qui les
tendent ſont *égaux* , la *groſſe* donnera des
ſons plus *aigus* ; car une corde eſt par elle-
même d'autant plus rigide qu'elle a plus d'é-
paiſſeur, & la vertu du reſſort, qui tend à
rétablir dans ſon premier état un corps qui
a été plié , s'exerce enſuite d'un changement, qui arrive dans la ſituation des parties & la conformation des pores. Quand
ces pores ont plus d'étendue depuis la concavité juſques à la convexité, le changement, que la courbure y introduit, eſt plus
conſiderable, & doit produire des effets plus
ſenſibles. Voilà, je penſe , la raiſon pour
laquelle il faut moins bander une groſſe corde qu'une petite, pour la faire monter à un
égal degré d'*aigu*.

Les *Tons graves* durent plus long-tems, &
ſe portent plus loin que les *aigus*. Car le
mouvement des corps, qui donnent des tons
aigus, étant plus prompt , ſe conſume da-
van-

vantage en froissement de parties. Il s'en perd encore une plus grande quantité contre les apuis sur qui ces corps reposent ; ils en communiquent aussi une plus grande portion à l'air, parce qu'allans plus vite ils en rencontrent un plus grand nombre de parties dans le même temps, & perdent plus sur chaque partie puisqu'ils la chassent plus vite.

A ces raisons il faut ajoûter que, dans les Clavessins, les cordes les plus graves sont aussi plus longues, & par-là ce qui frotte contre les apuis est plus petit en comparaison du reste ; & dans les Instrumens, où elles sont d'égale longueur avec les aigues, elles sont toûjours plus grosses ; & par-là, outre qu'elles reçoivent une plus grande quantité de mouvement, elles le conservent mieux, parce qu'elles ont plus de masse en comparaison de leur superficie.

On fait les cordes *graves* plus *épaisses*, & il en est de même des Cloches, parce que leur mouvement étant plus *lent* que celui des aigues, leur son seroit plus *foible* si elles étoient d'égale épaisseur : Or l'oreille ne veut pas tant d'inégalité, elle n'aime pas les tons *mourans* indifferemment mêlés parmi les *vigoureux* ; elle aime que les impressions, qui se font sur elle, soyent variées, mais elle veut aussi une égalité de force parmi cette varieté. Il faut donc que la grosseur des cordes graves leur rende la force qu'elles perdent par leur lenteur, afin que l'air ne soit pas moins comprimé d'un coup plus lent, porté par une grosse masse, que d'un coup plus prompt porté par une masse plus mince.

Q 4   IV. QUAND

IV. QUAND le vent entre, avec une é-
gale viteſſe, dans des Flutes d'inégale longueur , comme il a une plus grande quantité d'air à chaſſer des longues que des
courtes, il le chaſſe plus lentement, & c'eſt
par cette raiſon que le *Ton* des plus *longues*
eſt plus *grave.*

Une *double* quantité d'air, pouſſée avec le
même effort, nē s'élance qu'avec la *moitié* de
viteſſe ; & comme la promptitude de ſon retour égale celle de ſon élancement, les ondes d'air qu'une Flute met en jeu, ont leurs
oſcillations d'autant moins *fréquentes*, que les
Flutes ſont plus *longues.*

Le ſon des Flutes *graves* deviendroit par-
là trop foible, ſi on ne prenoit la précaution
de les rendre auſſi plus *groſſes* ; mais comme
elles ont plus de capacité, la quantité d'air
qui en ſort, quoi qu'elle s'échape avec plus
de lenteur, ne laiſſe pas de produire ſur l'air,
qui environne la Flute , une compreſſion é-
gale à celle que fait naître une moindre
quantité qui s'élance plus vivement.

Mais cette quantité d'air, qu'il faut faire
ſortir d'une longue & large Flute, demande un
plus grand effort de poulmons. Quand deux
Cylindres ſont de même épaiſſeur , ſi l'un
eſt deux fois plus long que l'autre, il faut,
pour faire avancer le premier, avec la moitié de viteſſe , préciſément autant d'effort
que pour faire avancer le ſecond avec le
double de viteſſe. Mais ſi la quantité qu'il
faut faire ſortir, avec la moitié de viteſſe, eſt
quatre fois plus grande, il faudra le double
d'effort de plus. Ainſi, afin de pouvoir remplir la vaſte capacité d'une Flute d'un air
ſuffi-

ſuffiſamment condenſé pour faire naître du ſon , il faut que le poulmon en faſſe une proviſion plus abondante, & qu'il s'y condenſe davantage. C'eſt par cette raiſon que les *Tons graves* fatiguent plus que les aigus. La *Glotte*, qui s'ouvre davantage pour ces Tons-là , laiſſe par-là même échaper l'air avec plus lenteur ; mais cet air qui ſort plus lentement , pour ne donner pas des Sons trop foibles , & qui ſemblent *frauder* l'oreille , doit tirer de ſa condenſation une force que ſa viteſſe lui refuſe ; car alors, comme il ſort en plus grande quantité , parce qu'il ſort plus comprimé , & qu'il forme par-là une maſſe plus ſolide, il produit auſſi dans l'air un degré de compreſſion pareil à celui qu'y produit une quantité plus dilatée, mais qui s'échape avec plus de viteſſe.

V. L ES *Tons graves* ſont ceux qui forment des ondes d'air , dont les *oſcillations* ſont moins fréquentes. Le *ſentiment* d'un Ton grave s'excite donc lorſque les impreſſions de l'air ſur l'oreille ſe conſervent plus long tems , & qu'elles l'abandonnent auſſi pendant un eſpace plus long, en un mot lorſque l'oreille, dans un eſpace de tems determiné, reçoit un plus petit nombre de ſecouſſes. Quand on chante, diverſes cauſes s'uniſſent pour donner aux ondes de l'air cette lenteur de mouvement , cette infréquence d'allées & de venues. 1. La Glotte ſe dilate davantage. 2. Le nœud du Larinx baiſſe; ce qui rend ce canal, depuis ce nœud juſques à la glotte, plus long. 3. Les levres même s'avancent, afin que, la capacité de la bouche s'allongeant, l'air en ſorte encore avec plus de lenteur.　　　　　　　　VI. I L

VI. IL ne s'excite aucun bruit dans l'air, qui ne renferme une *diverſité* de Tons ; car déja les *particules* de l'air ont toutes leurs allées & leurs venues (c'eſt-à-dire, leurs alternatives de compreſſion & de dilatation) d'égale fréquence, ſoit que les coups qu'on porte ſur elles ſoyent très-vifs, ſoit qu'ils ſoyent très-foibles ; & il arrive à cet égard aux parties d'air la même choſe qu'aux cordes de même matiere, de même longueur & de même épaiſſeur, quand elles ſont également tenduës. 2. Une *vaſte onde* d'air en renferme un très-grand nombre de petites ; la *grande* onde qui ſuit, dans ſes allées & venuës, le mouvement que lui donnent les *vibrations* d'une corde entiére, en renferme d'*autres* qui ſont produites par les *ondulations* des portions, dans leſquelles cette corde ſe partage ; & celles-ci en renferment encore de plus *petites*, ſavoir les ondes que les tremouſſemens des *particules* de la corde font naître. Ces *dernieres* donnent un certain *caractere* au ſon, en vertu duquel on s'aperçoit qu'il part d'une corde de *metal*, ou d'une corde de *boyau*, &c. mais l'onde *totale* eſt celle qui determine le *Ton*, & dont les fréquences, plus ou moins nombreuſes, produiſent ſur l'oreille l'effet le plus ſenſible. Or elle *domine*, non ſeulement parce qu'elle eſt la plus groſſe, & qu'elle renferme une plus grande quantité d'air, les ondes *partiales* s'uniſſant, par un mouvement commun, pour fortifier l'impreſſion de la *totale*. Mais de plus elle *domine*, en vertu du raport que les *partiales* ont neceſſairement avec elle, car elles deviennent elles mê-

mêmes plus ou moins fréquentes, à proportion que la corde entiere est plus ou moins tendue. La fréquence des oscillations *partiales* croit ou diminue avec celle de la *totale*, & si elles ne s'accordent pas toûjours à fraper l'oreille en même-tems, leurs impressions du moins se réünissent, & se confondent souvent &c. Ainsi les impressions les plus foibles se réünissant à tout coup avec les plus fortes, on ne fait pas attention à ce qu'il y a de difference entr'elles.

A ces *Tons* se joint encore celui de la *surface concave*, qui les rassemble, & qui les fortifie par ses réflexions. Il y a des Instrumens qui font entendre un son de bois, & pour le rendre agréable, il ne suffit pas que ce bois soit fort mince & fort sec, afin qu'il y ait plus de raport entre le ressort de ses parties, & celui des cordes qu'il soûtient, il faut encore s'en servir fréquemment, parce que les parties du bois, à force d'être mises en mouvement par le mouvement des cordes, aquierent une facilité à être pliées dans le même sens. C'est encore pour cette raison, qu'il est bon de monter toûjours les cordes sur certain *Ton fixe*, afin que le ressort du bois s'affermisse, par cet usage continuel, dans un degré de ressort qui leur réponde.

Le bruit des Tambours est aussi extrêmement composé. Un coup de baguette, en faisant avancer la peau qu'il frape vers l'interieur de la caisse, en comprime l'air, & par l'entremise de cet air, poussé d'une extrême vitesse, il fait courber la peau inferieure; celle-ci le-ci plie les deux cordes qui y font appliquées : Au moment fuivant, le reffort des cordes & des peaux les courbe en un fens opofé au précedent ; l'air interieur de la caiffe eft par-là fucceffivement renvoyé d'une extremité à l'autre, battu & par conféquent comprimé de plus en plus par de nouvelles fecouffes ; à mefure qu'il fe comprime, l'exterieur eft reçu dans la caiffe par les petites ouvertures, qu'on a pratiquées dans fon circuit, jufques à ce qu'enfin la condenfation & la vigueur de fon reffort foit parvenue au point de le faire fortir par où il étoit entré, & même fuivi d'une partie de l'air qu'il avoit trouvé dans la caiffe. Mais cet air chaffé revenant fur fes pas, pour remplir le vuide qu'il vient de faire, les ondulations de l'air interieur fe multiplient ; le corps de la caiffe fe reffent de ces fecouffes, & il fe forme un mêlange de bruits, caufés par les cordes, par les differens cercles des peaux, par les tremouffemens du bois ou du cuivre dont eft compofé le corps de la caiffe, & par les éruptions de l'air hors de fes ouvertures ; à quoi il faut encore joindre l'effet des corps, fur la furface defquels ce bruit vient à fe reflêchir ; car il eft tout autre dans les rues qu'à la campagne, l'experience faifant voir que toutes ces caufes varient le bruit. On croit de n'en entendre qu'un, & l'on en reçoit une multitude.

Des Tons des Cloches.

VII. Il ne fe peut que les Cloches ne donnent une très-grande varieté de Tons. 1. Les *particules* dont elles font compofées le *caracterifent*, fuivant que leur matiere eft d'argile, de verre, d'airain, d'argent, &c.

2. Dans

2. Dans le changement de figure *circulaire* en figure *ovale* , les plus *petites* courbures fubiffent des pliemens plus *aigus*, & leur reffort devenant par-là plus vif , leurs *ofcillations* fe font avec plus de *fréquence*. Mais comme une Cloche eft toute compofée de *Cercles inégaux* , il femble qu'il en doit neceffairement naître une infinité de *diffonances*. C'eft pourtant ce qui n'arrive pas , 1. parce que la Cloche n'a pas une figure *conique* à la maniere d'un Verre à boire ; elle eft compofée de *bandes* , chacune d'une certaine hauteur, & par conféquent compofées de Cercles égaux ; 2. Là-même où ces bandes vont en s'étreciffant de bas en haut, l'épaiffeur de la Cloche renferme un *Cylindre folide* d'une hauteur confiderable , dont l'épaiffeur eft égale par tout. 3. Il y a entre les bandes qui compofent les Cloches des raports d'*Octave*, & de *Quinte* , qui ramenent à tout coup leurs élancemens , & leurs retours differens à l'unité. C'eft ainfi que, quand on preffe un archet en même-tems fur deux cordes montées à la *Quinte* , il femble prefque qu'on n'en touche qu'une, tant leurs fons ont de raport, & de difpofition à fe confondre en un. 4. Entre ces *Tons differens*, que l'ébranlement d'une Cloche fait naître , il y en a toûjours *un* qui *domine*, parce qu'il eft le plus vigoureux. C'eft celui de la *bande* qu'on frape *immédiatement*, parce que c'eft celle dont les parties font le plus vivement ébranlées, & qui par conféquent font fur l'air, & par l'air fur l'oreille, l'impreffion la plus vigoureufe. Voila pourquoi , fi la bande frapée immediatia-

diatement eſt auſſi la plus *épaiſſe* , & de la plus *vaſte* circonference, le ton qu'elle rendra dominera tout autrement ſur les autres, & ſe fera entendre avec une diſtinction , & une force qui les émouſſera tous.   Quand les differentes bandes, qui compoſent une Cloche , n'ont pas, dans leurs largeurs, les raports neceſſaires pour former des Tons accordans ,   il ſort de cette Cloche un ſon aigu & desagréable; mais il s'adoucit neanmoins à meſure qu'on s'en éloigne , parce que le grave qui eſt le dominant ſe porte plus loin, & conſerve ſa vigueur, quand les plus foibles qui ne s'accordent pas avec lui ne font pas une impreſſion qui ſe puiſſe aſſez diſtinguer.

On tire auſſi d'une corde des Sons plus ou moins aigus, ſuivant l'endroit où on la touche.   Le ſon d'un Violon eſt d'un aigre inſuportable , quand on traine l'archet tout près du Chevalet, parce que c'eſt l'endroit où la corde eſt le plus violemment tendue, & que le ſon particulier de la partie immédiatement ébranlée domine ſur tous les autres.

Le ſon d'une Cloche frapée dans l'eau eſt beaucoup plus *foible* ; mais il ne laiſſe pas d'être plus *aigu*, parce que l'eau interieure, que la Cloche renferme, lui reſiſtant davantage que l'air , ne permet pas qu'elle s'étreciſſe autant qu'elle feroit dans l'air , & ne tarde pas à repouſſer les deux extremités du petit diametre de l'*Ovale*, qui commençoit à ſe former, & cela en même-tems que l'eau exterieure repouſſe, avec une égale force du dehors en dedans, les deux extremités du grand

grand diametre de cette même *Ovale* ; ainsi le retour fuit *de plus près* l'élancement , & le Ton devient plus *aigu*.

Il faut apliquer cette même raifon aux *Verres*, dont le fon devient auffi *plus aigu*, à mefure qu'on y verfe *plus d'eau*. Et voila pourquoi, quand le diametre & l'épaiffeur des Verres ne les amene pas précifément aux tons qu'il faut pour les pouvoir fraper en *Mufique*, on en corrige les défauts par l'eau qu'on y verfe.

Un bloc de metal a un fon plus aigu qu'une groffe Cloche de même matiere, parce que le fon, qu'on tire de ce bloc, vient uniquement des vibrations de fes parties, au lieu que le fon dominant d'une Cloche dépend de la grandeur de fon diametre ; auffi les petites en font-elles entendre un plus aigu , que celui d'un fimple morceau de même matiere.

VIII. Il faut encore reconnoitre dans les *Flutes* un mêlange de Tons. Il y a des *Trompettes* , qui s'allongent & s'accourciffent comme les tuyaux des Lunettes à longue vûe, & c'eft en les allongeant ou en les accourciffant qu'on en tire divers tons : c'eft-là tout l'art de cette Mufique.

Mais dans les *Flutes*, outre le *Ton* qui dépend de leur *longueur* , il y en a un qui répond au nombre , à l'épaiffeur & à la pofition des *petits trous*, qui font fur leur furface.

Dans les *Flutes à bec* , le bec eft encore lui-même un fiflet qui auroit fon Ton particulier , fi on le feparoit du refte de la Flute.

Quand

Quand on foufle avec vehemence dans la fente du bec, on n'entend qu'un fiflement, mais fi le foufle y entre avec plus de menagement, il paffe de-là dans le grand Canal. Si l'extremité de ce Canal eft fermée, auffi-bien que tous les trous pratiqués à fa furface, l'air qu'on y pouffe eft obligé de revenir de l'extremité de la Flute, & de fortir par où il étoit entré, ce qui produit le même effet que fi la Flute avoit le double de longueur. Quand l'extremité eft ouverte, il doit fe produire un fon proportionné à la longueur du Canal, & fi en même-temps quelques-uns des trous, dont la furface eft percée, fe trouvent ouverts, l'air, qui s'échape par les paffages les plus près de la bouche, forme un fon plus aigu, tel que le rendroit une Flute plus courte, & ce ton-là *domine*, parce que ce qui s'échape par une ouverture plus étroite frape l'air environnant avec plus d'efficace, & s'élançant plus vite le comprime davantage. Ainfi les ondes que produit l'air, qui fort par les trous de la furface, font compofées de parties plus comprimées, & leur effet fur l'oreille devient plus fenfible que celui des autres.

Si dans un Orgue on fait *defcendre* les fouflets confiderablement *plus vite*, le ton de chaque Flute *hauffe*, parce que les *élancemens* de l'air hors de chaque flute deviennent plus *prompts*, & que la promptitude des retours répondant à celle des élancemens, les *ofcillations* deviennent auffi par-là d'une plus petite durée ; & par conféquent elles font plus *fréquentes*.

Il peut arriver de même que le vent, ajoû-
tant

tant quelques degrez de viteſſe à l'élancement des Tons d'une Cloche , & les faiſant arriver plûtôt ſur une ſurface ſolide qui
les repouſſe, & en hâte le retour, les allées
& les venues d'une onde d'air , ſe feront
par-là dans un temps plus court , & devien-
dront plus frequentes , ou ce qui revient au
même le *Ton* de la Cloche *montera*.

IX. S**I** l'on frape des *Cylindres* ſolides de
même matiere, mais inégaux en hauteur &
en épaiſſeur , pour avoir le raport de leurs
Tons, il faut multiplier leur *hauteur* par le
quarré de leur diametre, & les produits mar-
queront ces raports. Dans un *Cylindre* chaque ligne de *hauteur* , eſt une ligne *droite*.
Quand donc on frape la ſurface d'un Cylindre, l'on change ſes lignes droites en courbes, & comme plus elles ſont longues, plus,
d'un côté, le coup qu'elles reçoivent ſe diſtribue en un plus grand nombre de parties ,
& d'un autre , leurs courbures ſont moins
aigues. Par ces deux raiſons, leur ton doit
être plus *grave*, comme celui des cordes, à
proportion de leur longueur; mais comme
en frapant les lignes de hauteur, on frappe
auſſi les circonferences des Cercles , qui
compoſent la ſurface du Cylindre , il faut
encore , par ces mêmes raiſons que nous
venons d'alleguer, que le ton ſe rende grave à proportion que les quarrez des diametres croiſſent , car dans cette proportion,
croît le nombre des parties qui compoſent
les Cercles, dont les Cylindres ſont un en-
taſſement, & ſur leſquelles par conſéquent
la force du coup ſe diſtribue , & la courbure
de ces Cercles devient auſſi moins aigue.

R II

Il faut donc faire attention aux *longueurs*, & aux *quarrez des diametres*, & de l'union de leurs effets tirer le raport des Tons. Si, par exemple, la bafe du *premier* Cylindre eft de *quatre* & fa hauteur de *deux*, pendant que la bafe & la hauteur du *fecond* feront chacune de *trois*, le raport de leurs Tons s'exprimera par les nombres 32 & 27, & depuis le *fecond* au *premier* le ton montera comme de RE à FA, c'eft-à-dire, que le ton du *fecond* fera *aigu* de 27 degrez, & celui du *premier* de 32.

Si la bafe du *fecond* étoit de 3, & fa hauteur de 9, les cercles de ce Cylindre feroient de 9, & en les multipliant par la hauteur, on auroit pour produit 81, or 81 eft triple de 27. Par conféquent le ton du *premier* feroit trois fois plus *aigu*, que celui du *fecond*, il s'éleveroit donc d'une *Quinte* par deffus l'*Octave*. Ces deux tons feroient entr'eux comme UT à SOL de la feconde *Octave*, & on pourroit les exprimer par les deux lettres *G d*.

Cette Théorie s'accorde avec l'*Obfervation* qu'on attribue à *Pythagore*, & qui a donné lieu à marquer par des nombres les raports des Tons. Il entendit, par hazard, quatre Forgerons, dont les marteaux frapant fur l'Enclume, tiroient des fons à *confonance*. Il les pefa & trouva que leurs poids fuivoient les nombres 6, 8, 9. 12. & que les plus gros donnoient des fons plus graves à proportion de leurs poids. Ces marteaux étoient de même matiére, & apparemment que leurs figures étoient femblables; cela étant pour avoir leur folidité.

&

& par conféquent leurs poids, il falloit multiplier le quarré de leurs diametres par leur hauteur.

X. Je finirai cette Section fur la nature du Ton *grave* & du Ton *aigu*, par l'éclairciffement d'une difficulté, qui fe prefentera affez naturellement à ceux qui compareront les differentes parties du Syftême, que je donne fur le fon.

Si les *Tons aigus* font dans le même tems, un plus grand nombre de vibrations que les *graves*, il femble qu'ils doivent fe répandre avec plus de promptitude, cependant la *propagation* de tous les fons fe fait toûjours avec une *égale viteffe*. Pour refoudre cette difficulté, fupofons deux cordes tendues à l'*Octave*, c'eft-à-dire, dont la premiere faffe *deux* vibrations, pendant que l'autre n'en fera *qu'une*, & concevons-les frapées avec un degré de force, qui leur faffe faire à chacune des vibrations d'égale longueur, par exemple, d'une ligne. Pofons que la *premiere* faffe avancer par fon élancement *cent mefures* d'air, dans une *minute dixiéme*, par exemple; la *feconde*, qui pendant cette *minute* n'a que la moitié de mouvement, n'*agira* pas fur moins de parties, mais elle *comprimera* fimplement moins chacune de celles fur lefquelles elle agit (fi ce n'eft que fon épaiffeur, & fa folidité lui redonne la force que fa lenteur lui fait perdre, auquel cas les effets feront égaux.) Pendant le *fecond tems* la *premiere* revient & ceffe de faire avancer fon onde, au lieu que la *feconde*, continuant fa route, pouffe la fienne encore de *cent mefures*. Au *troifiéme tems,*

R 2

la

la *seconde* n'agit plus, & la *premiere* produifant autant d'effet que dans le premier tems,
elle doit pouffer fon onde à la diftance de
deux cens mefures. Voila donc les deux Tons
arrivés au même terme , fans qu'il y ait,
entre le tems de l'arrivée de l'un, & le tems
de l'arrivée de l'autre , aucune difference
que le petit moment pendant lequel il fe fait
un élancement , difference affûrément imperceptible.

Si on compare l'action de deux cordes
montées à la *Quinte* , on trouvera que l'*aigue* pouffe fon onde a 200 *mefures*, par exemple , pendant le tems de fon premier é-
lancement. 2. Que la grave pouffe la fienne à 300, car le mouvement de la *grave* dure *trois* tems , pendant que celui de l'*aigue*
n'en dure que deux. 3. qu'à la fin du *cinquiéme* tems l'onde de l'*aigue*, fera auffi arrivée à la diftance de 300 *mefures*. De forte
que, pendant l'efpace d'*une* vibration & un
quart, le Ton *aigu* de la *Quinte* , fe trouve
autant avancé que le *grave*.

J'ai d'abord fupofé que les vibrations faifoient des chemins égaux , afin d'en faciliter
la comparaifon. Mais la propagation du fon
ira tout de même lorfqu'une des cordes, frapée d'un coup plus vigoureux que l'autre,
fera dans le même tems un plus long chemin ; car ce qui furvient d'augmentation à
fa viteffe fe confume à plier , & à comprimer plus vivement les parties fur lefquelles
elle agit , & ne s'étend point fur un plus
grand nombre.

Calcul
des vibra-
tions. XI. LES Tons des Flutes d'une *Orgue*, juf-
tifient tout-à-fait notre hypothêfe fur la nature

re du fon *grave* & du fon *aigu*. Ces Flutes rendent des Tons graves à proportion de leur *longueur*, parce que le foufle, entrant dans chacune avec une *égale viteffe*, il chaffe l'air qu'elles contiennent avec d'autant *plus de lenteur*, qu'il y eft en plus grande quantité, c'eft-à-dire, qu'elles font *plus longues.* Il eft vrai que les graves ont plus de diametre, mais fi par-là il y entre plus de vent, c'eft feulement à proportion qu'elles font plus épaiffes, & non pas à proportion qu'elles font plus longues, de forte que la lenteur de l'élancement de l'air hors des Flutes fuit toûjours la proportion de leurs longueurs.

Par-là non feulement on s'affûre de la proportion que les Tons ont entr'eux ; on va de plus jufqu'à découvrir combien chacun fait de vibrations dans un certain efpace de tems. Si l'on tire, par exemple, du fon de trois Flutes à la fois, dont la *premiere* faffe avec la *feconde* une *Tierce majeure*, & avec la *troifiéme* une *Tierce mineure*, les Sons de la 1. & de la 2. fe confondront au premier moment, mais dès-là leur action ne fe réünira qu'après que l'un aura fait 4 vibrations & l'autre 5. Les fons de la *premiere* & de la *troifiéme*, fe confondront auffi en naiffant, mais ils fe fepareront bien-tôt & ne reviendront en un, qu'après que le premier aura fait 5 vibrations & le troifiéme 6.

Mais puifque les fons de la *feconde* & de la *troifiéme* font entr'eux comme 24 à 25, il faudra, afin que ces trois fons qui s'étoient auffi confondus en naiffant, viennent à fe confondre une feconde fois, & à fe faire

R 3

en-

entendre comme un seul, il faudra, dis-je, que le premier ait fait 20 vibrations, le second 25, & le troisiéme 24; car 20 est à 25 comme 4 à 5, & 20 est à 24 comme 5 à 6. Or c'est ce qui arrivera si la longueur de la *premiere*, est à la longueur de la *seconde* comme 25 à 20, & que la longueur de la *seconde*, soit à celle de la *troisiéme* comme 25 à 24. On aura cette proportion si on fait la *premiere* de 60, la seconde de 48, & la troisiéme de 50 parties égales.

Si donc dans l'espace d'une *minute seconde* ces trois Tons se confondent précisément *quatre fois* en un, ce sera une preuve que la plus courte des Flutes fait 100 vibrations dans une minute seconde, parce que la 25. vibration doit recommencer *quatre fois*, pour se confondre *quatre fois*, avec celles des deux autres. On a découvert par-là qu'une Flute de 5 pieds de longueur, cause à l'air 100 vibrations dans une *seconde*; d'où il est aisé de conclurre que le Ton d'une de 10 pieds en produiroit 50, & celui d'une de 40 pieds 12½. C'est-là le *dernier terme* du son, du côté du *grave*, & tout mouvement d'air qui, dans une minute seconde, frape l'oreille moins de 12 fois, ne se fait pas entendre. Du côté de l'*aigu* les vibrations deviennent d'une frequence qui seroit incroyable, si on ne savoit pas que la vîtesse peut croître sans aucunes bornes. Une Flute d'un pied de long fera naître cinq vibrations dans une *seconde*, & si le tuyau n'est que de deux pouces, dans ce même espace de tems, c'est-à-dire pendant la *trois mille & six centiéme partie* d'une heure, il se fera *trois mille* vibrations.

S E C-

SECTION VII.

De la Naiſſance & des Progrès de la Muſique.

I. UN ſon ſeul ne peut avoir de *beauté*, que par ſon raport avec la diſpoſition de l'oreille , quand il occupe ſuffiſamment ſans l'incommoder. Nous aimons mieux les impreſſions vives que les foibles , pourvû que leur vivacité n'aille pas juſqu'à faire du dérangement. Cette *Beauté* comme on voit eſt *relative* & a ſa *varieté* , puiſqu'une même oreille n'eſt pas ſeulement dans des diſpoſitions toûjours égales.

Pour trouver de la *Beauté* dans la *ſucceſſion* de pluſieurs ſons , il faut qu'ils ſoient *differens*, & que leurs differences ſoient mêlées de retours à *l'unité*. Les Oiſeaux varient principalement leur chant, en le faiſant paſſer par divers degrez de vehemence, ils le varient encore par divers fredons , & diverſes modifications d'inégale durée, & ces differences ont leurs retours; on s'y attend , & on ſe plait à ſentir cette attente remplie, ſur tout ſi un retour attendu frape l'oreille avec quelque inégalité , que l'on n'attendoit pas, & que *l'unité* ſe trouve par là aſſaiſonnée de quelque *varieté*.

La voix des Hommes, & le ſon des Inſtrumens qu'on a inventé, à la varieté qui naît des divers degrez de vehemence joint encore celle des Tons.

II. SI la Théorie avoit précedé la pratique; pour choiſir, entre tous les Tons poſſibles,

naître les principaux Tons de la Muſique.

ſibles , ceux qui auroient le mieux accommodé l'oreille, il n'y auroit eu qu'à ranger un très-grand nombre de Flutes , dont les longueurs euſſent été entr'elles comme les nombres 1, 2, 3, 4 &c. juſques à 100 par exemple. Dans cette grande varieté on auroit d'abord remarqué quels Tons réünis auroient été les plus agréables ; mais on eſt allé à la découverte par des Eſſais plus imparfaits.

Dès qu'on eut formé un Ton , & qu'on s'en fut rendu la réïteration très-facile par quelque exercice, on chercha à en faire un autre qui lui ſuccedât agréablement. Or l'experience prouve , & il eſt aiſé à comprendre , qu'un changement, dans la diſpoſition des organes de la voix , qui les rend propres à produire préciſément un double effet , eſt plus facile , & ſe trouve plus promptement, qu'un changement plus compoſé, & par cette compoſition , propre à faire naître un Ton dont la proportion avec le premier ſoit moins ſimple. C'eſt par cette raiſon qu'on monte ſi aiſément à l'*Octave*, c'eſt-à-dire, à un *Ton* dont les *vibrations* étant d'une *double fréquence* , ſupoſent dans les organes de la voix une *double tenſion*. Il eſt plus aiſé d'y arriver qu'à un, qui ſeroit au premier comme 2 à 5, ou comme 1 à 1¾, c'eſt-à-dire, comme 4 à 7 &c.

De plus l'*oreille* elle même a beaucoup d'influence ſur la voix , par la liaiſon que la ſage Bonté du Créateur a miſe entre les *organes* de l'ouïe , & ceux de la parole , ſans quoi il ſeroit très-*difficile* d'aprendre à parler, au lieu qu'il n'y a rien de plus *aiſé*. Or nous

nous avons vû qu'en même tems qu'un son se fait distinctement entendre, celui qui lui répond à l'*Octave*, c'est-à-dire, qui est le *double plus aigu*, commence à naître, que l'oreille se dispose à l'entendre, & en conçoit le desir. On est donc d'abord monté à l'*Octave*.

Par les mêmes raisons que nous venons d'alleguer, la *Quinte* a dû naître la premiere après l'*Octave*, c'est-à-dire, qu'après avoir formé deux Tons qui étoient entr'eux comme 1 à 2, la diversité qui se trouva la plus naturelle, & la plus facile à ajoûter à ces deux, fut celle qui rendoit un Ton plus *aigu* que l'autre dans la proportion de 2 à 3.

Après cela vint la proportion de 3 à 4 qu'on a nommé la *Quarte*. Les Anciens l'estimoient & avec raison, car en elle-même elle a sa *Beauté*, puisqu'elle renferme de l'unité & de la diversité : les retours y font moins *fréquens* que dans l'*Octave* & dans la *Quinte*, mais ils ne sont pas moins *exacts*. Il est vrai que quand on entend tout à la fois le Ton *grave*, & le Ton *aigu* à la *Quarte*, cette *union* doit déplaire par la raison qu'on a alleguée. Mais cette raison n'a pas lieu quand ils se *succedent* simplement, comme chez les *Anciens*, dont la Musique n'étoit point composée comme la nôtre de diverses *parties*, car si même aucun de leurs airs n'a passé jusqu'à nous, le tems nous a conservé un grand nombre de Volumes, assez étendus sur la Théorie de leur Musique. Or quoi qu'elle y soit poussée assez loin, on n'y trouve pas un mot, qui fasse seulement soupçonner qu'ils ayent connu l'art de faire en-

ten-

tendre agréablement divers *Tons* en même tems.

Mais sans avoir eu besoin de chercher la *Quarte*, elle se trouva elle-même dès qu'on eut la *Quinte* & l'*Octave*, parce que celle-là fait une *Quarte* avec celle-ci. Dès que l'on eut deux *Tons* qui étoient entr'eux comme 1, à 2, ou comme 2 à 4, &, outre ces deux, un autre dont le degré de l'élevation répondoit au nombre 3, on eut trois Tons qui furent entr'eux comme 2, 3, 4, & les deux derniers presenterent une nouvelle *consonance*, qu'on n'eut pas besoin de chercher ; on songea seulement à faire une *Quarte* du côté du *grave*, comme il s'en trouvoit une du côté de l'*aigu*, ce qui fit naitre *quatre Tons* dans cette proportion 6, 8, 9, 12.

Ou bien en cherchant une seconde *Quinte* qui répondit à l'*Octave* aigue en descendant vers le grave, on fit naître une seconde *Quarte*. Et en même tems un *nouveau Ton* montant vers l'aigu de 8 à 9. s'offrit encore de lui-même. Cette montée plus douce, ce passage du *second* Ton au *troisiéme*, moins violent que celui du premier au second, ou du troisiéme au quatriéme, & par-là plus naturel, & plus aprochant du recit, & du discours ordinaire, fit naître la pensée de partager la premiere Quarte en intervalles, & de la remplir de Tons dont la montée fut plus douce.

III. QUATRE cordes dont les Tons étoient aigus les uns par dessus les autres, selon la raison des nombres, 6, 8, 9, 12, faisoient entendre une *Octave*, 6, 12, deux *Quintes* 6, 9; 8, 12 deux *Quartes* 6, 8; 9, 12 ou pour parler

Du Tetracorde.

ler plus exactement faisoient entendre la consonance qu'on a depuis apellé *Octave*, dont l'aigu est au grave comme 2 à 1. deux consonances qu'on a depuis apellé *Quintes*, dont l'aigu est au grave comme 3 à 2, & enfin *deux* qu'on a depuis apellé *Quartes*, où l'aigu s'éleve au dessus du grave comme 4 par dessus 3. On tient que c'est là le plus ancien *Tetracorde*, qui portoit aussi le nom de *Lyre*.

Le Ton, qui depuis la *seconde* corde jusques à la *troisiéme*, ne s'élevoit que comme de 8 à 9 fit naître la pensée de placer encore quelques cordes entre les deux premieres. On monta donc de 8 à 9 depuis le Ton le plus grave, & ce fut-là le *second* Ton; & on monta encore de 8 à 9 depuis le second à un troisiéme. Pour exprimer ces deux montées par 3 nombres répondans au 1. au 2. & au 3. Ton, il en faut employer de plus grands que 8 & 9. mais qui gardent entr'eux la même proportion. Ces nombres sont 64, 72, 81, c'est-à-dire, 8 fois 8, & 9 fois 8, puis 8 fois 9 & 9 fois 9.

Entre ce troisiéme Ton & le quatriéme qui achevoit la *Quarte*, & qui par conséquent étoit au premier comme 85⅓. est à 64, il se trouvoit un intervalle d'une élevation très-petite, & où le Ton montoit comme de 81 à 85⅓, ou, pour exprimer la même montée sans fraction, comme de 243 à 256. Ainsi la *Quarte* fut remplie de deux *Tons* entiers qu'on a depuis apellé *Majeurs*, & d'un *demi-Ton* fort petit; ce demi-Ton on le plaça auprès de la corde la plus basse, de sorte que la premiere montée fut
com-

comme de 243 à 256, & les deux suivantes étant chacune de 8 à 9 , il resulta de la 4 corde dont les Tons montoient suivant la raison des nombres 243. 256. 288. 324. & ces 4 Tons composoient une *Quarte*; car le premier est au quatriéme, comme 3 fois 81 à 4 fois 81 , ou comme 3 à 4. On apella ce Tetracorde *Diatonique*.

Il y en a qui diviserent autrement la *Quarte* , la *premiere* montée fut comme dans le Diatonique de 243 à 256. Mais la seconde au lieu d'être de 8 à 9, ou de 72 à 81, fut plus douce & seulement comme de 76 à 81. Pour achever la *Quarte* ce fut une conséquence que la troisiéme montée fut un peu plus forte que de 8 à 9, & elle alla de 16 à 19. Les nombres 4617, 4864, 5184, 6156, exprimerent la raison de ces 4 Tons.

Par le moyen de 5 cordes, on unissoit ces deux genres, & ces 5 cordes donnoient des Tons , dont la raison s'exprimoit par les 5 nombres

$$4617$$
$$4864$$
$$5184$$
$$5472$$
$$6156$$

La raison du *premier* Ton au *second* étoit de 243 à 256; du *second* Ton au 4. elle étoit de 8 à 9 , de même que du 4. au 5., ainsi le genre Diatonique avoit lieu entre la 1. la 2. la 4. & la 5. cordes.

La raison du *second* Ton au *troisiéme* étoit de 76 à 81 ; & celle du 3. au 5. étoit de 16 à 19. Ainsi la *premiere* corde , la 2. & la

5.

5. étoient communes aux *deux genres* ; la 4. étoit pour le *Diatonique* feul , & la 3. pour le *second* feul : Et comme cette 3. corde avoit une *couleur* differente des autres, on apella le *Genre* , à qui elle apartenoit par diftinction, *Chromatique*, comme qui diroit le genre *coloré*.

Enfin un *troisiéme Genre* , qu'on apelloit *Enharmonique*, divifoit le premier demi Ton, dont la raifon eft de 243 à 256, en deux autres qui montoient , le premier comme de 486 à 499, le fecond de 499 à 512. Pour joindre ce troifiéme aux deux autres, il n'y avoit qu'à inferer une nouvelle corde entre la premiere & la feconde ; & ce partage de la *Quarte* en 6 cordes fourniffoit, comme l'on voit, plufieurs demi Tons, favoir depuis la premiere à la feconde, depuis la 2. à la 3. depuis la 3. à la 4, & depuis la 4. à la 5. Reftoit un Ton depuis la 5. à la 6. Depuis ce Ton on montoit encore d'un autre égal qui achevoit la *Quinte*. Cette corde étoit la premiere & faifoit le Ton le plus *grave* d'une feconde Quarte , où l'on fuivoit les mêmes divifions. Ainfi deux *Quartes* compofoient *une Octave* , & deux *Octaves* renfermoient 4 Quartes.

Quand on fe contentoit d'un genre 8 cordes faifoient la premiere Octave, & l'aigue de cette *premiere* Octave devenant la baffe d'une feconde, cette 2. Octave s'achevoit par le moyen de 7 cordes ; ainfi 15 cordes renfermoient quatre Tetracordes. Entre la plus haute du premier & la plus baffe du fecond il y avoit un Ton , & une telle *Octave* , dont les 2 Quartes étoient féparées par
un

un Ton, s'apelloient *Disjointe*, pour la diſtinguer d'une autre eſpace d'*Octave*, où la plus *haute* du *premier* Tetracorde, étoit la plus *baſſe* du 2, cette Octave on l'apelloit *Conjointe* parce qu'un même Ton y joignoit les deux Quartes.

Dans la premiere eſpece depuis la 4. corde juſques à la 5. on montoit d'un *Ton entier*. Mais dans la 2. on montoit d'un *demi Ton*, & c'eſt ce changement d'un Ton en demi Ton, qui a été une des origines du *b* Mol.

Ce partage des Tons en quatre, dont le plus bas formoit avec le plus haut une Quarte, & une conſonance dont la raiſon étoit celle de 3 à 4, a été conſtant chez les Anciens. De la premiere Quarte ils paſſoient auſſi conſtamment à une 2, d'une 2. à une 3, d'une 3. à une 4. Les deux premieres de ces *Quartes* étoient renfermées en ſept cordes, parce que la 4. corde étoit, en même temps, & la plus *haute* de la *premiere* Quarte, & la plus *baſſe* de la 2. Ils employoient encore le même nombre de cordes, pour la 3. & pour la 4. Quarte, & en joignant à ces 14 cordes une 15., dont le Ton deſcendoit de 9 à 8 au deſſous de la plus grave, ils achevoient deux Octaves. Ils donnoient à cette 15. corde le nom d'*Ajoûtée*. Le plus *grave* Tetracorde étoit apellé *Principal*, & le plus *haut* portoit le nom d'*Exquis*. Le 2. étoit apellé *Moyen* & le 3. *ſous-Moyen*. Chaque corde avoit de plus ſon nom particulier. On les deſignoit encore par des lettres de l'Alphabet, ſavoir la premiere du Tetracorde par un *A*.

Le

Le Tetracorde a donc été, comme je viens de le dire, fixe chez les Anciens ; mais la divifion en a varié ; Car outre les trois *Genres* dont nous avons déja parlé, il y en a qui depuis le *premier* Ton jufques à un *fecond* montoient de 20 à 21, depuis le 2. au 3., de 9 à 10, & depuis le 3. au 4. de 7 à 8, de forte que ces 4 Tons fuivoient la raifon des nombres 1260, 1323, 1470, 1680.

Il y en a qui firent *trois* efpeces de *Tetracordes* ; dans le plus *vif* les Tons fuivoient le raport des nombres 72, 80, 96, les deux premieres montées étoient de 8 à 9 , & la 3. de 15 à 16.

Les Tons du plus *doux* s'élevoient comme les nombres 168, 189, 216, 224, c'eft-à-dire, 1°. de 7 à 8, 2°. de 9 à 10, 3°. de 20 à 21. Entre ces deux ils en avoient un *Moyen* dont la Quarte fe formoit par les Tons 9, 10, 11, 12. & cette égalité d'excès fit donner à ce Tetracorde le nom d'*Egal* ; quoi que pourtant les montées n'y fuffent pas égales.

Enfin il s'en trouva qui firent deux Tetracordes féparés , compofans une Octave, par le moyen de 8 cordes , dont les Tons s'élevoient, l'un par deffus l'autre, fuivant le raport des nombres 18, 20, 22, 24, 27, 30, 33, 36.

IV. VOILA fur quel pied la Mufique des Anciens étoit. Ils ne connoiffoient pas l'art de joindre diverfes parties, ni dans le chant, ni fur les Inftrumens. Ils n'avoient ni *Sextes*, ni *Tierces*, dont la nôtre ne fauroit fe paffer, & dont elle tire fes plus beaux ornemens. Cependant on en dit des merveilles & on eft embaraffé de rendre raifon des ef-

De l'Ex-cellence de la Muf-que des Anciens.

fets

fets furprenans qu'on lui attribue. Elle ex-citoit les paffions & elle les calmoit ; elle s'emparoit du cœur humain ; elle lui infpi-roit la joye, la triftefle, le courage, la co-lere, l'amour &c. & elle le favoit ramener à la tranquilité. Il fe peut qu'on ait debité là-deffus des exagerations, & qu'on ait groffi la verité, en paffant de fiécle en fiécle. Le panchant qu'on a à admirer l'*Antiquité*, a de tout tems difpofé les Hommes à donner au *Fabuleux* l'autorité du *Vrai*. Mais il fe peut auffi qu'il y ait , dans ce qu'on publie des merveilles de leur Mufique , beaucoup de verité. 1. L'effet de la Mufique ne dé-pend pas moins du *goût* qu'on a pour elle que de fa propre *excellence*. Tel Difcours écouté avec une grande attention triomphe du Cœur , qui n'auroit pas ia force de l'é-branler tant foit peu , fi on ne l'écoutoit que negligemment. Que ne peuvent point le *Bal* , l'*Opera* & la *Comedie* , fur un Cœur jeune & tendre ? mais que feroient ils fur celui d'un Vieillard fevere ? Or la paffion pour la Mufique étoit générale chez les An-ciens , il falloit fe connoitre en Mufique, pour paffer pour un homme poli ; & ce ta-lent ne cedoit en merite qu'à l'Eloquence, & à l'habileté dans l'art de la guerre. Que ne pouvoit donc point la Mufique fur des Cœurs, qui faifoient gloire de s'y livrer & qu'une longue habitude avoit affujetti à fon efficace ?

Un Gentil-homme qui aimoit les Lettres, s'entretenant dans fes Voyages avec un Sa-vant du premier ordre, ouït jouer du Luth dans une chambre à côté de celle , où on

l'avoit

l'avoit reçu , les Sons harmonieux de cet Instrument touché dans la derniere perfection, le rendirent distrait , il ne fut plus à la conversation, il en fit ses excuses & demanda à voir cette *divine personne*. Le Savant fut embarassé ; il lui conseille de ne pousser pas plus loin sa curiosité, il lui dit, qu'il changeroit trop vite de langage, & que la vûe de la personne à qui il donnoit un si grand Eloge lui feroit plus de peine, que son Luth ne pouvoit lui donner de plaisir. Il s'obstina & il fallut le satisfaire. Il vit d'abord qu'on avoit eu raison de le détourner. Il fut frapé de la laideur d'un visage sur qui la petite Verole avoit exercé toute sa cruauté ; mais le Luth, malgré cet obstacle, s'empara toûjours de son cœur, & sa passion alla jusqu'à épouser.

Des gens d'honneur m'ont assûré, & c'est un fait qu'ils ne tenoient point d'un ouï dire vague , qu'un Gentil-homme dans un voyage d'Italie , s'étoit passionné pour la Musique au point de se résoudre, afin d'éclaircir & d'adoucir sa voix, à une extrêmité qui a privé du titre de Pere, même dans le sens Spirituel , un des plus savans, & des plus honnêtes hommes qui ait éclairé l'ancienne Eglise.

Que ne pouvoit-on point attendre de la Musique, & qu'est-ce qui lui auroit été impossible sur des gens qui l'aimoient dans ce degré ? C'est donc vrai-semblablement la passion des Anciens pour elle qui lui a prêté une partie de sa force sur eux.

Peut-être en tiroit-elle encore une très-grande de la perfection exquise des Instru-

S

mens,

mens, dont ils se servoient & de l'habileté, avec laquelle ils les touchoient dans tous les degrez de force, & de délicatesse necessaire pour produire d'admirables effets. Tout ce qui nous reste des Anciens prouve qu'ils étoient d'excellences Artistes. Aujourd'hui un Violon exquis plaira mieux qu'un médiocre Luth, & l'effet de la Symphonie ne dépend pas moins des Joueurs, & des Instrumens, que de l'élegance de la composition.

Outre cela le naturel, comme chacun l'avoue, étant tout-à-fait propre pour aller au Cœur, les petits *demi Tons* d'une montée, & d'une descente extrémement douce, qui se trouvoient en grand nombre dans la Musique des Anciens, pouvoient donner à leurs chants des inflexions plus aprochantes de celles de la voix ordinaire ; & cela rendoit leur Musique d'autant plus efficace qu'elle sentoit moins l'art, & qu'elle n'avoit rien de guindé, ni de suspect.

Enfin les vers des Anciens plus variés que les nôtres, & qui marchoient par des pieds & par des mesures, où la quantité étoit differemment combinée, avoient par là une cadence qui s'accommodoit beaucoup mieux à celle de la Musique que les nôtres. Or c'est de son raport avec le son & la prononciation naturelle des paroles, que le chant tire une de ses plus grandes & plus efficaces beautés.

Du Nouveau Tetracorde.

V. LA plus ancienne Musique n'avoit dans ses Tetracordes, d'autres consonances que l'*Octave*, la *Quinte* & la *Quarte*. Mais dans la suite on y ajoûta les *Tierces*, dont la *majeure* montoit de 4 à 5, & la *Mineure*
de

de 5 à 6. On mit donc en usage 4 *Tetracordes* differens de ceux des Anciens.

Les 4 Tons du premier montoient suivant le raport des nombres

45, 48, 54, 60.

Les 4 du second suivoient les nombres

60, 64, 72, 80.

Les 4 du 3. s'exprimoient par les nombres

90, 96, 108, 120.

Les 4 du dernier montoient enfin comme les nombres 120, 128, 144, 160.

Les nombres dans chaque Tetracorde croissent par dessus ceux du précédent. Mais leur raport demeure constamment le même. Depuis le *premier* au *second* il y a un demi *Ton majeur*, qui monte de 15 à 16. Depuis le *second* au *troisiéme* un *Ton majeur*, qui s'éleve de 8 à 9. Depuis le 3. au 4. un *Ton mineur* de 9 à 10. Depuis le *premier* au 3. une *Tierce mineure* de 5 à 6, & depuis le *second* au 4. une *Tierce majeure* de 4 à 5.

Dans les Tetracordes dont je viens de parler le plus *haut* Ton du *premier* est le *même* que le plus *grave* du *second*, & le plus *aigu* du *troisiéme* se confond avec le plus *bas* du 4. Mais le *second* Tetracorde n'avoit point de corde commune avec le *troisiéme*; car le Ton le plus *aigu* du *second* s'exprimoit par le nombre 80, & le plus *grave* du *troisiéme* par le nombre 90, de sorte que de la fin de

S 2

l'un

l'un au commencement de l'autre , il y a-
voit un intervalle d'un *Ton majeur* de 8 à 9.
On apelloit cet affemblage de Tetracordes,
le Tetracorde *Disjoint*, parce que les deux
du milieu y étoient féparés.

Ces 4 Tetracordes étoient compofés de
14 cordes. Mais pour achever deux Octaves on plaçoit une *Quinziéme* corde au deffous de celle qui commençoit le premier
Tetracorde, plus baffe encore qu'elle d'un
Ton majeur , & qui par conféquent s'exprimoit par le nombre 40.

A l'imitation des Anciens au Tetracorde
disjoint on ajoûta le Tetracorde *conjoint*, qui
de la plus *haute* corde du *fecond* faifoit la
plus *baffe* du *troifiéme* , & dans ce Tetracorde le *quatriéme* étoit à fon tour féparé du
troifiéme.

Pour les comparer il faut fe fervir de
nombres plus grands. Chacun avoit 15 cordes, & fi on exprime le Ton de la plus baffe
par le nombre 120, la colomne de la gauche marquera la fuite des Tons du premier,
& la colomne de la droite la fuite de ceux
du fecond.

120	G	120	A
135	A	128	b
144	B	144	C
162	C	160	D
180	D	180	E
192	E	192	F
216	F	216	G
240	G	240	a
270	a	256	b
288		288	c

324	c	320	d
360	d	360	e
384	e	384	f
432	f	432	g
480	g	480	a a

J'ai placé vis-à-vis de chaque nombre, qui indique l'élevation d'un Ton, la lettre qu'on employe pour marquer ce Ton, dont voici tout le mystere. On a designé les sept cordes qui composent les deux premiers Tetracordes par les sept premieres lettres de l'Alphabet, & dans le Tetracorde *Disjoint*, on a marqué d'un G la corde qu'on plaçoit au dessous de la plus basse, ainsi la premiere Octave a été renfermée entre deux *GG*, & c'est de là que le mot de *Game* tire son origine, car le G s'apelle en Grec *Gamma*. Or comme la *quinziéme* corde, ajoûtée au Tetracorde *Disjoint*, étoit la même qui commençoit le Tetracorde *conjoint*, celle qui dans le *premier* portoit le nom de G s'apelloit A dans le *second*, & par-là, celle qu'on apelloit A dans l'un, reçut le nom de b dans l'autre, & comme dans le premier en allant de A en B on montoit d'un Ton, au lieu que dans le second en allant encore d'une de ces lettres à l'autre, on ne montoit que d'un demi Ton, le b qui marquoit cette montée plus douce, reçut une figure plus arondie & fut apellé b mol; l'autre qui marquoit une montée plus forte fut apellé B d'or, ou B quarré.

VI. Au *Tetracorde* a succedé l'*Hexacorde* dont *Gui Aretin* fut l'Auteur. Le Tetracorde nouveau avoit l'avantage des *Tierces* sur ce-

De l'Hexacorde.

S 3

celui des Anciens. Mais comme il avoit l'in-
convenient de renfermer deux fauffes Quintes dans un même Octave, favoir A E 45,
& 64 & C G, 54 & 80. on chercha une autre difpofition de Tons, & voici comment
on s'y prit. J'ai déja dit que depuis la proportion de 3 à 4, on étoit paffé à en faire
une de 4 à 5, & comme depuis le Ton le
plus *grave* de l'*Octave*, on montoit d'abord
vers l'*aigu* de 8 à 9, la *Tierce majeure* qui
s'élevoit de 4 à 5, ou de 8 à 10, fit naître
un *troifiéme Ton*, qui depuis le *fecond* de l'Octave montoit vers l'aigu de 9 à 10. Le premier de ces intervalles fut apellé *Ton majeur*
& le fecond *Ton mineur*. Ainfi depuis le Ton
le plus *grave* jufques à celui qui s'élevoit fur
lui comme de 4 à 5. il y en eut *deux* inter-
pofés, & cela fit naître cette fuite 24, 27,
30, 32, qui rempliffoit une *Quarte*, car 24
eft à 32, comme 3 à 4, ou 3 fois 8, à 4
fois 8. Depuis le *troifiéme* Ton, 30, au *quatriéme* 32, il y a une montée de 15 à 16,
qui a reçu le nom de *demi Ton Majeur*.

Dans cette difpofition on eut donc la proportion de 24 à 30, qui eft celle de quatre
fois fix, à cinq fois fix, ou de 4 à 5, & on
l'apella *Tierce majeure*, parce qu'elle fe trouve entre le *premier* & le *troifiéme* Ton. On
eut celle de 24 à 32 qui eft la même que de
3 à 4, & celle-ci porte le nom de *Quarte*
parce qu'elle a lieu entre le *premier* & le *quatriéme* Ton. La proportion de 2 à 3, ou de
24 à 36 vint enfuite; ce qui lui attira le nom
de *Quinte*, parce que le Ton répondant au
nombre 36 occupe la cinquiéme place.

Entre le *troifiéme* Ton & le *cinquiéme*, i

se trouva une proportion de 30 à 36, ou de 5 fois six à six fois six, ou de cinq à six qui reçut le nom de *Tierce mineure*.

Or comme on avoit d'abord monté de 8 à 9, puis de 9 à 10. Après être monté de 32 à 36, ou de huit fois quatre à neuf fois quatre, on monta de neuf fois quatre à dix fois quatre, & le *Sixiéme* Ton répondit au nombre 40.

Comme donc chez les Anciens celui qui avoit apris à monter jusques à la *Quarte*, savoit former tous les Tons, toute leur Musique montant de Quarte en Quarte : de même dans l'Hexacorde, celui qui savoit varier sa voix suivant ces six Tons, UT RE MI FA SOL LA, étoit fait à toutes les variations. Ces noms par lesquels *Gui Aretin* designoit les tons de son Hexacorde, il les avoit tiré d'un hymne de S. Jean Baptiste.

UT *queant laxis*	FAmuli *tuorum:*
REsonare *fibris*	SOLve *polluti*
MIra *gestorum*	LAbi *reatum.*

VII. AINSI on substitua l'Hexacorde au Tetracorde. Mais cela ne dura pas long-tems & on trouva qu'il étoit plus commode d'ajoûter au sixiéme Ton répondant à 40, un *septiéme* qui montoit sur lui de 8 à 9 ; on l'exprima par le nombre 45 dans cette suite 24. 27, 30, 32, 36, 40, 45. De là au *huitiéme* exprimé par 48, afin de faire avec le premier exprimé par 24 la proportion de 1 à 2 qui reçut le nom d'*Octave*, du *septiéme*, dis-je, à ce *huitiéme*, il se trouva une montée de 15 à 16, pareille à celle de 30 à 32 : Car de deux fois 15 à deux fois 16, il y a même raison que de trois fois 15 ou 45 à trois fois 16 ou 48.

S 4   Par

Par-là fut achevée l'Octave qui renferma trois *Tons majeurs* UT RE, FA SOL, LA SI. Deux *Tons mineurs* RE MI, SOL RE. Deux demi *Tons majeurs* MI FA, SI UT. Trois *Tierces Majeures* UT MI, FA LA, SOL SI. Deux *Tierces Mineures* MI SOL, LA UT. Quatre *Quartes justes* UT FA, RE SOL, MI LA, SOL UT. Trois *Quintes justes* UT SOL, MI SI, FA UT. Une *Quarte fausse* FA SI. car de 32 à 45, il n'y a pas comme de 3 à 4; puisque de 32 à 45, il y a comme de 3 fois 32 à trois fois 45, ou comme de 96 à 135, au lieu que pour la *Quarte*, il faut simplement monter comme de trois fois 32, ou 96, à quatre fois 32 ou 128. Il est donc nécessaire pour corriger cette fausse Quarte de faire descendre le Ton SI comme de 135 à 128, & cette descente a reçu le nom de demi *Ton mineur*. On voit encore dans cet exemple que la combinaison des Tons, que l'on cherchoit en a fait naître un que l'on ne cherchoit pas.

Comme la *Quarte juste* UT FA, comprend un *Ton Majeur*, UT RE, un *Ton Mineur* RE MI, un *Demi Ton Majeur* MI FA; au lieu que la *fausse* FA SI comprend un *Ton Majeur* FA SOL, un *Mineur* SOL LA & un *Ton Majeur* LA SI, d'où vient qu'on l'apelle *Triton*; il paroit que la descente d'un *Demi Ton Mineur*, qui la rend juste, est la difference du *Ton Majeur*, d'avec le *Demi Ton Majeur*, c'est ce qui a attiré à cette descente de 135 à 128 le nom de b mol; nous en avons déja expliqué la raison.

La proportion de RE à LA est de 27 à 40, ou de 54, égal à deux fois 27, à 80, égal à deux fois 40 ; au lieu que pour une *vraye Quinte* elle devroit être de 54 à 81 , ou de deux fois 27, à 3 fois 27. Le Ton LA devroit donc monter un peu plus, savoir comme de 80 à 81 , pour faire une *veritable Quinte*, & cela prouve évidemment la grande délicatesse de l'Oreille, qu'un si leger défaut inquiete. Cette difference de 80 à 81 a reçu le nom de *Comma*.

La Quinte renferme une *Tierce Majeure* UT MI, & une *Mineure* MI SOL. La difference de ces deux Tierces répond à celle de 24 à 25, & cette difference s'apelle *Diese*. Ainsi la Musique s'est enrichie de divers Tons, & de divers demi Tons qui l'embellissent & la rendent plus variée.

Mais pour une veritable *Beauté*, il est necessaire que les *varietés* soient temperées d'*unité*. C'est-là l'effet des consonances , savoir de l'*Octave*, de la *Quinte*, de la *Quarte*, & des deux *Tierces* comme nous l'avons vû.

Il est vrai que la *Quarte* a quelque desagrément. Nous en avons allegué la raison, & cette raison nous découvre pourquoi elle est moins desagréable du côté de l'aigu que du côté du grave, SOL UT, par exemple, deplait moins que UT FA. Cela vient de ce que plus le *Ton* d'une corde est *aigu*, moins elle cause d'ébranlement dans celle qui lui répond à la *Quinte*. SOL ébranle donc moins la fibre RE de la seconde *Octave*, que UT n'ébranle la fibre SOL de la premiere. Il y a donc un plus grand *contraste* avec FA , & SOL dans la premiere *Octave* qu'entre UT & RE dans la seconde.

& par conséquent l'oreille est moins fatiguée d'entendre SOL UT , que d'entendre UT FA, dans le premier cas le RE , voisin de l'UT , est peu ébranlé, dans le second le SOL voisin du FA l'est beaucoup.

SECTION VIII.

Où l'on aplique plus particulierement à la Beauté de la Musique les principes que l'on a établis.

CE n'est pas seulement quand on les entend en même tems que les *Tons à consonance* font une des *beautés* de la *Musique*, ils en font encore une, quand ils se succedent , parce que le souvenir de l'un s'unit avec le sentiment de l'autre. C'est-là le principe d'un très-*grand nombre de regles*, qui se réduisent à *une seule* quand on les ramene toutes à leur *source*. Il faut *éviter non seulement de joindre*, mais encore de faire immédiatement succeder les Tons qui font des *dissonances* , si ce n'est dans les cas où une *dissonance* d'une très-courte durée se change par tant soit peu d'élevation ou d'abaissement , en une *Consonance* parfaite & qui dure plus long-tems.

Ce n'est pas seulement pour éviter le degoût d'une uniformité trop continuée , & l'ennui d'une unité qui revient trop vite , que l'on condamne la succession de deux *Octaves*, de deux *Quintes*, de deux *Tierces*, & à plus forte raison de deux *Quartes* , la Quarte ne passant que pour une dissonance imparfaite. Ces successions font plus qu'ennuyeu-

nuyeufes, elles inquietent, & on les trouve difcordantes. En effet fi UT UT eft
fuivi de RE RE, le fouvenir de l'une de ces
Octaves forme avec le fentiment de l'autre,
une *feconde* & une *feptiéme* importune. Le
premier UT 24 n'eft pas d'accord avec
27 le premier RE, ni avec 54 le fecond RE,
ni 27 premier RE n'eft pas d'accord avec
48 fecond UT.

De même fi les deux *Quintes*, UT SOL,
MI SI, fe fuccedent, le fentiment du SI de
l'une forme une feptiéme très-defagréable
avec le fouvenir de l'UT précedent. C'eft
pis encore quand MI SI eft fuivi de FA UT,
parce que SI fait avec UT une *feconde*, &
avec FA une fauffe *Quarte*.

Quand deux *Tierces Majeures* fe fuccedent, le premier *Ton* de l'une fait avec le fecond de l'autre une fauffe *Quinte*; parce
qu'elle eft exceffive, & quand deux *Tierces
Mineures* fe fuccedent, elles forment auffi
une fauffe *Quinte*, parce qu'elle eft défec-
tueufe ; fi dans le premier cas vous élevez
le premier Ton d'un *Diefe*, vous l'aprochez
du quatriéme autant qu'il faut pour rendre
la *Quinte jufte*, & fi dans le fecond cas vous
élevez le *quatriéme* d'un *Diefe*, vous l'éloignez du premier comme il doit être pour a-
chever une *veritable Quinte*.

Si vous prenez deux Tons plus éloignés,
les deux *Tierces Majeures* UT MI, SOL SI,
quoi qu'elles renferment les deux *Quintes*
UT SOL, MI SI, ne laiffent pas d'être
odieufes par le mélange de la feptiéme UT
SI. Les deux UT MI, FA LA, renferment
deux *Quartes*. Les deux *Tierces Mineures* MI
SOL

SOL, FA UT, en préfentent auffi deux MI FA SOL UT ; mais elles font plus fuportables, parce qu'elles fe trouvent du côté de l'*aigu*. Ce que nous venons de dire fert à expliquer deux autres confonances, dont nous n'avons pas encore parlé. Entre le premier Ton UT 24 & le fixiéme LA 40, on compte une *confonance* qu'on apelle la *Sixte Majeure*, dont la proportion eft de trois fois 8 à 5 fois 8, ou de 3 à 5, & entre le troifiéme Ton MI 30, & le huitiéme UT 48 on compte une autre SIXTE, qu'on apelle *Mineure* dont la proportion eft de 3 à 8.

On voit bien que les differences de ces Tons viennent rarement à l'unité, & que ce qu'elles ont renfermé eft prefque infenfible. Cependant elles ont leur prix, & voici pourquoi. Dans le tems que l'oreille eft frapée de l'UT grave, elle l'eft auffi un peu de l'UT aigu, & cet UT aigu dont le fentiment eft prêt de naître, forme une *Tierce mineure* avec LA l'autre Ton de la *Sixte*. Et voila pourquoi il eft fi agréable de paffer de la *Sixte majeure*, à la *Tierce Mineure*, qui acheve l'*Octave*. Ce qui commençoit s'achevant par là, & quand on commence par la *Tierce Majeure* la *Sixte mineure* qui lui fuccede plait encore, & a la force d'une *Confonance* ; parce qu'elle acheve l'Octave dont l'UT de la *Tierce Majeure*, UT MI, avoit été le fondement.

Le raport des Tons préfens avec ceux qui les ont précedés fait tellement une des beautés de la Mufique, que nonobftant le penchant naturel de l'homme pour la nouveauté & fon efficace fur notre cœur, on ne laiffe

se

fe pas de trouver un air plus beau après l'avoir un peu mieux connu , que quand on l'entend pour la premiere fois ; on fent mieux la liaifon de fes parties, quand on fe les eft rendu un peu plus familieres, & on eft d'autant plus fenfible à ce qu'elles ont de plus frapant & de plus melodieux, qu'on fent aprocher ces endroits touchans , & que le defir de les entendre croît à mefure qu'on en aproche.

Dans tous les airs il y a un certain Ton qui *domine*, qui eft plus préfent à la memoire que les autres, & qui s'eft plus fortement emparé de l'imagination ; on le prépare à cela par un prelude où il regne, c'eft fur ce Ton que doivent tomber les principaux accords. C'eft une *unité* neceffaire au milieu de fa *varieté* , qui fournit la combinaifon des notes & des fons qui leur répondent.

Quand on paffe d'un *Ton* à un autre ; hormis que le fecond ne faffe *Confonance* avec le premier , l'oreille eft inquietée de ce changement , & fi on veut qu'elle le fouffre, il faut qu'un prélude efface le fouvenir du premier pour y fubftituer l'impreffion dominante du fecond.

Quand les *Tierces majeures* tombent fur ce Ton qui domine dans un air, & qui s'empare de l'oreille par deffus les autres, on dit que cet air eft dans le *Mode Majeur* ; & le *Mode Mineur* eft celui où le principal Ton entre dans les *Tierces mineures*. Le premier de ces Modes donne aux airs de la force & du ferieux. Il tire du fecond de la délicateffe, & il eft plus propre à exprimer des fentimens tendres. La difference de la

mon-

montée de 4 à 5, à celle de 5 à 6, produit cette difference d'effet. On monte un peu plus dans la *Tierce majeure*, l'oreille sent cela, c'est un fait certain qu'on a de la peine à croire, quand dans la Théorie on découvre que cette difference n'est que comme de 24 à 25. Comme donc la voix s'éleve pour exprimer les sentimens qui nous animent, & qu'elle s'abaisse pour annoncer des mouvemens plus tendres & plus languissans, on comprend que la *Tierce majeure* a plus de raport avec les premiers de ces sentimens & que la *majeure* en a davantage avec les seconds.

L'effet de ces *Tierces* devient tout autrement sensible, quand par un changement de la valeur d'un *diese*, un des *Tons* fait entende une Tierce differente de celle qui devroit naturellement se présenter. Car la surprise augmente toûjours l'efficace de tout ce qui fait impression sur nous.

C'est de-là que tirent leur force les *b quarrés*, & les *b mols* qui élevent ou qui abaissent le Ton d'une note, & le rendent different de celui que la suite ordinaire de la Game auroit amené ; & cette élevation, ou cet abaissement se fait alors mieux sentir, parce que ce qui sort du train ordinaire sert à marquer de la passion, & à donner aux sentimens plus de vehemence, ou plus de tendresse.

On comprend sans peine que ces changemens si efficaces seroient pourtant sans effet sur une oreille, qui n'auroit point l'habitude de Musique ; car à une oreille toute neuve tout seroit égal, le *diese* & le *b mol* ne se feroient point

point fentir autrement, que fi la fuite ordinaire du chant les exigeoit, & c'eft par cette raifon qu'il importe de s'accoûtumer à un *Ton fixe*, car fi on varioit à tout moment le degré de tenfion dans les cordes des Inftrumens, on ne s'apercevroit pas fi fenfiblement que les Tons d'un air ont pris une élevation extraordinaire, ou font defcendus au deffous du degré auquel l'oreille eft faite. Le cœur, pour fe mieux laiffer aller à ces nouveaux Tons, & pour en mieux fentir l'agrément, fe monte en quelque maniere fur un Ton qui leur répond, & fe difpofe à des fentimens de force ou de tendreffe, felon qu'il en eft averti par l'élevation ou par l'abaiffement des Tons qui le frapent.

Les Anciens avoient douze *Modes* de Mufique, & les Modernes en ont autant. Voici ce que c'eft. Dans l'étendue d'une *Octave* il y a deux *demi Tons*, & ces *demi Tons* on les peut placer differemment : Par exemple, pour arriver du premier *Ton* UT 24 au quatriéme FA 32, je puis monter d'un *Ton majeur*, d'un *Ton Mineur* & d'un demi *Ton Majeur*, ce qui fait cette fucceffion 24. 27. 30. 32. Je puis auffi monter d'un *demi Ton*, puis de *deux Tons*, ce qui fera cette fucceffion 15. 16. 18. 20, & donnera la *Quarte* de 18 à 20, la *Tierce Mineure* de 15 à 18, la *Tierce Majeure* de 16 à 20. Je puis enfin monter d'un *Ton Majeur*, d'un demi *Ton Majeur* & d'un *Ton Mineur* ; fuivant la difpofition des nombres 120. 135. 144. 160. car 120 eft à 135 comme 8 fois 15 à 9 fois 15. 135 eft à 144, comme 15

fois

fois 9 eſt à 16 fois 9, & 144 eſt à 160 comme 9 fois 16 à 10 fois 16.

Avant les termes UT, RE, MI &c. qui font aujourd'hui en uſage, on deſignoit les *tons* par des lettres de l'Alphabet : le plus *grave* répondoit à la lettre *G* , le *ſuivant* à la lettre *A*, le troiſiéme à la lettre *B*, & le ſeptiéme à la lettre E, le 8. qui finiſſoit la premiere *Octave*, & commençoit la ſeconde ſe marquoit par un petit *g* , le 9. ſe marquoit par un petit *a* , de ſorte qu'on avoit 7 *Octaves* Gg, Aa, Bb, Cc, Dd, Ee , Ff. Dans chacune de ces *Octaves* le *demi Ton* ſe trouvoit differemment placé , ce qui faiſoit naître *ſept Modes*. Mais comme dans chacun de ces ſept Modes , le *Ton dominant* pouvoit être tel que ſa *Quinte* fut plus près du ton *inferieur*, & par conſéquent ſa *Quarte* plus voiſine du ton *ſuperieur*, ou au contraire le Ton *dominant* pouvoit être tel que ſa *Quinte* en partageant l'*Octave* ſe trouvât du côté de l'*aigu*, & par conſéquent ſa *Quarte* du côté du *grave*; chaque Mode ſe diviſa par là en deux , dont le premier fut apellé *principal*, parce que la *Quinte* eſt d'autant plus agréable, & la *Quarte* au contraire d'autant moins , qu'elles ſont placées plus près du Ton grave de l'*Octave*. Il devroit donc y avoir 14 Modes. On n'en admet pourtant que 12 parce que dans l'Octave SI SI , la *Quinte* SI FA eſt très-fauſſe , car elle répond aux nombres 45 & 64, au lieu qu'elle devroit répondre aux nombres 45 & 67 & $\frac{1}{2}$, c'eſt-à-dire, qu'au lieu d'être comme de 90, à 135 elle eſt ſeulement comme de 90 , à 128,

128, de la valeur d'un *b mol* trop baſſe. On rejette encore l'Octave FA FA, parce que FA SI, la premiere *Quarte* qu'elle contient, eſt compoſée de *trois Tons*, au lieu qu'elle n'en devroit contenir que *deux & demi*.

Autant de changemens dans la place qu'on choiſit pour les *demi-Tons*, autant de *Modes*. On fait dans la *Muſique* une grande attention aux *demi-Tons*: Comme ils renferment une montée plus douce du grave à l'aigu, leur chant s'éloigne moins de la voix ordinaire, & par cette raiſon on le trouve plus naturel. Or ces *demi-Tons* devront produire des effets differens ſuivant qu'ils ſeront placés plus près ou plus loin du *Ton* le plus *grave*, & donneront par là aux airs plus de *gravité*, ou plus d'*élevation* & de *vivacité*. Je doute pourtant que cette difference aille auſſi loin qu'une ancienne tradition le dit, & il me ſemble que l'experience prouve le contraire, car dans chaque mode on trouve des airs vifs, des airs languiſſans, des airs ſérieux qui font tout l'effet à quoi on les deſtine, parce que le deſſein en eſt bien executé ; car c'eſt de la proportion de ſes parties qu'un air tire ſa plus grande efficace & ſa plus grande beauté.

Mais comment cette Tradition s'eſt-elle établie ? Je propoſerai là-deſſus mes conjectures.

Un Muſicien habile n'ignore pas que les airs les plus beaux en eux-mêmes tirent encore une nouvelle grace de leur nouveauté : cette raiſon jointe au penchant naturel que l'on a pour la diſtinction, a dû porter un Muſicien de l'Antiquité, à ſe choiſir une

T pla-

place pour ces *demi-Tons* differente de celle que ſes Prédeceſſeurs, ou ſes contemporains lui avoient donné, & ſi ces piéces étoient bonnes par elles-mêmes, cette nouveauté ſervoit encore à en augmenter le prix.

Un Muſicien encouragé par le ſuccès continue à travailler ſur le même *Ton*, & ſes derniers Ouvrages ſoûtenans la réputation des premiers, le *Mode* qui leur étoit commun en devint célébre; on regarda comme l'effet d'une vertu ſecrette de ce *Mode*, ce qui étoit plutôt dû à l'agrément, & à la combinaiſon des Sons dont ſes airs étoient compoſés. De plus comme la plûpart des gens, & des grands hommes qui excellent dans les Arts ont une humeur dominante, qu'ils ſavent peu contraindre, (c'eſt même un défaut qui regne généralement entre les Muſiciens,) un Homme ſuivant la pente de ſon naturel compoſe des airs ſelon ſon goût, tendres, plaintifs, lugubres &c. il réüſſit en travaillant ſelon ce goût, & on attribue encore ce ſuccès au raport de ce genre d'air, avec le Mode ſur lequel il eſt compoſé. Il y a plus : De tout tems le monde a été plein d'Imitateurs ſerviles : ceux donc qui ſe ſentirent portés à compoſer ſur un Ton, qui venoit de ſe mettre en vogue, s'imaginerent qu'ils réüſſiroient mieux, ſi à l'imitation du Mode, ils joignoient encore celle du génie d'air auquel l'Inventeur de ce Mode s'éroit attaché. Cette double imitation fourniſſoit une facilité de dérober des meſures aux airs approuvés, & de coudre enſemble des piéces raportées.

On s'affermit par là dans l'habitude de join-

joindre à chaque Mode un genre particulier de fentimens, & dès qu'on apercevoit le *Mode* ; le cœur & l'imagination fe difpofoient d'abord au genre de fentiment auquel on croyoit ce Mode le plus propre. Le foin que les Auditeurs prenoient de s'y prêter, & d'en augmenter l'effet, pour en tirer eux-mêmes l'avantage d'être touchés avec plus de fenfibilité, tout cela contribua à fortifier de plus en plus un préjugé, qui prit enfin l'autorité d'une Loi.

Le nombre des Modes s'augmenta peu à peu chez les Anciens & alla jufqu'à 15, mais, comme *Claude Ptolomée* l'a fort bien remarqué, quelques-uns de ces Modes ne differoient entr'eux que de nom. On attribua à chacun fes vertus ; on choifit le *Dorien* pour les chants *ferieux* Les airs fur le Mode *Phrygien* excitoient à l'*irritation*. L'*Ionien* infpiroit de la gaieté. Le *Lydien* rendoit *fombre*. Le Mixolidien *tranquilifoit*.

A l'imitation des *Anciens* les *Modernes* ont affigné à chacun de leurs *Modes* une efficace particuliere.

Le premier, UT, MI, SOL, UT, convient, à ce qu'ils difent, aux airs à *danfer*.

Le fecond, SOL, UT, MI, SOL, fert à exprimer des plaintes & des langueurs.

Le troifiéme, RE, FA, LA, RE, eft très-*grave*.

Le Quatriéme, LA, RE, FA, LA, fert à marquer de l'*inquietude*.

Je m'abftiens de les raporter tous, chacun dans fon ordre, avec les vertus qu'on leur attribue, parce qu'elles ne me paroiffent pas affez fondées en raifon.

T 2

Nous

Nous avons vû que la *Beauté* des *Conſonances* rouloit ſur des *diverſités*, mêlées de retours réguliers à l'*unité*. Nous avons remarqué qu'il doit y avoir dans chaque air, une *unité* de *Ton dominant*, & que ſi on paſſe d'un *Ton* à l'autre, il faut que ces *Tons* ayent du raport & de la *convenance*; c'eſt-à-dire, qu'ils renferment avec leurs diverſités quelque unité ſenſible. Ces mélanges réguliers d'unité, parmi la diverſité, fondent auſſi la neceſſité des meſures. La neceſſité de renfermer ſous quelque unité les diverſités qui varient la Muſique, demande que les meſures égales ſe ſuivent avec quelque continuation, Sur ce même principe eſt fondée la *Beauté* des *Repriſes*, & la *Beauté* de ces ſuites où les mêmes proportions s'obſervent ſucceſſivement entre des Tons differens entr'eux, par raport au grave & à l'aigu; la *Beauté* enfin de ces retours, & de ces repetitions de certains endroits d'un ſingulier agrément; & c'eſt pour rendre plus ſenſible ce que ces retours ont d'agréable, qu'après s'en être *aproché* par une *ſuite* de *Tons*, qui devoient naturellement s'y *terminer*, on s'en *éloigne* tout d'un coup, pour y revenir avec précipitation.

La Beauté des conſonances & l'agrément de leurs effets dépend encore de leur raport avec la place qu'elles occupent. Quand un air a deux *repriſes*, la premiere finit ordinairement par une *Quinte*, & la ſeconde par l'*Octave*, les *Tierces* ſont parſemées avec les *Sixtes* depuis le commencement de l'air, juſques à la fin. L'unité a du raport avec le *repos*, les *Quintes* & les *Octaves*, qui ont plus

d'unité

d'*unité* conviennent à la fin; mais les *confonances* qui ont plus de *diverfité* tiennent l'attention *excitée*, & lui font fouhaiter une
continuation de nouveaux fentimens, jufques
à ce que l'*unité* furvienne dans le tems qu'on
eft bien-aife de *prendre haleine*.

Dans les airs fort vifs, comme les *Gigues*,
les *Gavottes*, & en général dans ceux qui a-
prochent du Rondeau, on peut finir par des
Tierces & même par des *Quartes*, parce que
comme on les repete fouvent, on veut que
l'oreille en fouhaite la continuation.

Mais il y a un autre raport dont la Mufique tire fa plus grande force, & une de fes
plus grandes *Beautés*, c'eft celui des *paroles*
qu'on chante avec les *fentimens* qu'elles expriment, & les *Tons* fur lefquels on les fait
entendre.

La *cadence* des Vers, leur brieveté, leur
longueur, la douceur ou la rudeffe des mots
qui les compofent, la rapidité ou la lenteur
que ces mots, & les fyllabes dont ils font
compofés exigent dans la prononciation,
l'habileté avec laquelle les endroits, où la
voix doit fe repofer, tombent fur un fens
complet, ou fur un fens qui n'eft qu'à demi exprimé, quand les chofes qu'on dit meritent que la voix foit entrecoupée, & qu'elles font d'une nature, à ne les prononcer
qu'avec effort. Toutes ces combinaifons bien
menagées, & bien proportionnées avec les
idées & les fentimens qu'on veut faire naître, fervent à rendre ces idées plus vives &
ces fentimens plus profonds. Mais quand le
raport des *Tons* fe joint à tous ceux-là, l'Efprit humain, né pour goûter de juftes rap-

                    ports

ports & pour aprouver les proportions, ne trouve rien qui ne l'enchante dans des airs, où tout est si bien assorti , il leur livre son attention , & on sait que le degré de sa sensibilité répond toûjours à celui de son attention.

Il n'est pas necessaire d'être fort habile en *Musique* , non plus qu'en *Poësie* pour se convaincre de ce que je viens de dire. Qu'on fasse attention sur un *Menuet* , par exemple, dont les mesures sont remplies de *Tons* qui passent très-vite. Dès qu'on veut leur accommoder des paroles , la rapidité avec laquelle on les prononce a un ridicule insupportable. Parler beaucoup plus vite qu'on n'a accoûtumé, pour exprimer des sentimens plus dignes d'attention que ceux des Discours ordinaires, c'est ne penser pas à ce que l'on fait : on veut toucher plus sensiblement, c'est dans cette vûe que l'on chante, mais par la rapidité avec laquelle on chante, on se met dans l'impuissance d'arriver à son but. Jamais la prononciation ne doit être contrainte dans le chant, il ne faut point traîner des syllabes brieves, sur tout lorsqu'un moment auparavant on vient d'abreger des syllabes longues, il faut que tout se raporte & s'accorde.

Il y a des airs d'une Beauté si frapante, & si exquise que tout le monde en est charmé. On compose sur ces airs, on ne se lasse point de les entendre, on y accommode un grand nombre de Chansons , cette varieté plait, pourvû qu'elle ne s'éloigne pas du genre de sentiment pour lequel ces airs ont été composés. Une chanson badine sur un air sérieux, &

des

des fentimens graves fur un air badin ne font
pas fuportables, fi ce n'eft qu'on ait deffein
de faire rire par le ridicule même que ce con-
trafte préfente.

Mais s'il y a des chants dont la *Beauté* eft
réelle, d'où vient qu'ils ne plaifent pas à tous,
& qu'ils ne plaifent pas toûjours? C'eft que
tous les Hommes n'ont pas le goût jufte, &
ne l'ont pas toûjours également jufte. Ils
jugent fouvent des chofes par humeur & par
préjugé, ils fe trompent fouvent, ils font enfin legers & ils veulent de la *varieté*, même
dans le *Beau*. Ils fentent vivement un trait
neuf d'un merite mediocre, & ils ne fentent
que foiblement des traits exquis, dès qu'ils
les ont accoûtumés, parce que leur attention
ne s'y arrête que negligemment. Mais enfin la *Beauté* de la *Mufique* auffi bien que celle de la *Poëfie*, qui a tant de raport avec elle, ne confifte-t-elle pas dans *un je ne fai quoi*,
puifque des vers & des airs compofés avec
tout l'art poffible ne laifferont pas d'être abo-
minables, fouvent par cela même que l'on
y a fuivi l'*Art*.

Ce que cette objection fupofe n'eft pas
exactement vrai, & dans toute fon étendue.
Car 1. quand l'*Art* paroit trop, c'eft une
preuve qu'on n'a pas fuivi toutes les *regles*,
puifqu'une des *grandes regles* de l'Art, c'eft
de le cacher & de ne fouffrir pas qu'il foit
trop vifible, dont voici je penfe, deux raifons. La premiere fe tire de l'éloignement
de notre cœur pour tout ce qui a la moindre aparence de contrainte. Nous aimons
naturellement la liberté, & nous ne pouvons
fouffrir qu'on prétende exceller par un affu-

jet-

jettiſſement qui va juſqu'à la contrainte, parce que nous-mêmes ne voudrions pas exceller à ce prix, il nous en coûteroit trop.
La ſeconde raiſon de notre dégoût, quand
l'art ſe laiſſe trop facilement remarquer,
ſe tire de la ſechereſſe même qui le rend
ſi viſible. Ce n'eſt pas proprement parce
que l'art y paroit que nous refuſons notre eſtime à un ouvrage, c'eſt parce qu'il eſt
lui-même trop ſec & que l'art ne s'y fait ſi
promptement ſentir qu'à cauſe de ſa ſterili-
té. On a plus de peine à le démêler dans
l'abondance, nous voulons de la richeſſe
dans les compoſitions. L'Art devient mépriſable, quand il eſt trop inferieur à la *Nature*, non ſeulement toûjours variée, mais de
plus toûjours riche dans ſes productions.

3. Afin qu'un ouvrage ſoit Beau, ce n'eſt
pas aſſez qu'il ne choque aucune regle, il
faut qu'on y ait obſervé toutes celles qu'on
pourroit y ſuivre, ou du moins un très-
grand nombre. Chacun s'aperçoit aiſément
de ce qui renverſe une regle, mais chacun
ne rapelle pas avec la même facilité celles
qu'on a negligées. Mais on ne laiſſe pas de
ſentir l'effet de cette negligence, quoi qu'on
n'en ſache pas deviner la cauſe. Il faut qu'un
excellent *Compoſiteur* ſoit *moulé* ſur les regles, il faut qu'il en ſoit *plein*, qu'il en ſoit
penetré & qu'elles lui ſoient naturelles au
point de les ſuivre exactement ſans avoir beſoin d'y faire attention. S'il faut qu'il penſe à deux, puis à trois autres, après cela à
une ſixiéme, s'il faut qu'il ſonge à les placer, & à faire naître les occaſions de les
mettre en œuvre, ſon attention partagée,

de-

detournée, fatiguée sera sans fecondité, & ses *materiaux* ne répondront point à l'*art*, par lequel il s'efforce vainement de les *embelir*.

4. Le raport qu'il y a entre les organes de la prononciation, & de ceux de l'ouïe fait qu'on écoute avec plaifir ce qu'on entend prononcer aifément, comme, au contraire, la fatigue de celui qui parle ou qui chante, & la peine qu'il fe donne fait fouffrir ceux qui l'écoutent. Cette Sympathie va plus loin ; on peut dire que les Efprits des hommes fe reffemblent à un tel point, & leurs Cœurs font fi conformes, que ce qui nait aifément dans l'un, s'infinue auffi facilement dans l'autre. Des idées qui ne fe fuccedent que par effort dans celui qui les invente, trouvent rarement ceux, chez qui on veut les faire paffer, difpofez comme il faut pour les recevoir, l'une n'amene point l'autre, ce font autant de piéces détachées qui ne s'entr'aident aucunement, elles manquent de liaifon, & d'*unité*. Mais ce qui dans un Auteur coule de fource fe fait incontinent chemin dans l'Auditeur, chaque trait femble un developement de celui qui l'a précedé. Toutes les fois donc que l'art porte un caractere de contrainte, comme il arrive toutes les fois qu'il fe fait trop fentir dans un air, on fouffre, & on entre dans la peine du Muficien à qui l'on fent qu'il a couté des efforts.

5. En particulier dans les *Airs* & dans les *Poëmes*, il faut qu'il y ait un certain mouvement qui leur donne de la *vie*, & qui agite le cœur après avoir frapé l'oreille. Or l'idée de ces mouvemens ne naîtra jamais

que

que dans un esprit vivement agité lui - même, une imagination qui s'amuse à parcourir les règles pour en mandier quelque secours n'est pas seulement en état de se les
rapeller toutes, bien loin de les exprimer.

6 La diversité des goûts vient souvent de
la difference des humeurs. Un air qui convient à un Homme triste, n'a rien qui s'accorde avec les dispositions d'un homme gai,
& reciproquement ce qui charme celui-ci rebute celui-là. Des airs si differemment goû-
tés sont pourtant tous deux beaux, mais à
la maniere de deux habits faits pour des tailles tout-à fait differentes. Nous avons déja
souvent remarqué que la *Beauté* est *relative*,
& il faut necessairement que la Beauté de
la Musique soit relative en ce sens, car sans
compter que nous aimons ordinairement à
demeurer dans notre humeur, que nous
croyons avoir raison de nous y affermir, &
qu'un de nos premiers panchans c'est de rebuter ceux qui nous en veulent tirer ; à cette cause fondée sur l'amour propre & la nature même de notre ame, il s'en joint une
seconde qui vient d'un raport physique, &
necessaire entre la disposition de nos organes & les Tons qui les agitent. Chaque passion est entretenue par un mouvement particulier du sang & des esprits, & chaque espece de mouvement dans les Esprits leur
donne à eux-mêmes & donne aux fibres de
notre corps, que ces esprits remplissent, un
certain degré de tension, & par conséquent
de ressort. Nous sommes donc en quelque
maniere *montés* à faire *consonance*, tantôt avec
certains Tons & tantôt avec d'autres. Nous
avons

avons déja vû plufieurs effets de ces mouvemens *fympathiques*, nous en avons allegué les
caufes ; j'ajoûterai encore que l'on amene
deux verres à *Uniffon*, par le moyen de l'eau
que l'on y verfera, le coup dont on frapera
l'un fera vifiblement trémouffer la liqueur
de l'autre. C'eft en vertu de tels raports & par
des caufes toutes femblables , que de certains airs nous agitent jufques au fond du
Cœur, & fe font fentir comme fi nous étions
oreille par tout. Mais quand l'état de nos
Efprits & le tiffu préfent de nos organes les
difpofent à des ondulations, & des trémouffemens d'un mot tout opofé à ceux qui dominent dans un air, c'eft une neceffité que
ces opofitions fe faffent desagréablement fentir , non feulement aux oreilles, mais dans
tout le corps. Rien n'eft plus commun que
de fentir fes dents agaffées par de certains
bruits. L'Illuftre Mr. *Boyle* fait mention
d'une perfonne qui ne pouvoit entendre un
couteau raclant du fer fans que lés gencives
lui faignaffent. Il parle encore d'une autre
perfonne fur qui le fon de quelques Inftrumens produifoit un effet plus mortifiant*. Il
en eft donc quelquefois de la Mufique comme des remedes dont la vertu, fans ceffer d'ê-
tre très-réelle, ne convient pas également à
tous, non feulement à caufe de la diverfité des
maladies, mais encore à caufe de la diverfité
des temperamens. Le venin de la Tarantule ne
produifant pas un même effet fur tous les
Hommes, parce qu'il ne trouve pas leurs
nerfs & leurs efprits dans des difpofitions
abfolument égales, il ne caufe pas dans tous
ceux qu'il empoifonne des tenfions uniformes.

* Une in-
continen-
ce d'Urine.

mes. Voila pourquoi un air qui se trouvera propre à agiter les fibres d'un homme & à les delivrer, en les agitant, du venin qui les a pénétrés, ne se trouvera pas également propre à chasser le même venin d'un autre, il faudra un air different, avec les principales ondulations duquel l'état présent des fibres empoisonnées ait plus de raport. On voit par là d'où vient que pour faire passer, par le secours de la Musique, un Homme, d'une passion à une autre, de la joye, par exemple, au serieux, ou du serieux à la joye, il ne faut pas le cabrer par des airs directement oposés à l'humeur où on le trouve, mais il faut, au contraire, s'emparer de son attention en lui en faisant d'abord entendre de tout conformes à son état présent, après quoi on pourra passer par degrez à des tons, & à des combinaisons de Tons, qui aprochent insensiblement du genre conforme au nouvel état où l'on se propose de le faire passer.

On comprend d'où vient qu'un air, qui plait aux uns, donne de l'inquietude aux autres; mais quelle raison rendra-t-on de l'aversion générale de quelques-uns, pour tout ce qu'on apelle Musique? Des habitudes contractées insensiblement dès l'enfance, & affermies peu à peu, font capables d'un tel effet. Il faudroit avoir peu reflêchi sur l'homme pour n'en reconnoitre pas l'efficace. Mais outre cela, on peut dire qu'il y a des gens, qui ayant un fond d'humeur sombre & d'inquietude, tirent toute leur gayeté de la dissipation continuelle où ils vivent; voila pourquoi, dès que la Musique les fixe un moment, leur joye s'évanouït, ils sont

com-

comme rendus à eux-mêmes, & ils ne fauroient y rentrer, fans y fentir un vuide, où
ils fe perdent & s'enfeveliffent dans le mál-
aife, & dans la noirceur.

7. Il y a des gens dont l'oreille eft d'un
tiffu trop groffier pour fentir les délicateffes
de la Mufique, & les fines combinaifons qui
en font la Beauté; ceux encore fur qui elles font impreffion ne les fentent pas tous
dans le même degré. Les uns, foit naturellement, foit par un effet de l'exercice, ont
une plus grande étendue, & une plus grande fineffe de goût que les autres; ceux-ci
veulent plus de fimplicité, mais ceux-là demandent plus de diverfité & fe plaifent dans
des combinaifons plus mêlées, & où l'unité
s'offre moins fenfiblement, c'eft avec un
plaifir fingulier qu'ils la fentent & favent la
faifir là où les autres n'aperçoivent que de
l'embarras & de la confufion.

8. Dans ces genres d'air, où il y a plus
de combinaifons & de difficultés, & qui par
là font plus propres à occuper ceux dont le
grand exercice a porté fort loin l'habileté;
il me femble qu'on doit diftinguer deux chofes, le pouvoir d'amufer l'oreille, & celui
d'émouvoir le cœur. On amufe mieux par
des ornemens, par des fuites qui furpren-
nent & par des affemblages difficiles dont on
admire l'execution, mais pour l'ordinaire
on s'empare plus fûrement du cœur en y
allant par des routes fimples. L'Efprit perd
de vûe la liaifon des idées qui compofent un
couplet que l'on chante & n'en fent plus
l'effet, lorfque des *jeux* de *Tons* fur un feul
mot, & quelquefois fur une feule *fyllabe* fe
faififfent de toute fon attention.

Si

Si l'on établiſſoit bien nettement l'état de la queſtion ſur la préference des *Muſiques*, j'eſtime que la controverſe ſeroit bien-tôt decidée ; cette queſtion eſt compoſée, il faudroit la diſtribuer en ſes parties, & les traiter chacune à part.

Les Tons peuvent ſe combiner, & par conſéquent la Muſique peut ſe varier preſque à l'infini. On pourroit diviſer l'Octave en beaucoup plus de parties que nous n'en avons. On l'a differemment partagée en divers temps. De nos jours Mr. *Huygens* & Mr. *Sauveur* ont propoſé de nouveaux Syſtêmes, ingenieux, ſavans, ſolides, & dont l'execution auroit bien ſes commoditez. Mais quel Syſtême qu'on choiſiſſe & quelles combinaiſons que l'on faſſe, il faut reconnoitre 1. que les *raports conſtans* de 1 à 2, de 2 à 3, de 3 à 4, de 4 à 5, de 5 à 6, & ceux, qui en ſont une ſuite & un *complement*, de 3 à 5 & de 5 à 8; il faut, dis-je, reconnoitre que ces *raports*, conſtans & très-*réels*, ſont la baſe de la Muſique & des Beautés qu'elle renferme. 2. Que toutes les autres *Varietés* qui l'enrichiſſent doivent, pour paroitre *Belles* ſe *réünir* par quelque *égalité*, & nous avons vû qu'elles reviennent à l'*Unité* en plus d'une maniére. 3. Le raport des Tons & de leurs combinaiſons avec les ſentimens qu'en exprime, & le but qu'on a en vûe, eſt encore eſſentiel à la *Beauté* de la Muſique. Leur convenance enfin avec les diſpoſitions de nos Eſprits, & de nos organes eſt *relative* & change, mais eſt toûjours *très-réelle* dans ſa varieté.

F I N.

T A-

TABLE

DES

CHAPITRES.

SECT.

TABLE DES CHAPITRES.

F I N.